国家社科基金西部项目（批准号：12XZS034）结项成果

包头师范学院首批「阴山学者培养计划」资助项目

包头市第一批「鹿城英才」工程资助项目

日本在内蒙古殖民法律制度研究

宋从越 著

中华书局

图书在版编目（CIP）数据

日本在内蒙古殖民法律制度研究/宋从越著. —北京：中华书局，2019.12
ISBN 978-7-101-14356-0

Ⅰ.日… Ⅱ.宋… Ⅲ.伪蒙疆联合自治政府（1939）-法律-研究 Ⅳ.D929.6

中国版本图书馆 CIP 数据核字（2019）第 298061 号

书　　名	日本在内蒙古殖民法律制度研究
著　　者	宋从越
责任编辑	樊玉兰
出版发行	中华书局
	（北京市丰台区太平桥西里 38 号　100073）
	http://www.zhbc.com.cn
	E-mail：zhbc@zhbc.com.cn
印　　刷	北京市白帆印务有限公司
版　　次	2019 年 12 月北京第 1 版
	2019 年 12 月北京第 1 次印刷
规　　格	开本/920×1250 毫米　1/32
	印张 13¼　插页 2　字数 300 千字
国际书号	ISBN 978-7-101-14356-0
定　　价	68.00 元

　　宋从越　1967年出生，辽宁辽阳人，汉族。历史学博士。现为包头师范学院政治与法律学院教授、硕士生导师、副院长，任中国法律思想史专业委员会副会长。近年来，主持国家社科基金课题两项，内蒙古哲学社会科学规划课题一项，出版专著《日本在内蒙古殖民法律制度研究与批判——以伪蒙疆政权为中心》（内蒙古大学出版社，2012年），并在《内蒙古社会科学》《内蒙古大学学报》《内蒙古师范大学学报》《长白学刊》等学术刊物上发表论文十余篇，研究成果获内蒙古自治区哲学社会科学优秀成果政府奖二等奖、三等奖。

目　录

前　言

一　选题的考量

1. 抗战时期东部内蒙古殖民法律制度的研究尚属空白

国内关于日本占领时期东部内蒙古的研究,基本上以内蒙古自治区内的学者为主,区外涉足该领域研究的学者寥寥可数。

目前,已公开出版的相关著作较少。其中,已故金海教授的《日本占领时期内蒙古历史研究》《日本在内蒙古殖民统治政策研究》、任其怿教授的《日本帝国主义对内蒙古的文化侵略》,从政治、经济、文教等角度,就抗战时期日本帝国主义在内蒙古东、西部地区实施的殖民政策进行了剖析。

论文方面,就研究内容而言,涉及日本殖民统治者对内蒙古政策的有:高乐才的《伪满时期日本的蒙古族上层政策》、胡日查的《日本にょる东部内モンゴル植民地统治确立の政策过程——兴安东分省の设置をめぐる区域再编・移民政策・民族斗争を中心に》、忒莫勒的《伪满兴安省蒙民厚生会始末》;关于日本殖民统治者推进殖民化、奴化教育的有:张建军的《伪满洲国时期蒙古初、中等学校教科书的编辑使用情况初探》、程志峰的《伪满时期日本对东蒙地区的殖民奴化教育》；孟和宝音的《日本占领时期兴安省所设原因和演变过程研究》、德力格尔玛的《伪满洲国统治内蒙古东部地区的行政机构及其演变》，则阐述了伪满时期内蒙古东部行政机构和行政建制的变迁过程。此外，齐百顺博士的论文《日本占领时期"兴安省"经济统制政策研究》，对日本在内蒙古东部地区推行的经济统制政策进行了有益的探索；斯钦巴图博士的论文《东蒙古殖民地社会与文化的变动》，从教育、卫生、科技、出版与文艺、宗教等方面，阐释了伪满时期内蒙古东部社会与文化的变动。

与国内相较，国外关于日本占领时期内蒙古的研究，据笔者所知，学术成果不甚丰富，主要集中于日本殖民统治者的对内蒙古政策方面，较具代表性的有広川佐保的《蒙地奉上——满州国の土地政策》、铃木仁丽的《满洲国と内モンゴル——满蒙政策から興安省统治へ》等学术著作，森久男的《蒙古独立運動と满州国興安省の成立》等学术论文。

综上所述，目前对于日本占领时期东部内蒙古的研究主要关注日本在政治、经济、文化、教育等领域实施的侵略活动，而日本以法律手段在内蒙古推行的各项殖民政策还未引起学术界的重视，迄今既未发现关于日本占领时期东部内蒙古殖民法律制度的论文发表，亦未看到阐释日本占领时期东部内蒙古殖民法律制度的专著出版。因此，对日本占领时期东部内蒙古殖民法律制度的研究基本上处于起步阶段，尚有诸多问题亟待澄清。

2. 研究抗战时期东部内蒙古殖民法律制度的价值

为了维持在内蒙古东部沦陷区的统治，日本帝国主义不仅建立了各级殖民统治机关，而且高度重视法律在维护其殖民统治中的作用,制订了数量庞杂的法令。从伪满洲国《政府公报》登载的治蒙法令来看,日本殖民统治者制订的法令涉及政治、经济、社会生活的方方面面,形成对内蒙古东部沦陷区的全面控制。全面、深入研究抗战时期内蒙古东部沦陷区殖民法律制度,揭示日本帝国主义如何以法律手段在内蒙古东部沦陷区推行殖民统治政策,对于进一步揭露日本帝国主义的侵华罪行,驳斥日本极右势力极力美化日本侵华战争的言论,无疑具有重大的现实意义。

同时,把抗战时期东部内蒙古殖民法律制度放在东部内蒙古法制近代化的进程中来进行历史考察,通过与抗战爆发前国民政府在该地区施行的法律制度的对比,剖析日本殖民统治对该地区法制近代化的作用,对于厘清蒙古民族法制在近代以来的演变,拓展内蒙古地方法制史的研究领域,丰富中国近代法制史的研究内容,也具有较高的学术价值。

攻读博士学位期间,笔者最初确定的毕业论文题目是《日本在内蒙古殖民法律制度研究》,但在撰写过程中发现这一题目涉及内容过多,最终将研究范围缩小至统治内蒙古西部地区的伪蒙疆政权。本课题聚焦伪满洲国统治下的内蒙古东部地区,实际上是笔者博士毕业论文《伪蒙疆政权法律制度研究与批判》的姊妹篇,两者结合可以全景式地阐释抗战时期内蒙古沦陷区殖民法律制度的状况。

二　研究目标、重点、思路与内容

本课题的研究试图澄清以下两个基本问题:第一,日本帝国主义是如何以法律手段在内蒙古东部地区推行各项殖民统治政策的? 第二,日本殖民统治对东部内蒙古法制近代化起到何种作用？

　　抗战时期日本殖民统治者在内蒙古东部沦陷区实施的法令数量巨大，不计伪满洲国政府对蒙专门立法，仅兴安总署（后称"蒙政部"）和兴安省颁布的法令即超过 520 件。由于无法做到面面俱到，故围绕上述研究目标，课题选取立法、行政、经济统制、刑事和司法五个具有代表性的领域，对抗战时期内蒙古东部沦陷区殖民法律制度的主要内容进行梳理，阐述其主要特征和成因，并用实证的方法剖析殖民法律制度对维系日本帝国主义统治秩序的作用及给内蒙古东部地区造成的危害。最后，在全面分析日本在内蒙古东部沦陷区立法活动和行政、刑事、经济统制及司法制度的基础上，总结其殖民法律制度的本质和作用。

　　基于上述考虑，课题内容由以下七个部分构成：

　　第一章"日本殖民统治在东部内蒙古的确立及演变"，以伪满时期内蒙古东部殖民统治机关的建立及演变为主线，阐述日本殖民统治在内蒙古东部确立、巩固和崩溃的过程，为后续相关问题的研究作铺垫。

　　第二章"伪满时期东部内蒙古的殖民立法"，以伪满洲国《政府公报》为中心，主要运用文本分析方法，从各种法律文件入手，阐释内蒙古东部殖民统治机关在不同阶段的立法活动，对其法律形式和立法程序进行了初步的梳理，指出：伪满时期内蒙古东部殖民立法具有殖民化、技术粗糙、行政中心主义、一元立法取代二元立法等特点。

　　第三章"伪满时期东部内蒙古的行政法律制度"，梳理了伪满时期内蒙古东部殖民行政法律制度的主要内容，认为：伪满时期内蒙古东部行政法制具有殖民性、"蒙汉一体"取代"蒙汉分治"、官僚制取代王公制、体系较为完备等特点。

　　第四章"伪满时期东部内蒙古的经济统制法律制度",以揭露日本帝国主义掠夺东部内蒙古资源、操纵东部内蒙古经济的罪恶活动为中心,重点阐述了内蒙古东部沦陷区的物资统制法律制度、劳动统制法律制度、金融统制法律制度的主要内容,并把内蒙古东部沦陷区经济统制法律制度放在整个社会环境中,大量运用当时的案例、事例,对其实施的效果作较为全面的社会考察,用实证的方法阐释内蒙古东部沦陷区经济统制法律制度的殖民性质及其给当地造成的危害。

　　第五章"伪满时期东部内蒙古的刑事法律制度",运用刑法理论分析了内蒙古东部沦陷区的刑法体系,阐述了其刑事法律制度的主要内容,以特别刑法为中心重点分析日本帝国主义如何运用刑法维系其在内蒙古东部沦陷区的殖民统治,以揭示其刑事法律制度维护日本殖民统治的工具性,并从刑罚野蛮残酷、罚金刑广泛使用、刑罚设定随意、附属刑法数量浩繁、"蒙汉合治"取代"蒙汉分治"等方面总结了内蒙古东部殖民刑事法律制度的特点。

　　第六章"伪满时期东部内蒙古的司法制度",从司法体系、刑事诉讼法律制度两个方面入手,运用较为翔实的史料基本还原了内蒙古东部沦陷区司法制度的原貌,阐释了其司法制度的殖民特征,揭示了其司法制度的黑暗。

　　第七章"伪满时期东部内蒙古殖民法律制度的本质与作用",为课题的总结部分,一方面从行政、经济统制、刑事、司法制度四个维度深入阐发内蒙古东部沦陷区法律制度作为日本推行殖民统治政策的工具的本质;另一方面把内蒙古东部沦陷区殖民法律制度放在内蒙古东部法制近代化的进程中来进行历史考察,通过与抗战爆发前国民政府在该地区施行的法律制度的对比,从行政、刑事、司法制度三个维度,剖析日本殖民统治对该地区法制近代化的阻碍作用。

三　研究方法与创新

　　课题研究过程中主要运用以下研究方法：

　　1.文本分析与实证分析相结合的方法。一方面运用法律解释学理论对内蒙古东部沦陷区实施的法令进行文本解读,力求准确把握其真实内涵,尽可能还原内蒙古东部沦陷区殖民法律制度的原貌;另一方面尽量用事例论证内蒙古东部沦陷区殖民法律制度实施的效果和影响,努力揭示其维护日本殖民统治的工具性作用及给内蒙古东部蒙汉各族人民造成的危害。

　　2.法学与史学相结合的方法。在研究中,笔者注重以史学方法考证内蒙古东部沦陷区殖民法律制度的演变及其原因,制订各项法律制度的背景,同时也注意运用法理学和行政法学、刑法学、刑事诉讼法学等部门法学的理论分析内蒙古东部沦陷区殖民法律制度的创制、体系、调整手段等问题。

　　3.比较分析的方法。有比较才有鉴别,因此笔者在研究中非常注重比较分析方法的运用,对于内蒙古东部沦陷区殖民法律制度在当地法制近代化中的作用问题,主要是通过与抗战前国民政府在该地区实施的法律制度的对比,揭示日本殖民统治对内蒙古东部法制近代化的阻碍作用。

　　在课题研究过程中,笔者力求在充分借鉴前人研究成果的基础上于以下两个方面略有推进:

　　1.研究领域的拓展。以往对抗战时期东部内蒙古的研究主要关注日本帝国主义在政治、经济、文化、教育等领域的侵略,而本课题把研究触角深入到法律领域,试图拓展有关抗战时期东部内蒙古研究的范围。

　　2.研究视角的创新。本课题对内蒙古东部沦陷区殖民法律制度的研究没有停留在史实性描述,而是将其放在当时整个社会环境中,对其实施的效果作尽可能全面的社会考察,并由此得出内蒙古东部沦陷区殖民法律制度是日本帝国主义在该地区推行殖民政策的工具的结论。同时,本课题又把内蒙古东部沦陷区殖民法律制度放在东部内蒙古法制近代化的进程中来进行历史考察,由此分析其对东部内蒙古法制近代化的阻碍作用。

四　本书使用的主要史料

　　历史研究具有很强的实证性,必须充分地占有资料,才能真实还原历史原貌。笔者在课题研究过程中尽量广泛地收集运用了各种资料,主要有以下几类:

　　1.档案资料。郑天挺先生说过:"历史档案是原始资料的原始资料,应该占最高地位。"因此,在本书撰写过程中,笔者尽可能使用档案资料。本课题使用的档案资料主要有:通辽市档案馆馆藏档案《通辽地区伪满档案汇集》,奈曼旗档案馆馆藏档案《奈曼旗伪满档案汇集》,中央档案馆编《日本侵华战犯笔供》《伪满洲国的统治与内幕:伪满官员供述》,吉林省档案馆、广西师范大学出版社编《日本关东宪兵队报告集》,中央档案馆、中国第二历史档案馆、吉林省社会科学院编《伪满傀儡政权》《东北经济掠夺》《伪满宪警统治》《日本帝国主义侵华档案资料选编·九一八事变》等。

　　客观地说,尽管日本投降时曾大量销毁各种公文,但仍有部分档案文件保留下来。据《内蒙古自治区历史档案全宗概览》一书介绍,有关伪满时期内蒙古东部地区的档案,除上述《通辽地区伪满档案汇集》《奈曼旗伪满档案汇集》外,尚有内蒙古自治区档案馆馆藏档案《伪满治安部等处档案汇集》《伪满林野局档案汇集》《伪满兴安北省警务厅》《伪满海拉尔等处特务机关档案汇集》《伪满兴安总省等处档案汇集》《海拉尔宪兵队》,赤峰市档案馆馆藏档案《赤峰市伪满档案汇集》,科尔沁左翼后旗档案馆馆藏档案《伪满东科后旗公司五家子警察署》等,对于研究伪满时期内蒙古东部地区的法制状况极为珍贵。但由于日伪档案暂不对外开放,笔者虽经多方努力仍无果而终,不能不说是一大遗憾。

2.图书报刊资料。伪满时期日伪发行的书刊对内蒙古东部沦陷区法律制度的研究具有举足轻重的价值。伪满洲国政府国务院总务厅秘书处编辑的《("满洲国")政府公报》,满洲日日新闻社发行的《满洲年鉴》,日本外务省情报部编纂的《现代中华民国满洲帝国人名鉴》,东亚问题研究会编纂的《蒙古要览》,财团法人善邻协会调查部编纂的《蒙古大观》,满洲事情案内所发行的《蒙古事情概要》等,均包含大量有关内蒙古东部地区的史料,有助于从社会、政治、经济、文化、教育等各个方面全景式地了解伪满时期的东部内蒙古,尤其是伪满洲国《政府公报》中收录了许多伪满治蒙机关发布的法令,使我们得以较为全面地把握内蒙古东部地区殖民法制发展的全过程。

此外,伪满宁城县公署总务科文书股编辑的《热河省宁城县志》,伪满喀喇沁右旗公署编纂的《蒙地概况》,伪满赤峰县公署总务科编纂的《赤峰县地方事情》,伪满林西县参事官竹村茂昭、属官铃木长一郎编写的《兴安西省林西县情况》,伪满蒙政部调查科编纂的《新巴尔虎右翼旗情况调查》《阿荣旗事情》,伪满兴安总署调查科编著的《新兴的兴安省概观》,伪满齐齐哈尔铁道局总务科资料股编纂的《兴安东省情况》,日本驻赤峰领事馆编纂的《赤峰事情》,亦为我们研究伪满时期东部内蒙古殖民法律制度提供了十分难得的第一手资料。

3. 文史资料。文史资料作为各级政协文史资料委员会编辑出版的刊物,其中有很多关于伪满时期内蒙古东部政治、经济、社会等方面状况的回忆文章,且均为作者亲身经历。这些文章对于我们了解伪满时期内蒙古东部各方面情况具有重要参考作用,虽然其中一些文章由于作者所处年代的限制,其观点有所偏颇,但仍具重要的史料价值。本书使用的文史资料主要有:张达木林《伪满时期的科左中旗》(《科左中旗文史资料》第二辑),赵文郁《目击日伪倒台及忆述沦亡处境》(《赤峰市郊区文史资料选集》第二辑),王士哲《日伪时期的赤峰经济》(《红山文史》第一辑),暴有山《我所知道的兴安西省》(《哲里木盟文史资料》第一辑),苍书勋《有关白永胜自取惨死片段见闻》(《海拉尔文史资料》第一辑),魏寿山《日伪宪警在海拉尔市对苏联侨民进行集体屠杀见闻片段》(《海拉尔文史资料》第四辑),王兴武《回忆在海拉尔日本宪兵队的痛苦遭遇》(《海拉尔文史资料》第五辑),张玉普《海拉尔北山"万人坑"》(《呼伦贝尔文史资料》第四辑),王广钧《日本侵略军占领开鲁时犯下的罪行——经济统治罪恶事实》(《开鲁县文史资料》第二辑),达瓦敖斯尔《东科后旗一年出荷万头牛纪实》(《内蒙古文史资料》第三十四辑)等。

五　关于"东部内蒙古"的说明

本书提到的"东部内蒙古"是一个历史地理概念,而非今日行政区划意义上的内蒙古自治区东部。伪满统治时期,日本殖民统

治者除了在蒙古人较为集中的地区设立兴安省外,还在当时的锦
州、热河、龙江、滨江、吉林五省的 14 个蒙旗实施旗制,上述地区
在当时均被视为"蒙地",与伪蒙疆政权统治下的锡林郭勒、察哈
尔、巴彦塔拉盟及乌兰察布、伊克昭盟部分地区相对,称为"东部
内蒙古"或"内蒙古东部",本书有时也简称"东蒙古"。中华人民
共和国成立后,经过多次行政区划的调整,历史上属于东部内蒙
古的部分地区已划归现今黑龙江、吉林、辽宁等省。因此,本课题
的研究不可避免地会牵涉到内蒙古自治区以外的部分地区。

第一章　日本殖民统治在东部
内蒙古的确立及演变

第一节　"九一八"事变后
东蒙古的独立、自治运动

晚清以降,清廷及北洋政府在内蒙古东部强行放垦蒙地,并在汉族移民聚居地区设厅置县,蒙旗原有权益被不断蚕食,蒙古民族的离心倾向日渐增强。1912年,胜福等蒙旗上层人士发起呼伦贝尔独立,科尔沁右翼前旗扎萨克图郡王乌泰等王公亦在哲里木盟策动东蒙古独立。1916年,巴布扎布又发动了"满蒙独立运动"。

1928年,张学良宣布易帜,内蒙古东部纳入国民政府的统治体系,然而蒙古民族的境遇并未因此而有所改善。政治上,国民政府将热河特别行政区改建为行省,使内蒙古东部地区全部划归行省,由黑龙江、吉林、辽宁、热河四省对内蒙古东部各盟(部)旗分别统辖,分而治之;同时,在内蒙古东部地区增设了宁城、全宁设治局,将雅鲁、索伦、天山、林东、鲁北由设治局升格为县,同一地域旗县并存的情形更为普遍,蒙旗的权益被进一步蚕食。经济上,东北地方军政当局大规模放垦蒙旗土地,在哲里木盟科尔沁左翼中旗相继丈放"东夹荒""西夹荒""辽北荒";同时还设立"兴安区屯垦公署",在哲里木盟科尔沁右翼前、中、后三旗及扎赉特旗等地施行大规模军垦,蒙民因失去牧场而流离失所。

改省设县、移民放垦引发蒙古民族各阶层的强烈不满。1929年3、4月间,哲里木盟各旗王公于长春集会,反对放垦牧场,吁请国民政府保障盟旗权利,并请求东北地方军政当局停止屯垦,但国民政府及东北地方军政当局对蒙旗呼声置若罔闻。1929年7月,兴安区屯垦公署督办邹作华将反对屯垦的科右后旗协理寿明阿予以羁押,12月又将带领科右前旗民众请求保留蒙民原有生计地的胡永华拘捕。东北地方军政当局的高压政策激起蒙古民族更大的反弹,科左中旗嘎达梅林发动了大规模的武装抗垦斗争。正是利用蒙古民族的不满情绪,"九一八"事变后,关东军在内蒙古东部煽动王公上层、青年知识分子进行了一系列独立、自治活动。

"九一八"事变爆发后,毕业于日本陆军士官学校的巴布扎布之子甘珠尔扎布、正珠尔扎布兄弟立即前往奉天,着手组织"蒙古独立军"。他们一面召集哈丰阿等奉天蒙旗师范学校学生和其他青年研究行动方案,一面拜会关东军本庄繁司令官、三宅光治参谋长、板垣参谋等,希望获得军火支援,板垣答应给予步枪3000支、子弹20万发。随后,甘珠尔扎布派人联络科左后旗统领额尔敦毕力格、科左中旗协理韩色旺、盘踞通辽的胡匪天红、高山并得到回应。甘珠尔扎布随即成立"蒙古独立军"并自任为司令;同时,关东军派退伍中尉和田劲担任顾问,对"蒙古独立军"加以控制。仓促拼凑起来的"蒙古独立军"拟"由科左后旗经过科左中旗占领通辽县整顿队伍,再往北经过高力板、科右中旗到兴安岭索腰勒吉山会合郭道甫的部队,以后再商议下一步的打算"①。然而进攻通辽计划遇挫,"蒙古独立军"伤亡惨重,被迫退回郑通线大林站。在关东军斡旋下,熙洽给予"蒙古独立军"资金和武器支援,关东军亦派退伍大佐松井清助接替和田劲担任顾问。随之,按照关东军的旨意,"蒙古独立军"改称"蒙古自治军"。1932年2月,"蒙古自治军"进攻开鲁失利,松井顾问被击毙,关东军又派退役少佐磐井文雄任顾问。4月,关东军将"蒙古自治军"改编为兴安南警备军,完全为其所控。

"九一八"事变发生后,鉴于"蒙古青年为争取独立,以其炽烈的热情崛起,意气风发,不辞一战"②,关东军大力支持其独立活动,以便制造更多混乱,分散东北军注意力,实现迅速占领东北之目的。但随着伪满"建国"迫在眉睫,关东军的策动重点由青年知识分子转向王公上层,并鼓励知识青年与王公合流,策动的内容也由支持或默认蒙古民族独立转为主张在新"国家"内确立蒙古人的有限自治。

1931年12月,在泰赉县中和地局,关东军策划了东部蒙旗王公会议,出席会议的有那木海扎布、图门满都呼、阿成嘎、巴特玛拉布坦、寿明阿、博彦满都及关东军代表松井、诹方。诹方宣布"蒙古族在新的国家里,将成为一个单独系统,也就是在新国务院下,设置单独管理蒙古兴安省的机构。它的首脑也能出席国务院

---

① 正珠尔扎布:《内蒙自治军始末》,《内蒙古文史资料》第三十四辑,1989年,第26—27页。

② 〔日〕"满洲国"史编纂刊行会编:《满洲国史(分论)》(下),东北沦陷十四年史吉林编写组译,赵连泰校译,1990年,第962页。

会议,也就是形同国内立国的形式"①。会议通过了六项决议:
"一、各旗乘此机会独立;二、一周之内在郑家屯设立内蒙古自治
筹备处,每旗各派一名代表并配属若干随员;三、维持费由派代表
之各旗负担;四、独立范围为现内蒙古全境;五、独立后境内不允
许汉族军队驻扎;六、独立后各旗组织由蒙古人组成的自治军,专
门担任治安之责以防备汉族军队。"②

　　1932 年 2 月,郑家屯满铁公所所长菊竹实藏代表关东军在郑
家屯召开东蒙古各旗代表会议。参加这个会议的有:科尔沁右翼
中旗亲王业喜海顺、呼伦贝尔的凌升、科尔沁右翼后旗辅国公寿
明阿等东蒙古王公,博彦满都、玛尼巴达拉、包色旺、朝克博彦、宋
福山等东蒙古士绅或头面人物,那木海扎布、德古来、何音扎布等
知识青年。菊竹表示:"建立满蒙新政权时,我们正在考虑实行蒙
汉分治,要保护蒙古人的特殊权益,使他们有自己的政权,有自己
的军队,有自己的文化教育和宗教信仰。"③与会者表示接受关东
军的决定,并向关东军司令官本庄繁及东北行政委员会请求:"建
立蒙古自治行政区域,给居住在自治区域外之蒙古人以特别的保
障,蒙古人参加新国家,各机关应一样任用蒙古人,禁止开放未垦
土地,改善蒙古政治,确定维持治安的方法。"④通过郑家屯会议,

---

①　那木海扎布:《回忆"泰赉会议"前后》,《内蒙古文史资料》第三十四辑,第
　　3—4 页。鉴于本书研究内容的特殊性,凡引文中出现敏感词,如"国家"、
　　"国务院"等,不另加引号。
②　白拉都格其、金海、赛航编:《蒙古民族通史》第五卷(下),内蒙古大学出版
　　社,2002 年,第 411 页。
③　那木海扎布、达瓦敖斯尔:《参加"郑家屯会议"的回忆》,《内蒙古文史资
　　料》第三十四辑,第 5—6 页。
④　金海:《日本占领时期内蒙古历史研究》,内蒙古人民出版社,2005 年,第 7 页。

关东军最终将内蒙古东部地区收入"满洲国"的版图。

第二节　伪满洲国治蒙机关的建立及演变

伪满时期,在内蒙古东部沦陷区,日本殖民统治者自上而下建立了一系列治蒙机关,形成完整的治理体系,对于维持其殖民统治秩序发挥了重要作用。

一　伪满洲国治蒙机关的建立

"九一八"事变后不久,关东军便于1931年9月22日炮制了《解决满蒙问题政策案》,提出统治内蒙古东部的基本思路——"建立受我国政府支持、以东北四省及蒙古为疆土、以宣统皇帝为首脑的中国政权"①,即将内蒙古东部纳入日本扶持的、独立于中国本土的伪国之中。此后,这一思路在关东军对形势的反复研判中逐渐明晰。

1931年10月21日,关东军国际法顾问松木侠接受本庄繁司令官、板垣和石原两参谋指示,拟定《满蒙共和国统治大纲草案》,主张"明确划分满洲与蒙古的行政区划,使蒙古人免除汉民族的压迫",为此将"行政区域划为下面六个部分:1.奉天省,2.吉林省,3.黑龙江省,4.热河省,5.东省特别区,6.蒙古自治领"②。

1931年11月,关东军上报给日本陆军省和参谋本部的《满蒙

---

① 〔日〕关宽治、岛田俊彦:《满洲事变》,王振锁、王家骅译,上海译文出版社,1983年,第267页。

② 复旦大学历史系日本史组编译:《日本帝国主义对外侵略史料选编(1931—1945)》,上海人民出版社,1985年,第22—23页。

自由国设立方案大纲》,延续了上述《满蒙共和国统治大纲草案》的思路,提出"满蒙独立国由下述六省区组成:奉天省、吉林省、黑龙江省、热河省、东省特别区、蒙古自治领。以上是以原行政区划为主,又参考地形条件而确定的。上述各省区基本可采取同样的统治形式,惟有蒙古,鉴于蒙古民族之特性,并无理由立即改变其原有的行政组织,另作考虑,有必要建立特殊的行政组织"①。

1932 年 1 月,关东军又制订《满蒙问题善后处理要纲》和《满蒙自由国建设顺序》。《处理要纲》提出:"蒙古将来形成特定的蒙古地域,以期从政教两方面进行拢络,并且尽量减少汉人的刺激,采取渐进的态度进行指导","蒙古自治区域包括东部内蒙古、呼伦贝尔地区之外,还把内蒙古的察哈尔、锡林郭勒盟的地域也包括在新满蒙独立国圈内。"《建设顺序》则决定:东北"政务委员会要求热河和内蒙古派遣代表,让他们参与必要的表决,以便使其迅速同新国家合并"②。

"自 1932 年 1 月 27 日以来,以板垣、竹下、片仓各参谋和菊竹实藏为中心,采纳各盟旗蒙古人的意见,于 2 月 2 日制订了《伴随满蒙建设处理蒙古问题要纲》,其主要内容如下:(一)方针——特为蒙古人民设立一省,实行以畜牧经济为主体的自治,其他省内蒙古人杂居地区暂时实行特殊行政制度。(二)要领——(1)东部内蒙古、呼伦贝尔为一区,逐渐扩展至察哈尔省;(2)省名定为兴安省,伴随新国家建设批准为自治省;(3)废除王公制度,参议府吸收若干蒙古人;(4)为维持治安,除旗设自卫团外,编组南北两

① 中央档案馆、中国第二历史档案馆、吉林省社会科学院编:《日本帝国主义侵华档案资料选编・九一八事变》,中华书局,1988 年,第 379 页。
② 〔日〕关宽治、岛田俊彦:《满洲事变》,第 444 页。

支兴安游击队(2500人),由松井清助大佐、盘井文雄少佐指导;
(5)预定郭尔罗斯旗旗长齐王或海拉尔的贵福为省长人选。"①至
此,东部内蒙古在即将成立的伪满洲国内的地位,及日本殖民统
治者对东蒙古之蒙古人的统治政策大体确立下来。伪满洲国成
立后,正是在这一政策指导下,日本殖民统治者自上而下建立了
完整的治蒙机关体系。

就"中央"层面而言,1932年3月9日,伪满洲国政府颁布《兴
安局官制》。《官制》规定:"兴安局隶属于国务院,掌管关于兴安
省之一般行政事宜,并关于在另定地域内蒙古旗务辅佐国务总
理。"局内设总务、政务、劝业三处,其中,总务处掌理属于机密事
项并关于人事、管守官印及文书、会计及庶务等事项,政务处负责
关于地方行政、自治行政、警察及地方自卫、宗教、教育事项,劝业
处执掌关于牧畜、农林、矿业、商工业事项②。随后,伪满洲国政
府特任原哲里木盟盟长、郭尔罗斯前旗扎萨克齐默特色木丕勒为
兴安局总长③,任命原"满铁"郑家屯公所所长菊竹实藏为兴安局
次长④,白滨晴澄为总务处长,原科尔沁右翼后旗辅国公寿明阿
为政务处长⑤,原骥四郎为劝业处长⑥。6月27日,伪满洲国政
府公布《旧蒙务整理委员会官制》,决定成立以兴安局次长为委员

---

①〔日〕"满洲国"史编纂刊行会编:《满洲国史(总论)》,步平等译,赵连泰总
　校,黑龙江省社会科学院历史研究所,1990年,第190页。因本书研究内
　容的特殊性,凡文献名称出现敏感词,如"满洲国",不另加引号。
②《满洲国政府公报》第1号。
③《满洲国政府公报》第1号。
④《满洲国政府公报》第25号。
⑤《满洲国政府公报》第26号。
⑥《满洲国政府公报》第39号。

长的旧蒙务整理委员会,确认委员会属于兴安局管理,于兴安省内"关于整理旧蒙古旗务,得应总长之咨询及得为建议"①。同日,伪满洲国政府发布《关于划定兴安局官制第一条所称另定地域之件》,明确"《兴安局官制》第一条所称'另定地域'为左开各旗区域,但其属于兴安省之地域不在此内":奉天省之科尔沁左翼前中后三旗、科尔沁右翼前中后三旗,吉林省之郭尔罗斯前旗,黑龙江省之扎赉图旗、郭尔罗斯后旗、杜尔伯特旗、伊克明安旗、东布特哈八旗、齐齐哈尔八旗、墨尔根八旗②。因科尔沁六旗和扎赉图旗划入兴安南分省,所谓"另定地域"当仅限于郭尔罗斯前后二旗、杜尔伯特旗、伊克明安旗、东布特哈八旗、齐齐哈尔八旗、墨尔根八旗计七旗③。1932 年 8 月 3 日,伪满洲国政府公布《兴安局官制中改正之件》,改兴安局为兴安总署,但其职权范围及内设机

①《满洲国政府公报》第 18 号。

②《满洲国政府公报》第 18 号。

③已故金海教授在《日本在内蒙古殖民统治政策研究》一书中认为:1932 年"6 月 27 日,'满洲国'政府确定原哲里木盟 10 旗及依克明安旗、东布特哈八旗、齐齐哈尔八旗、墨尔根八旗等 14 旗为兴安局所管之'另定地域'。同时,在兴安局内成立旧蒙务整理委员会,成为兴安局总长监督这些旗的咨询机构"(社会科学文献出版社,2009 年,第 33 页)。笔者认为这一认识似乎不妥。首先,兴安局所管之"另定地域"为 7 旗而非 14 旗。其次,《旧蒙务整理委员会官制》规定:"本委员会属于兴安局管理,于教令第三十九号所定地域内,于整理旧蒙古旗务,得应总长之咨问及得为建议。"而与《旧蒙务整理委员会官制》同时公布的教令第三十九号是《关于划定兴安省、兴安各分省及各旗之区域之件》,据此,旧蒙务整理委员会是兴安局总长监督兴安省内蒙旗的咨询机构,也非兴安局总长监督"另定地域"蒙旗的咨询机构。

构一仍其旧①。

　　与"中央"治蒙机关的设立同步,地方各级治蒙机关也相继建立起来。1932 年 3 月 9 日,伪满洲国政府发布《兴安省分设三分省之件》,将"兴安局所治之区域定名为兴安省,分设三分省,北部为兴安北分省,南部为兴安南分省,东部为兴安东分省"②。3 月29 日,伪满洲国政府任命原科尔沁右翼中旗扎萨克业喜海顺为兴安南分省长,原东布特哈八旗筹办处总办勒春为兴安东分省长,原呼伦贝尔额鲁特旗总管凌升为兴安北分省长③。4 月 5 日,伪满洲国政府颁布《兴安分省公署官制》,为兴安各分省公署的设立提供法律依据。《官制》授权"分省长承兴安局总长指挥监督,执行法令、管理分省内行政事务";规定分省公署置总务、民政二厅,其中,总务厅掌管属于机密事项、关于人事、文书、典守官印、会计、调查、管理官有财产事项,民政厅执掌关于监督自治行政事项及关于土木、交通、管理官营事业、警察及地方自卫、保健及卫生、劝业、文教事项④。同日,伪满洲国国务院发布第三号布告,确定兴安各分省公署之所在地,其中,兴安北分省为海拉尔,兴安东分省为布西,兴安南分省为达尔罕王府⑤。6 月 27 日,伪满洲国政府公布《关于划定兴安省、兴安各分省及各旗之区域之件》,确定兴安南分省下辖科尔沁左翼前中后三旗、科尔沁右翼前中后三旗、扎赉特旗,计七旗;兴安东分省下辖那文旗、巴彦旗、莫力达瓦

①《满洲国政府公报》第 31 号。
②《满洲国政府公报》第 1 号。
③《满洲国政府公报》第 1 号。
④《满洲国政府公报》第 2 号。
⑤《满洲国政府公报》第 2 号。

旗、阿荣旗、布特哈左右翼二旗、喜扎嘎尔旗,计七旗;兴安北分省
下辖索伦左右翼二旗、新巴尔虎左右翼二旗、陈巴尔虎旗、鄂鲁特
旗、布里雅特旗、鄂伦春旗,计八旗①。同时,伪满洲国政府发令
废除兴安东分省之雅鲁、索伦、布西三设治局和兴安北分省之呼
伦、胪滨、室苇、奇乾四县②。

　　在积极组建兴安三分省公署的同时,1932年7月5日,伪满
洲国政府公布《旗制》,用以规范兴安各分省内旗公署的组织和运
作。《旗制》确认"旗为法人,承国之监督,于法令之范围内办理其
公共事务及依法令属于旗之事务",授权"旗长统辖旗之行政,代
表本旗"。旗公署置总务、内务、警务三科,其中,"总务科掌人事、
文书、会计及其他不属于他科主管事项","内务科掌旗内自治团
体、公共组合之监督并教育、宗教、劝业、土木、交通及其他地方行
政","警务科掌关于警察、卫生及自卫团之事务"③。1932年8月
1日,伪满洲国政府任命了兴安三分省各旗旗长。在兴安南分省,
讷青额为科尔沁左翼前旗长,额尔德呢毕勒格为科尔沁左翼后旗
长,阳仓札布为科尔沁左翼中旗长,根丕勒札木苏署科尔沁右翼
中旗长,拉哈穆札布为科尔沁右翼前旗长,巴彦那木尔为科尔沁
右旗后旗长,巴特玛拉布坦为扎赉特旗长;在兴安东分省,巴图为
那文旗长,卓仁托布为巴彦旗长,巴金保为莫力达瓦旗长,尔恒巴
图为阿荣旗长,索宝为布特哈左翼旗长,额尔登为布特哈右翼旗
长,布彦和什克图为喜扎嘎尔旗长;在兴安北分省,恩明为索伦右

---

①《满洲国政府公报》第18号。
②兴安总署调查科编:《新型的兴安省概观》,内蒙古地方志编纂委员会总编
　室编:《内蒙古史志资料》第五辑,第29页。
③《满洲国政府公报》第21号。

翼旗长,荣禄为索伦左翼旗长,额尔钦巴图为新巴尔虎左翼旗长,巴嘎巴迪为新巴尔虎右翼旗长,彭楚克为陈巴尔虎旗长,福龄为鄂鲁特旗长,乌尔金为布里雅特旗长,胜钧为鄂伦春旗长①。

　　1933 年 3 月,关东军占领热河,自原热河省分出兴安西分省,并将兴安西分省划入兴安省。根据 3 月 10 日伪满洲国国务院训令第 50 号《热河地方设治工作条目》,"昭乌达盟中西拉木伦河流域以北地域(包含经棚)划归兴安总署管辖,为兴安省西分省,该分省公署应设于开鲁。前款以外昭乌达盟、卓索图盟滦河区之地域为热河省,该省公署应设于承德"②。5 月 10 日,伪满洲国政府公布《关于划定兴安省、兴安各分省及各旗县之区域之件》,明确兴安西分省的辖区为扎鲁特左右翼二旗、阿鲁科尔沁旗、巴林左右翼二旗、克什克腾旗、开鲁县、林西县,计六旗二县③。同时,撤销兴安西分省境内之鲁北、天山、林东三设治局和经棚县。卓索图盟各旗及昭乌达盟之翁牛特左右翼二旗、敖汉左右南三旗、奈曼旗、喀尔喀左翼旗划归热河省。7 月 5 日,伪满洲国政府任命原昭乌达盟盟长、巴林右旗札萨克扎噶尔为兴安西分省长④。7 月 12 日,兴安总署发布第三号布告,确定兴安西分省各旗县公署地址,扎鲁特左翼旗为鲁北,扎鲁特右翼旗为桃儿山,阿鲁科尔沁旗为昆都,巴林左翼旗为林东,巴林右翼旗为大阪上,克什克腾旗为经棚,开鲁县为开鲁,林西县为林西⑤。9 月 8 日,兴安总署颁发

①《满洲国政府公报》第 40 号。
②《满洲国政府公报》第 105 号。
③《满洲国政府公报》第 130 号。
④《满洲国政府公报》第 168 号。
⑤《满洲国政府公报》第 195 号。

兴安西分省公署大官印一方、省长小官印一方,总务、民政厅长小官印各一方,所属各旗、县大小官印各八方①。至此,兴安西分省设治工作完成,兴安四分省初具规模。

在组建兴安西分省的过程中,伪满洲国政府对兴安东、北分省的建制做了调整。根据 1933 年 5 月 10 日公布的《关于划定兴安省、兴安各分省及各旗县之区域之件》,兴安东分省原布特哈左右翼二旗合并为布特哈旗,原那文旗并入巴彦旗,下辖喜扎嘎尔旗、布特哈旗、阿荣旗、莫力达瓦旗、巴彦旗,计五旗;兴安北分省除原有的索伦左右翼二旗、新巴尔虎左右翼二旗、陈巴尔虎旗、鄂鲁特旗、布里雅特旗、鄂伦春旗外,增设吉拉林旗,计九旗②。7 月 12 日,伪满洲国政府又颁布《关于兴安省行政区划之件》,对兴安北分省建制再次做了调整:将原索伦左翼、索伦右翼、鄂鲁特、布里雅特四旗合并为索伦旗,改原吉拉林、鄂伦春二旗为额尔克纳左右翼二旗,增设海拉尔市,下辖索伦旗、新巴尔虎左右翼二旗、陈巴尔虎旗、额尔克纳左右翼二旗、海拉尔市,计六旗一市③。

为有效维护兴安各分省之治安,1932 年 12 月 28 日,伪满洲国政府还颁布《兴安警察局官制》,于达尔罕王府、布西(次年 2 月 8 日改为扎兰屯)④、海拉尔设兴安警察局,分别隶属于兴安南、东、北分省长,掌管各该分省警务。兴安警察局设警务、特务、督察三科,其中,警务科执掌关于治安警察、保安警察、司法警察、卫

---

①参见兴安总署训令第六二五号(兴总总第一〇九一号),《满洲国政府公报》第 213 号。

②《满洲国政府公报》第 130 号。

③《满洲国政府公报》第 162 号。

④参见《兴安警察局官制中修正之件》,《满洲国政府公报》第 93 号。

生警察、消防水火诸事项,特务科办理关于高等警察、外事警察及警察情报事项,督察科掌管关于督察指导警察事务事项及其他特别受命事项①。随后,伪满洲国政府调兴安北分省公署事务官苏勒芳阿任海拉尔兴安警察局长,调兴安总署事务官甘珠儿扎布任达尔罕王府兴安警察局长②,调布特哈左翼旗长索宝任扎兰屯兴安警察局长③。兴安西分省成立后,伪满洲国政府于1933年8月23日公布《兴安警察局官制中修正之件》,增设开鲁兴安警察局④。至此,日本在内蒙古东部的殖民统治基本确立。

　　这里需要说明的是,未施行《旗制》并被纳入兴安省的内蒙古东部其他蒙旗曾多次向伪满洲国政府请愿,要求施行《旗制》、保障蒙民利益。1933年,伯林图克余呈请伪满洲国国务院:"恢复苏鲁克旗制以利国家而慰民愿。"⑤锡埒图库伦旗扎萨克罗布桑林沁呈请伪满洲国国务院:"将本旗划入兴安南分省或为特别旗直隶于兴安总署。"⑥齐齐哈尔八旗民众"公举旗长,试办旗务",并呈请兴安总署:"建设齐齐哈尔旗公署以行旗制。"⑦1935年,齐齐哈尔城镶黄旗协领富兴阿等呈请伪满洲国国务院:"划黑龙江省东、北两区为兴东省治。"⑧黑龙江省诸蒙旗甚至迭次向伪满洲国

①《满洲国政府公报》第82号。
②《满洲国政府公报》第120号。
③参见兴安总署批第一二号(兴总总第二九一号),《满洲国政府公报》第130号。
④《满洲国政府公报》第197号。
⑤参见伪满洲国国务院批第四号,《满洲国政府公报》第137号。
⑥参见伪满洲国国务院批第五号,《满洲国政府公报》第140号。
⑦参见兴安总署批第三七号(兴政旗第一一号),《满洲国政府公报》第169号。
⑧参见伪满洲国国务院批第三号《满洲国政府公报》第328号。

国务院提出独立设省的要求,杜尔伯特旗扎萨克色旺多尔济于1932年3月,郭尔罗斯后旗民众代表包慧明等于1934年1月,先后呈请伪满洲国国务院:"将杜依等旗划为特别旗并各旗设兴安中分省。"1934年7月,黑龙江省蒙旗办事处、杜尔伯特旗扎萨克色旺多尔济等再次呈请伪满洲国国务院"添设兴安中分省"①。这些持续不断的请愿,给日本殖民统治者造成较大压力,对于促成日后兴安省外四旗及锦热诸蒙旗施行旗制,确立其正式的行政地位发挥了重要作用。

二　伪满洲国治蒙机关的演变

1934年3月1日,伪满洲国实行"帝制",改"国务总理"为"国务总理大臣",改各部总长为各部大臣,改兴安总署总长为兴安总署长官②。同年11月29日,伪满洲国政府颁布《国务院各部官制中修正之件》,将兴安总署改为蒙政部。根据《国务院各部官制中修正之件》,"蒙政部大臣掌理关于施行旗制地域内之地方行政、警察、土木、卫生、农林、畜产(除关于马匹事项)、水产、矿山、商工、教育及宗教之事项并监督兴安各省长"。蒙政部内设总务、民政、劝业置三司,其中,总务司掌管关于机密、管守官印及文书、人事、会计及庶务、调查及统计等事项,民政司执掌关于地方行政、警察及卫生、土木、教育及宗教诸事项,劝业司掌管关于牧畜事项

---

① 参见伪满洲国国务院批第五号,《政府公报》第112号。按:1934年3月1日之前名《满洲国政府公报》,之后名《政府公报》,均从第1号开始编号。

② 参见《关于大同元年三月一日以后法令之规定中修正之件》,《政府公报》1934年3月1日号外。

（但除关于马匹事项）及关于农林、矿业、水产、商工等事项①。同日，伪满洲国政府公布《吉林省郭尔罗斯前旗等四旗施行旗制之件》，"在吉林省郭尔罗斯前旗、龙江省杜尔伯特旗、依克明安旗及滨江省郭尔罗斯后旗等之区域内施行《旗制》"②。12 月 1 日，伪满洲国政府"特任齐默特色木丕勒为蒙政部大臣"，任命依田四郎为次长③。与兴安局、兴安总署相较，蒙政部的权力明显扩大。无论是兴安局还是兴安总署，其行政管辖权仅限于兴安一省，1932 年 8 月 16 日伪满洲国总务厅公布的《满洲国政府各机关英文名称》，即将兴安总署翻译为 General Administrative Office of Hsing-An Province④。而蒙政部时期，举凡施行《旗制》之地域，无论是兴安省内诸蒙旗抑或省外四旗，地方行政、警察、土木等诸般事项皆归其掌管，而非仅限于"兴安省之一般行政事宜"。

　　改兴安总署为蒙政部的同时，伪满洲国政府颁布《兴安各省公署官制》，将兴安四分省升格为省。依据《官制》，"省长承蒙政部大臣之指挥监督，并关于各大臣所管之事务承其指挥监督，执行法律、命令，管理省内行政事务"。省公署置总务、民政二厅，总务厅掌管关于机密、人事、管守官印及文书、会计及庶务、统计及调查等事项；民政厅负责关于监督地方行政、赈灾及救恤、警察及地方自卫、土木、土地、农林、畜产、矿山、工商及水产、教育、宗教及礼俗等事项⑤。12 月 1 日，伪满洲国政府任命额勒春为兴安东

---

①《政府公报》第 225 号。
②《政府公报》第 225 号。
③《政府公报》第 227 号。
④《满洲国政府公报》第 36 号。
⑤《政府公报》第 225 号。

省长,业喜海顺为兴安南省长,扎噶尔为兴安西省长,凌升为兴安北省长①。

　　蒙政部及兴安各省改组的过程中,伪满洲国政府对地方行政制度进行改革,将原有的奉天、吉林、黑龙江、热河四省细化为奉天、安东、吉林、间岛、滨江、龙江、三江、黑河、热河、锦州十省,导致内蒙古东部地区各旗县的归属发生较大变化。其中,撤销原热河省绥东县,将奈曼旗划入兴安西省,将锡埒图库伦旗及原热河省阜新县境内之旧喀尔喀左翼及旧唐古特喀尔喀合并为库伦旗划入兴安南省;将原热河省赤峰县境内之翁牛特左翼旗划入兴安西省;将原热河省朝阳、阜新二县(含吐默特左右翼二旗)划入新设的锦州省;将原奉天省通辽县划入兴安南省②。经调整,兴安四省共辖27旗3县。其中,兴安东省辖喜扎嘎尔、布特哈、阿荣、莫力达瓦及巴彦5旗,兴安南省辖库伦、科尔沁左翼前、科尔沁左翼后、科尔沁左翼中、科尔沁右翼中、科尔沁右翼前、科尔沁右翼后、扎赉特8旗及通辽县,兴安西省辖扎鲁特左翼、扎鲁特右翼、阿鲁科尔沁、巴林左翼、巴林右翼、克什克腾、翁牛特左翼、奈曼8旗及开鲁、林西2县,兴安北省辖索伦、新巴尔虎左翼、新巴尔虎右翼、陈巴尔虎、额尔克纳左翼、额尔克纳右翼6旗③。郭尔罗斯前旗划归吉林省,杜尔伯特、依克明安2旗划归龙江省,郭尔罗斯后旗划归滨江省,统称"省外四旗"④。喀喇沁左中右3旗、敖汉左

---

① 《政府公报》第 227 号。

② 参见伪满洲国民政部训令第八七六号,《满洲国政府公报》第 227 号;《省公署官制》,《满洲国政府公报》第 183 号。

③ 《政府公报》第 225 号。

④ 参见《省公署官制中修正之件》,《政府公报》第 225 号。

右南 3 旗和翁牛特右翼旗留在热河省,与划入新设的锦州省的吐默特左右翼 2 旗合称"锦热蒙旗"。

1935 年 9 月 5 日,伪满洲国政府公布《兴安各省公署官制修正之件》,废止《兴安警察局官制》,由省公署警务厅掌管关于警察、地方自卫及关于卫生事项,而在不置警务厅之省公署则由民政厅掌管相应事务①。其中,兴安东、西两省警察事务归民政厅管辖,兴安北、南两省警察事务归警务厅负责。②

1936 年 12 月 17 日,伪满洲国政府公布《热河省及锦州省内旗制》,正式确认热河省及锦州省内所存之旗"为法人,承官之监督于从前依惯例所认之范围内办理其公共事务,并处理从前依惯例及将来依法令属于旗之事务。旗之行政第一级由省长监督之,第二级由蒙政部大臣监督之"③。根据《热河省及锦州省内旗制》及同时颁布的《兴安各省公署官制中修正之件》《省公署官制中修正之件》,伪满洲国政府将敖汉左、右、南三旗合并为敖汉旗,又将兴安西省所辖之翁牛特左翼旗划回热河省④。于是,蒙政部的管辖范围扩至锦热两省八个蒙旗,即锦州省之吐默特左右翼二旗、热河省之喀喇沁左中右三旗、翁牛特左右翼二旗及敖汉旗。

此后,伴随"满洲国"第一个产业开发五年计划的实施,日本殖民统治者亟须"强化国政的综合统制",专管蒙古事务的蒙政部的存在成为实现这一目标的障碍。于是,1937 年 6 月,伪满洲国政府决定"全面修改行政机构,对蒙古行政部门撤销过去的蒙政

---

① 《政府公报》第 446 号。
② 蒙政部令第十二号《不设置警务厅之省公署指定》,《政府公报》第 447 号。
③ 《政府公报》第 823 号。
④ 《政府公报》第 823 号。

部,新设国务总理大臣直属的兴安局,作为对蒙古行政的咨询联络机关,直接的行政由有关部局实行统辖"①。6月5日,伪满洲国政府公布《兴安局官制》,规定"兴安局属于国务总理大臣之管理,掌管左列事项:一、关于蒙政之基调事项;二、关于蒙政事务之联络调整事项"②。由于在蒙政事务中职能虚化,兴安局仅内设庶务、调查二科。其中,庶务科掌关于兴安各省地方行政官署及兴安各省外旗之人事、经理连络事项,关于御容及诏书誊本、局之人事、官署印及官印之管守、文书、分科及处务规程、局之经理、翻译等事项;调查科掌关于蒙政一般之连络、调查,关于蒙地之调查、蒙古地方社会事情之调查、蒙古地方宗教之调查,关于统计及资料、图书及刊行物事项③。7月1日,伪满洲国政府特任原兴安西省长扎噶尔为兴安局总裁④。至此,兴安四省诸蒙旗、省外各蒙旗之地方行政统受各部大臣指挥、监督。

在虚化"中央"专门治蒙机关职能的同时,日本殖民统治者也在极力淡化兴安省的自治色彩。1940年4月30日,伪满洲国政府公布《省官制中修正之件》,明令废止《兴安各省公署官制》⑤,兴安各省与其他省统一适用《省公署官制》,自治省与非自治省之间已无任何差异。

1933年伪满国务院训令《热河地方设治工作条目》,将原卓索图盟之喀喇沁左中右3旗、吐默特左右翼2旗、唐古特喀尔喀旗、

①〔日〕"满洲国"史编纂刊行会编:《满洲国史(分论)》(下),第970页。
②《政府公报》第954号。
③参见《兴安局分科规程》,《政府公报》第976号。
④《政府公报》第976号。
⑤《政府公报》第1803号。

锡埒图库伦旗和原昭乌达盟之翁牛特左右翼 2 旗、敖汉左右南 3 旗、奈曼旗、喀尔喀左翼旗计 14 旗划归热河省,然而仅将朝阳、阜新、凌源、平泉、大宁、凌南、赤峰、建平、全宁、绥东等与 14 旗并存的县治作为正式建制予以保留①,蒙旗的地位成为悬案。1936 年颁布的《热河省及锦州省内旗制》虽然确认了锦热 8 个蒙旗的行政地位,却维持了同一地域内旗县并存的体制。至 1937 年 2 月 9 日,伪满洲国政府发布《关于热河省及锦州省内县之废置分合之件》,将与锦热蒙旗并存的县治调整为热河省之建昌、宁城、赤峰、建平、新惠、乌丹 6 县及锦州省之朝阳、阜新 2 县②。1939 年 9 月,为推进日本二十年百万户移民计划,日本殖民统治者诱导锦热蒙旗旧蒙古王公将蒙地奉上。作为交换,伪满洲国政府于 12 月 28 日颁布《热河省及锦州省内旗制》《热河省及锦州省内旗官制》《关于热河省及锦州省内之县废止之件》,实行存旗废县,废止热河省内与喀喇沁左旗并存之建昌县、与喀喇沁中旗并存之宁城县、与喀喇沁右旗并存之建平县、与翁牛特左旗并存之乌丹县、与翁牛特右旗并存之赤峰县、与敖汉旗并存之新惠县及锦州省内与吐默特左旗并存之朝阳县、与吐默特右旗并存之阜新县,并从吐默特右旗分出吐默特中旗③,在内蒙古东部地区终结了同一地域旗县并存的属人管理格局。然而时隔不久,1940 年 4 月 30 日,伪满洲国政府即废止 1932 年《旗制》及 1939 年《热河省及锦州省内旗制》《热河省及锦州省内旗官制》,公布了与《县制》《县官制》无异的《旗制》《旗官制》,并统一适用于兴安省内外诸蒙旗,蒙旗与

①《满洲国政府公报》第 105 号。
②《政府公报》第 864 号。
③《政府公报》第 1713 号。

县治同质化。

1943 年下半年,日军在中国战场和太平洋战场均转入战略防御,大批关东军主力部队调往关内、日本本土及太平洋战场。同时,经过库尔斯克战役,苏军转入战略进攻,关东军受到来自苏联的压力不断加大。在这种形势下,为调动蒙古人的积极性,以充分发挥东蒙古防御苏联及供给战略物资的作用,9 月 20 日,伪满洲国政府公布《兴安总省官制》,将兴安四省合并为兴安总省。根据《官制》,"总省长承国务总理大臣之指挥监督,关于各大臣主管事务承其指挥监督,执行法律命令,管理总省内行政事务"。总省公署置官房及民生、警务、产业、交通四厅,其中,官房掌管关于机密事项,关于重要事务之连络、调整事项,关于总动员计划、地域计划、官吏之进退赏罚,身份、官印之管守、文书、编译、宣传和情报、统计和调查、财政、地方团体之指导监督,土地等事项;民生厅掌管关于史迹、名胜、天然纪念物事项,关于国兵、民籍、军事援护及军事优遇事项,关于教育及学艺、礼俗及宗教、民生之改善、赈灾及救恤、劳务及勤劳奉公、卫生及卫生警察、烟政等事项;警务厅掌管关于行政警察、治安警察、警护等事项;产业厅掌管关于畜产、农产、林野、水产、矿工及商事、开拓民等事项;交通厅掌管关于交通运输、土木建筑、都邑计划、住宅行政等事项。由于日本驻军的强烈要求,保留了兴安北省公署,下辖索伦、新巴尔虎左翼、新巴尔虎右翼、陈巴尔虎、额尔克纳左翼、额尔克纳右翼六旗及海拉尔、满洲里二市①。除此之外的其他地区,划分为兴东、兴南、兴西、兴中四个地区。其中,兴东地区辖布特哈、阿荣、莫力达瓦、巴彦各旗,兴中地区辖扎鲁特、科尔沁右翼中、科尔沁右翼前、科

———————

① 参见《政府公报》第 2789 号。

尔沁右翼后、扎赉特、锡扎噶尔各旗及醴泉县,兴南地区辖科尔沁
左翼中、科尔沁左翼后、科尔沁左翼前、库伦、奈曼各旗及通辽、开
鲁各县,兴西地区辖阿鲁科尔沁、巴林左翼、巴林右翼、克什克腾
各旗及林西县。各地区之中,兴中地区直属于兴安总省,而兴东、
兴南及兴西地区则设置地区行署,以兼总省参事官之旗长、县长、
旗参事官或副县长充任行署主任或副主任①。"对在兴安省区以
外的 13 个旗(即所谓省外蒙旗),仍维持现状,由在各该管辖省公
署内设蒙政专任参事官掌管。"②此后,伪满洲国治蒙机关体系再
未发生变化,直至 1945 年 8 月日本宣布无条件投降。

第三节　伪满时期东部内蒙古地方基层组织的演变

　　伪满时期,日本殖民统治者先后颁布《暂行保甲法》《街制》
《村制》等法令,建立了一系列地方基层组织,将侵略的触角深入
到民间,编织了一张严密控制东北人民的罗网。但由于内蒙古东
部特殊的民族、历史因素,这些法令在实施的过程中体现出不同
于其他地方的特点。
　　1933 年 12 月 22 日,伪满洲国政府公布《暂行保甲法》。根据
该法,"凡十户为一牌,以一村或相当区域内之牌合为一甲,以警
察署管辖区域内之甲合为一保。在市街地凡十牌为一甲"。出于
迅速扑灭反满抗日斗争的目的,该法一方面要求,凡在甲内继续
有一年以上之住所,年在 18 岁以上、40 岁以下之男子,除公务员

---

① 参见《关于兴安总省地区及地区行署之件》,《政府公报》第 2822 号。
② 〔日〕"满洲国"史编纂刊行会编:《满洲国史(分论)》(下),第 1014 页。

（保、甲、牌之职员不在此限）、残废者外，均有加入自卫团之义务；另一方面推行封建法西斯连坐制度，规定"牌之住民中有犯左列各款罪之一者，警察署长得对于该牌之各家长课以二圆以下之连坐金，但牌之住民中有犯罪尚未经官发觉以前将犯人报官或防遏因犯罪之被害者，或犯人经官发觉以前自首者，得减额或免除连坐金：一、内乱罪；二、外患罪；三、公共危险罪；四、《暂行惩治叛徒法》所规定之罪；五、《暂行惩治盗匪法》所规定之罪；六、《暂行枪械取缔规则》所规定之罪"①。

从笔者目前掌握的资料来看，内蒙古东部部分旗县实施了《暂行保甲法》。据1938年1月22日吉林省公署公布的《警察署之位置、名称及管辖区域》，该省郭尔罗斯前旗毛家城子警察署管辖区域内设有茂城保、康宁保、兴亚保②。另据《热河省宁城县志》记载，宁城县自1934年7月施行保甲制度，全县设宁城、八肯中、桥西3保，下辖71甲③。虽然《暂行保甲法》附则规定"本令在兴安省内暂不施行"，但在兴安西分省，林西县亦"根据本县治安维持会在康德元年（1934）八月的决议，按照从《暂行保甲法》中摘取的与本县特殊情况相适应的保甲法的规定，以防御盗匪、防备天灾为目的"，组织保甲自卫团，全县共设4保16甲，每甲又下设若干牌④。

1937年12月1日，为配合治外法权的撤销和满铁附属地行

————————

①《满洲国政府公报》第296号。

②《政府公报》第1157号。

③赤峰市地方志办公室、内蒙古图书馆合编：《内蒙古历史文献丛书》之十四，远方出版社，2013年，第350页。

④〔日〕竹村茂昭、铃木长一郎：《兴安西省林西县情况》，《民国林西县地方文献汇编》，李俊义等校点，内蒙古人民出版社，2012年，第278—279页。

政权的移交,伪满洲国政府公布《街制》《村制》。二法确认街、村均为法人,承官之监督,于法令范围内处理其公共事务并依法令或惯例属于街、村之事务。其中,村系农村部落之结合,街则为相当于市的城镇。街置街长、副街长、司计、事务员及其他必要之吏员,村置村长、助理员、司计、事务员及其他必要之吏员。根据《街制》《村制》,街村为处务便宜得将街村之区域划为数区划,其名称应用"屯"或街村之通称。"区划应更将其划分为牌。牌之组织于街约以二十户、于村约以十户为标准。"①同月 23 日,伪满洲国政府又颁布与街村制配套的《市街村自卫法》,大体上承袭了《暂行保甲法》的核心内容,一是要求"于市街村有住所之二十岁以上、四十岁以下之男子均有为自卫团员之义务";二是规定"市街村住民中有犯合于左列各款之一之罪者时,警察署长得对其牌内之各家长科以二圆以下之连坐金,但牌之住民中有于犯罪未经官发觉以前将犯人申告于官或防止因犯罪之被害者时,或犯人未经官发觉以前自首时,得免除之:一、《刑法》所规定之对帝室罪、内乱罪、背叛罪、危害国交罪、危险物罪、放火及决水罪、妨害交通罪及污毒饮料水罪;二、《军刑法》第二条各款所列之罪;三、《军机保护法》所规定之罪;四、《暂行惩治叛徒法》所规定之罪;五、《暂行惩治盗匪法》所规定之罪;六、《枪炮取缔法》所规定之罪"②。

《街制》《村制》颁布后,兴安各省先后选择省内部分地区实施街村制。在兴安南省,1939 年 12 月 27 日,省公署公布《关于街及村设置之件》,于科尔沁右翼前旗、通辽县实施街村制。其中,科

---

①参见《街制》《村制》,《政府公报》第 1102 号;《街制村制施行规则》,《政府公报》第 1119 号。
②《政府公报》第 1121 号。

右前旗设王爷庙街,通辽县置重日、重满、重永、重和、重平、仁地、仁久、仁天、仁长、义礼、义智、尚文、尚武、尚强、礼造、礼成、礼乐、礼土、让永、让居、让康、让庄 22 村①。如将村名首字连在一起,可读作"重仁义,尚礼让",而村名第二字联在一起则是一副完整的对联,上联为"日满永和平地久天长",下联为"礼智文武强造成乐土",横批为"永居康庄",日本殖民统治者为维护其在东部内蒙古的统治秩序,在村名的确定上可谓煞费苦心。在兴安北省,省公署分别于 1940 年 4 月 30 日、1941 年 8 月 25 日,公布《关于设置街之件》,先后设置满洲里街②、牙克石街和扎赉诺尔街③。在兴安西省,1942 年 2 月 12 日,省公署公布《关于街村设置之件》,决定在开鲁、林西 2 县施行街村制。其中,开鲁县设开鲁街和金家店、道德营子、坤都岭、陶官堡、双四台、东扎兰营子、西扎兰营子、三道湾子、富通镇等 9 村,林西县设林西街和冬不冷、大营子、谷大院、上官地、小城子、方家店、新林镇、兴隆、五十家子 9 村④。在兴安东省,1943 年 1 月 20 日,省公署公布《关于街之设置之件》,于莫力达瓦旗设立布西街⑤。

省外四旗中,就笔者所知,郭尔罗斯后旗和杜尔伯特旗实施了街村制。1938 年 12 月 28 日,伪满滨江省公署公布《关于街及村设置之件》,在郭尔罗斯后旗设立肇源街及万兴、头台、超等、茂兴、新民、兴化、大官、古龙、维新、花雨、八里、四兴、向阳、三星、同

---

①《政府公报》第 1747 号。
②《政府公报》第 1871 号。
③《政府公报》第 2210 号。
④《政府公报》第 2342 号。
⑤《政府公报》1943 年 3 月 12 日。

仁 15 村①。1938 年 5 月 4 日,伪满龙江省公署决定在泰康县设置小蒿子、丰北、兴农、丰南、永年、泰和、时雨 7 村②。1940 年 5 月,泰康县并入杜尔伯特旗,上述 7 村继续施行村制。

　　相较于兴安各省,锦热蒙地实施街村制最积极也最为彻底。在锦州省,1937 年 12 月 25 日,省公署即公布《关于街村设置之件》,决定在朝阳、阜新等县实施街村制③。根据 1936 年《热河省及锦州省内旗制》《热河省及锦州省内旗官制》,当时吐默特右旗与朝阳县、吐默特左旗与阜新县实行所谓"旗县复合制",旗县管辖区域重合,因此,吐默特左右二旗在事实上实施了街村制。1939 年 12 月 28 日,伪满洲国政府颁布新的《热河省及锦州省内旗制》《热河省及锦州省内旗官制》及《关于热河省及锦州省内之县废止之件》,确定锦州省置吐默特左中右三旗,并实行存旗废县。据此,锦州省公署于同日相应公布《关于街村之废止、设置之件》,决定"将阜新县及朝阳县之各街村废止之",于吐默特左中右三旗设置街村。其中,吐默特左旗设王府、庄家店、刘家窝堡等 25 村,吐默特中旗设北票街和巴图营子、七道岭、牤牛营子等 29 村,吐默特右旗设朝阳街和西大营子、三营子、七道泉子等 33 村④。

---

① 《政府公报》第 1434 号。
② 参见龙江省令第十四号《关于街及村设置之件中追加》,《政府公报》 1260 号。
③ 《政府公报》第 1154 号。
④ 《政府公报》第 1749 号。

表 1.1　锦州省蒙旗街村名称

吐默特左旗			
街村名	区域	街村名	区域
王府村	旧阜新县哈拉哈村及八家子村之一部	五家子村	旧阜新县五家子村之全部
庄家店村	旧阜新县庄家店村之全部	石土营子村	旧阜新县石土营子村之全部
刘家窝堡村	旧阜新县刘家窝堡村之全部	翁山村	旧阜新县招东沟之全部
排山楼村	旧阜新县排山村之全部	宝洼村	旧阜新县元宝洼村之全部
知足山村	旧阜新县知足山村之全部	黑帝庙村	旧阜新县黑帝庙村之全部
官营子村	旧阜新县官营子村之全部	泡子村	旧阜新县泡子村之全部
水泉子村	旧阜新县水泉子村之全部	六家子村	旧阜新县六家子村之全部
旧庙村	旧阜新县旧庙村之全部	城锅村	旧阜新县城锅村之全部
福兴地村	旧阜新县福兴地村之全部	爱林皋村	旧阜新县爱林皋村之全部
八家子村	旧阜新县八家子村及哈拉哈村之一部	梅伦营子村	旧阜新县梅伦营子村之全部
高东台村	旧阜新县高东台村之全部及八家子村之一部	平安地村	旧阜新县平安地村之全部

续表

吐默特左旗			
街村名	区域	街村名	区域
洼力土村	旧阜新县洼力土村之全部及八家子村之一部	塔营子村	旧阜新县塔营子村之全部
老河土村	旧阜新县老河土村之全部		
北票街	旧朝阳县北票街之全部	东官营子村	旧朝阳县东官营子村之全部
巴图营子村	旧朝阳县巴图营子村之全部	四家子村	旧朝阳县四家子村之全部
七道岭村	旧朝阳县七道岭子村之全部	哈尔踹村	旧朝阳县哈尔踹村之全部
房申村	旧朝阳县房申村之全部	土城子村	旧朝阳县土城子村之全部
牤牛营子村	旧朝阳县牤牛营子村之全部	长皋村	旧朝阳县长皋村之全部
朝阳寺村	旧朝阳县朝阳寺村之全部	马家营子村	旧朝阳县马家营子村之全部
大阪村	旧朝阳县大阪村之全部	大乌兰村	旧朝阳县乌兰村之全部
三宝营子村	旧朝阳县三宝营子村之全部	十八奋甸村	旧朝阳县十八奋村之全部
五间房村	旧朝阳县五间房村之全部	七家子村	旧朝阳县七家子村之全部
骆驼营子村	旧朝阳县骆驼营子村之全部	娄家沟村	旧朝阳娄家沟村之全部

续表

吐默特中旗			
街村名	区域	街村名	区域
下府村	旧朝阳县下府村之全部	克洛湾村	旧朝阳县克洛沟村之全部
四家板村	旧朝阳县四家板村之全部	板达营子村	旧朝阳县板达营子村之全部
桃花吐村	旧朝阳县桃花吐村之全部	于喇嘛寺村	旧朝阳县于喇嘛寺村之全部
蒙古营子村	旧朝阳县蒙古营子村之全部	仔孤台村	旧朝阳县仔孤台村之全部
西官营子村	旧朝阳县西官营子村之全部	八里卜村	旧朝阳县八里卜村之全部

吐默特右旗			
街村名	区域	街村名	区域
朝阳街	旧朝阳县朝阳街之全部	梅勒营子村	旧朝阳县梅勒营子村之全部
西大营子村	旧朝阳县西大营子村之全部	山咀村	旧朝阳县山咀村之全部
三营子村	旧朝阳县三营子村之全部	三岔口村	旧朝阳县三岔口村之全部
七道泉子村	旧朝阳县七道泉子村之全部	二十家子村	旧朝阳县二十家子村之全部
滂泥塘子村	旧朝阳县滂泥塘子村之全部	羊山村	旧朝阳县羊山村之全部
要面营子村	旧朝阳县要面营子村	娘娘庙村	旧朝阳县娘娘庙村之全部

续表

吐默特右旗			
街村名	区域	街村名	区域
南大营子村	旧朝阳县南大营子村之全部	北四家子村	旧朝阳县北四家子村之全部
大庙村	旧朝阳县大庙村之全部	大屯村	旧朝阳县大屯村之全部
西五家子村	旧朝阳县西五家子村之全部	偏头营子村	旧朝阳县偏头营子村之全部
召都巴村	旧朝阳县召都巴村之全部	根德营子村	旧朝阳县根德营子村之全部
东五家子村	旧朝阳县东五家子村之全部	黑牛营子村	旧朝阳县黑牛营子村之全部
大平房村	旧朝阳县大平房村之全部	长在营子村	旧朝阳县长在营子村之全部
泉盛和村	旧朝阳县泉盛和村之全部	白马石村	旧朝阳县白马石村之全部
贾家店村	旧朝阳县贾家店村之全部	琉璃瓦村	旧朝阳县琉璃瓦村之全部
东大道村	旧朝阳县东大道村之全部	缸窑岭村	旧朝阳县缸窑岭村之全部
波罗赤村	旧朝阳县波罗赤村之全部	六家子村	旧朝阳县六家子村之全部
木头城子村	旧朝阳县木头城子村之全部	王家营子村	旧朝阳县王家营子村之全部

资料来源:伪满洲国《政府公报》第 1749 号。

在热河省,当局对于蒙地实施街村制采取了分步推进的办法。1938 年 10 月 1 日,热河省公署公布《街村之名称及区域之

件》,于建昌县及与之并存的喀喇沁左旗、赤峰县及与之并存的翁
牛特右旗施行街村制。其中,在建昌县和喀喇沁左旗,设凌源街
及建昌、喇嘛洞、城场等 61 村;在赤峰县和翁牛特右旗设赤峰街
及大庙、水地、建昌营 27 村①。1939 年 4 月 1 日,热河省公署决
定在乌丹县及与之并存的翁牛特左旗、宁城县及与之并存的喀喇
沁中旗、建平县及与之并存的喀喇沁右旗实施街村制。其中,于
吴丹县和翁牛特左旗,设乌丹、广德、一心等 14 村;于宁城县和喀
喇沁中旗,设平泉街及宁城、大城子、柳条沟等 34 村;于建平县和
喀喇沁旗右旗,设建平、海棠、马场等 42 村②。1939 年 5 月 1 日,
热河省公署确定在新惠县及与之并存的敖汉旗实施街村制,设新
惠、白塔子、三官营子等 31 村③。至此,热河省管内所有蒙旗全部
实施了街村制。此后,伴随废县存旗,伪满热河省公署又对蒙旗
街村做了部分调整。

表 1.2　热河省蒙旗街村名称(1940 年 9 月 18 日)

旗名	街村名
翁牛特右旗 (1 街、27 村)	赤峰街 1 一德村　2 顺天村　3 初头朗村　4 亲爱村　5 桃来吐村　6 猴头沟村　7 老府村　8 长久村　9 七宝丘村　10 大喇喇沟村　11 岗子村　12 官地村　13 大庙村　14 安民村　15 城场村　16 桥头村　17 大木头沟村　18 同流村　19 如一村　20 忠孝村　21 安庆沟村　22 忠勇村　23 哈拉木头村　24 建昌营村　25 水地村　26 太平村　27 三眼井村

①《政府公报》第 1399 号。
②参见热河省令第六号,《政府公报》第 1493 号。
③参见热河省令第九号,《政府公报》第 1522 号。

续表

旗名	街村名
翁牛特左旗 （18村）	1乌丹村　2修睦村　3保东村　4联欢村　5讲信村　6积慕村　7关东堡子村　8广德公村　9大烟筒村　10桑材村　11礼敬村　12热诚村　13一心村　14至诚村　15白音汉村　16格日僧村　17白音他拉村　18白音套海村
敖汉旗 （31村）	1新惠村　2四德堂村　3小河沿村　4五十家子村　5海力王府村　6波罗和硕村　7小哈拉道口村　8平顶庙村　9官家地村　10老府村　11羊羔子庙村　12梧桐好赖村　13下洼村　14牛古吐村　15白塔子村　16双窝铺村　17马架子村　18宝国吐村　19嘎岔村　20王家营子村　21贝子府村　22克力代村　23捣各郎营子村　24金厂沟梁村　25七协营子村　26小古立吐村　27四家子村　28林家地村　29新地村　30大吉恒地村　31三官营子村
喀喇沁右旗 （42村）	1建平村　2海棠村　3奎德素村　4喇嘛洞村　5黑水村　6古山村　7新安村　8老官地村　9新景村　10老爷庙村　11马场村　12貜赖沟村　13房身村　14铁营子村　15朱碌科村　16榆树林子村　17深景村　18从元号村　19水泉村　20公营子村　21叶柏寿村　22东盛泰村　23小塘村　24大城村　25新地村　26和乐村　27高粮甸村　28四桥村　29东米店村　30楼子店村　31安和村　32大木营村　33南台子村　34公爷府村　35大牛群村　36小牛群村　37喀喇沁村　38两家村　39旺业甸村　40七家村　41磴上村　42五家村
喀喇沁中旗 （1街、32村）	平泉街 1宁城村　2大城子村　3和硕金营子村　4沙子村　5三十家子村　6马站城子村　7八肯中村　8一肯中村　9榆树底下村　10必斯营子村　11北榆树林子村　12天义村　13石桥子村　14五化村　15山头村　16甸子村　17南榆树林子村　18打鹿沟村　19黄七梁子村　20杨树梁子村　21松树台村　22五十家子村　23七沟村　24洼子店村　25平房村　26南城村　27柳溪村　28黑里河村　29头道营子村　30八里罕村　31二十家子村　32三座店村

续表

旗名	街村名
喀喇沁左旗 （1 街、61 村）	凌源街 1 建昌村　2 素珠营子村　3 汤神庙村　4 小蒜沟村　5 黑山后村　6 城场村　7 喇嘛洞村　8 大新开岭村　9 要路沟村　10 汤沟村　11 佛爷洞村　12 窟窿山村　13 沟门子村　14 大边家沟村　15 叨尔磴村　16 三道河子村　17 朝阳洞村　18 刘杖子村　19 茶棚村　20 牛营子村　21 山咀子村　22 头道营子村　23 公营子村　24 平房子村　25 四官营子村　26 菩萨庙村　27 十五里堡村　28 北炉村　29 大白沟村　30 三十家子村　31 双庙村　32 塔子沟村　33 茶哈村　34 热水汤村　35 莫胡店村　36 瓦房店村　37 赤里赤村　38 小城子村　39 大城子村　40 吉利生营子村　41 羊角沟村　42 申杖子村　43 十二德堡村　44 石佛村　45 玲珑塔村　46 丛杖子村　47 二道湾子村　48 蟠龙沟村　49 小德营子村　50 鸽子洞村　51 药王庙村　52 巴什罕村　53 莲花池村　54 黑山科村　55 阎八家子村　56 沙河哨村　57 大屯村　58 房胜沟村　59 和尚房子村　60 魏杖子村　61 白枣林子村

资料来源：伪满洲国《政府公报》第 1997 号。

　　就笔者目前掌握的资料而言，街村制在诸多蒙旗的实施遇到较大阻力。继《街制》《村制》后，伪满洲国政府又于 1940 年 4 月 30 日公布《旗制》，其第三条第二项规定"涉及旗之境界有街村区域之变更时，旗之区域亦自变更"；第九条第二项规定"旗长关于旗之行政得将其职权之一部委任街村长（包含依惯例准于街村之团体之长）或使其补助执行"；第二十一条第三项规定"旗得依国务总理大臣所定将其费用之一部分赋予街村（包含依惯例准于街村之团体）"①，明确要求蒙旗实施街村制。但相当一部分蒙旗却

────────────

①《政府公报》第 1803 号。

并未依照《街制》《村制》设置街村,而是以"依惯例准于街村之团体"取而代之,延续传统的努图克制,将旗之辖区划分为若干努图克,设努图克达;复将努图克辖区细化为若干嘎查,置嘎查达;各嘎查以自然聚落为标准,又将辖区分为若干爱里,设爱里达。伪满时期,龙江省依克明安旗公署即将其下属部落划为依和、杜尔部德两个努图克,共 12 个嘎查①。特别是兴安省,据 1944 年 6 月 21 日公布的《兴安总省管下(除兴北地区)各旗县警察署之名称、位置并管辖区域》记载,当时兴安总省内布特哈旗、阿荣旗、莫力达瓦旗、巴彦旗、科尔沁左翼前中后三旗、科尔沁右旗前中后三旗、扎赉特旗、扎鲁特旗、阿鲁科尔沁旗、库伦旗计 14 旗仍保留努图克制②。

表 1.3 兴安总省蒙旗努图克名称

旗县名称	警察署名称	管辖区域
布特哈旗	扎兰屯警察署	巴里木努图克、卧牛河努图克、大河湾努图克、青齐哈尔赛努图克、徐地营子努图克、务大哈气努图克、扎兰屯街
	博克图警察署	绰尔努图克、雅鲁努图克、博克图街
	成吉思汗警察署	雅尔根楚努图克、成吉思汗努图克、尖山子努图克、霍拉果气努图克
	蘑菇气警察署	蘑菇气努图克、库提河努图克、太平川努图克、萨马街努图克

①齐齐哈尔市人民政府办公厅编:《齐齐哈尔地方政权》上册,1991 年,第 170 页。
②《政府公报》第 3085 号。

续表

旗县名称	警察署名称	管辖区域
阿荣旗	那吉屯警察署	音河努图克、阿荣努图克、兴隆沟努图克、千家户努图克、格尼努图克、兴安努图克、图布新努图克、霍尔奇努图克
莫力达瓦旗	布西警察署	布西街、乌尔科努图克、兴仁努图克、芙登努图克、汗古尔河努图克、登特科努图克、耐勒图努图克、阿尔拉努图克、太平山努图克、鄂伦春努图克
巴彦旗	额尔和警察署	额尔和努图克、莫尔根努图克、那文努图克、多普库尔努图克、腾克努图克
	巴彦街警察署	葛根努图克、巴彦努图克、甘奎努图克、阿木尔努图克
西科前旗	兴安警察署大石寨警察署	兴安街、乌兰哈达努图克、巴公府努图克、宁家屯努图克、太平站努图克、四品镇努图克、兴安镇努图克白辛加拉第努图克、哈拉黑努图克、居力特努图克、乌兰毛都努图克、杨家屯努图克
西科中旗	代钦塔拉警察署	代钦塔拉努图克、柳条沟努图克管内张家爱里西窝堡爱里、杜尔基努图克(除西坤都勒爱里、东坤都勒爱里、北雅呢吐爱里)
	高力板警察署	高力板努图克、义和道卜努图克、扎玛吐努图克、厚和索格努图克、敖力伯努图克、喇嘛营子努图克、贝子府努图克
	吐烈毛杜警察署	柳条沟努图克管内(除西窝堡爱里、张家爱里)、吐烈毛都努图克、杜尔基努图克管内(西坤都勒爱里、东坤都勒爱里、北雅呢吐爱里)
西科后旗	察尔森警察署	察尔森努图克、二十家子努图克
	新爱里警察署	图牧吉努图克、额尔格图努图克

旗县名称	警察署名称	管辖区域
扎赉特旗	音德尔警察署	音德尔努图克、小城子努图克、腰五九努图克、巴彦高勒努图克
	巴彦哈喇警察署	巴彦哈喇努图克、阿尔木格勒努图克、丰屯努图克
	仁和屯警察署	仁和屯努图克、腰屯努图克
扎鲁特旗	巨里黑警察署	第一努图克、第二努图克、第四努图克
	鲁北警察署	第三努图克、第五努图克、第六努图克
阿鲁科尔沁旗	崑都警察署	崑都努图克、罕庙努图克、乌兰坝努图克、白音他拉努图克、沙拉他拉努图克
	查布干庙警察署	查布干庙努图克、道德庙努图克、余博勒庙努图克、乌兰哈达努图克、八起楼子努图克
库伦旗	库伦警察署	库伦努图克、揣尔吉努图克、养畜牧努图克
	厚很警察署	厚很努图克、敖彦好若努图克
东科前旗	后新秋警察署	后新秋努图克、西扎哈气努图克
	章古台警察署	章古台努图克、郡王府努克
	百子屯警察署	百子屯努图克、卧牛石努图克

续表

旗县名称	警察署名称	管辖区域
	乌且他拉警察署	好且他拉努图克、乌且他拉努图克
东科中旗	巴音塔拉警察署	二龙索口努图克
	加吗吐警察署	乌兰花努图克、哈拉锦努图克、加吗吐努图克、图布信努图克
	庄头屯警察署	庄头屯努图克、茂道吐努图克
	腰斯吐警察署	腰力毛都努图克、烟登吐图努图克
	舍伯吐警察署	舍伯吐努图克、乌力吉图努图克、他本扎德努克、花胡硕努图克、巴拉胡硕努图克
	卓哩克图警察署	卓哩克图努图克、敖古斯台努图克
	乌努克奇警察署	查套吧嘎图努图克
东科后旗	吉尔嘎朗警察署	吉尔嘎朗努图克、公河来努图克、新庙努图克、谢拉苏努图克、巴彦包吐努图克、阿都沁努图克
	公司五家子警察署	公司五家子努图克、黑五家子努图克、金宝屯努图克、布敦哈拉根努图克、欧里努图克
	甘旗卡警察署	甘旗卡努图克、海斯改努图克、公营子努图克、伊胡塔努图克

资料来源:伪满洲国《政府公报》第3085号。

　　为了排除街村制在蒙旗推行中遇到的强大阻力,1945年4月30日,伪满洲国政府公布《旗制中修正之件》,在《旗制》第十四条之次加添下列三条：

第十四条之二　以敕令指定之旗之努图克为法人。

关于前项之努图克，除法令中另有规定者外，准用关于村之规定，但关于村之规定中所称村长或副村长为努图克达或副努图克达。

第十四条之三　除前条之旗外，其他旗为处务便宜，除旗内之街村之区域外，将旗之区域划为数努图克，每努图克置努图克达。旗长认为有必要时，得置副努图克达一人。

前项努图克之名称及区域应尊重旧惯以旗条例定之。

努图克达承旗长之命，除补助旗长之事务中关于努图克内者外，掌依法令属于努图克之事务。

副努图克达辅佐努图克达，努图克达有事故时代理之。

努图克达及副努图克达由旗长任免之。

努图克达为名誉职，但旗长得经省长之认可，将该努图克达为有给吏员。

副努图克达为有给吏员。

第十四条之四　旗（在第十四条之二之旗为努图克）为处务便宜，将努图克之区域划为数爱里，每爱里置爱里达。

爱里达承努图克达之命，补助努图克达之事务中关于爱里内者。

爱里达为名誉职，由旗长（在第十四条之二旗为努图克达）任免之①。

此外，《旗制中修正之件》还将《旗制》中"街村""街村长"的概念做

---

① 《政府公报》第3257号。

了相应调整，即"街村（包含第十四条之二之旗努图克)"，"街村长（包含第十四条之二之旗努图克达)"。《旗制中修正之件》颁布的同时，伪满洲国政府公布《旗制第十四条之二之旗指定之件》，指定郭尔罗斯前旗之努图克为法人①。

　　上述两个法令虽然允许蒙旗于旗内街村之区域外施行传统的努图克制度，但同时又试图以敕令指定的方式，逐步将"努图克"改造为日本殖民统治者认可的"村"，最终实现蒙旗与县治基层组织的同质化，只是由于伪满洲国的迅速崩溃，这一同化蒙古民族的罪恶计划才未能得逞。

---

①《政府公报》第 3257 号。

第二章 伪满时期东部内蒙古的殖民立法

第一节 伪满时期东部内蒙古的殖民立法活动

大体上以改行"帝制"、"七七"事变、太平洋战争爆发为节点，"满洲国"的历史可以划分为四个时期。在上述不同时期，日本殖民统治者根据其对蒙政策的主要目标，针对内蒙古东部沦陷区进行了相应的立法活动。

一 "满洲国"建立—改行"帝制"期间的立法活动

这一时期，日本殖民统治者在内蒙古东部沦陷区的基本任务，是设立各级殖民统治机关，以初步构建其在当地的统治秩序。为了规范从"中央"到地方各级治蒙机关的组织，明确其权限，确定其编制，伪满洲国政府先后公布了《兴安局官制》、《关于划定兴安局官制第一条所称另定地域之件》、《旧蒙务整理委员会官制》、《兴安局官制中改正之件》(即兴安总署官制)、《兴安分省公署官制》、《旗制》、《兴安警察局官制》等行政机关组织法，并通过《兴安省处理司法事务暂行办法》赋予兴安各分省公署、各旗县公署兼理司法事务的职能。同时,伪满洲国政府又相继发布了《兴安省分设三分省之件》《关于划定兴安省、兴安各分省及各旗之区域之件》《关于划定兴安省、兴安各分省及各旗县之区域之件》《关于兴安省行政区划之件》等法令,确立了内蒙古东部沦陷区的行政区划。此外,伪满洲国政府还制订了《关于保全兴安各分省各旗旗地之件》《热河省及兴安西分省人民拖欠田赋及其附加粮款免除令》,以笼络内蒙古东部沦陷区蒙汉各族民心。

　　除前述伪满洲国政府颁布的教令外,专管蒙古事务的兴安总署,也以总署令的形式公布了一系列治蒙法规,包括《兴安总署办理文书暂行细则》《兴安分省公署办理文书暂行细则》《兴安警察局公文程式划一暂行规则》《兴安分省公署会计事务处理暂定办法章程》等各级治蒙机关的办事规程,《拖欠田赋及营业税并附加杂款免除令施行规则》《地方税中车牌划一捐率及大同二年度车牌式样并免除从前征收隔省过路车捐之件》《暂行鸦片收买法施行规则》等财税规范。此外,兴安总署还颁布了《设置参事官之旗指定之件》《外国人入国取缔规则》《按兴安总署令第三号指定官署》《古迹保存法施行规则》《兴安省学校学年学期休业日期暂行规程》等署令,用以具体指导地方各级政府处理人事、治安、文化、教育等有关事务。

二　改行"帝制"—"七七"事变期间的立法活动

　　该时期,日本殖民统治者在内蒙古东部沦陷区的主要任务,在于调整各级殖民统治机关,确保各项政令畅通。为此,伪满洲国政府制订了《国务院各部官制中修正之件》(即蒙政部官制)、《关于蒙政部大臣在热河省及锦州省内旗制施行地域之权限之件》《兴安局官制》(1937年)、《兴安局临时职员设置制》《兴安各省公署官制》、《满洲里及海拉尔市政管理处官制》、《热河省及锦州省内旗官制》、《兴安学院官制》、《兴安警察学校官制》、《兴安绵羊改良场官制》、《兴安劝业农场官制》等，进一步完善各级治蒙机关；同时，伪满洲国政府还通过《关于兴安省行政区划之件中修正之件》《废止扎鲁特左翼旗及扎鲁特右翼旗并新置扎鲁特旗之件》《吉林省郭尔罗斯前旗等四旗施行旗制之件》《热河省及锦州省内旗制》《海拉尔乡区域变更之件》《关于热河省及锦州省内县之废置分合之件》等法令，对内蒙古东部沦陷区的行政建制和区划进行了局部调整。

作为"中央"专门治蒙机关的兴安总署及其后的蒙政部，在立法方面较前一时期更为积极，笔者根据伪满洲国《政府公报》统计，此间公布的兴安总署令、蒙政部令共计 88 件，而此前兴安总署仅颁布总署令 12 件。这些法令涉及领域非常广泛，医疗卫生方面，有《兴安省公医规则》《医师法施行规则》《汉医法施行规则》《齿科医师法施行规则》《镶牙营业取缔规则》等；治安管理方面，有《暂行外国人居留证明书发给规则》《暂行外国人滞留呈报规则》《外国人居留证明书发给规则》《管理枪械子弹暂行规程》《火药类取缔法施行规则》《烟火爆竹取缔规则》《火药类原料取缔法施行规则》《枪炮取缔法施行规则》《国境地带法施行规则》等；教育方面，有《留学生规程》《王爷庙兴安学院规程》《海拉尔兴安学院规程》等；警政方面，有《不设置警务厅之省公署名》《警长警士配置请愿规则》《蒙政部警察教习所规则》等；交通运输方面，有《兴安省汽车取缔规则》《交通取缔规则》等；行政组织方面，有《兴安各省公署定员》《各旗定员》《扎鲁特左翼旗、右翼旗改为扎鲁特旗》《确定北满特别区域中划入旗之地域》《热河省及锦州省内旗制施行规则》等；民政方面，有《婚书发给规则》《募捐取缔规则》

等;矿业管理方面,有《矿业法施行细则》《关于对发见康德二年敕
令第九十一号矿物者处置方法之件》《关于对发见康德二年敕令
第九十一号矿物者处置方法之件第一条第一项所规定具报之件》
《关于矿业之规费之件》《矿业登录令施行细则》《矿业登录令第八
条所定规费之件》等;金融、财税方面,有《质业取缔法施行规则》
《产金收买法施行规则》《地方税木捐规则》;农牧业生产方面,有
《家畜传染病预防规则》《暂行农业自由移民办理规则》等;市场规
制方面,有《家畜交易市场法施行规则》《屠宰场法施行规则》《计
量法施行细则》《计量器检定及型式认定手续费之件》等。此外,
蒙政部还颁布有《电影片取缔规则》《鸟兽保护法施行规则》《暂行
土地执照发给规则》《重要产业统制法施行规程》等,就相关问题
做了详细的规定。

　　这里应当说明的是,自1932年8月3日兴安局改称兴安总
署至1937年6月30日蒙政部寿终正寝的近五年时间里,以“中
央”治蒙机关名义颁布的总署令或部令仅100件,平均每年立法
只有20件,远少于伪满洲国国务院其他各部。更为值得关注的
是,在这100件立法中,《暂行鸦片收买法施行规则》《外国人入
国取缔规则》分别为财政部、民政部颁布的部令,事后得到兴安
总署的认可而在蒙地适用;另外有43件法令系由“国务院”其他
各部牵头制订、经蒙政机关合议,如1934年以民政部令第4号、
兴安总署令第7号公布的《电影片取缔规则》,1935年以实业部
令第10号、蒙政部令第5号公布的《矿业法施行细则》,1936年
以文教部令第3号、蒙政部令第8号公布的《留学生规程》,1937
年以军政部令第5号、民政部令第10号、蒙政部令第7号公布
的《马事调查法施行规则》等,而以其名义单独颁布的法令仅有
55件。

地方治蒙机关也结合当地具体情况出台了一些地方性法规，诸如《兴安北省林务署暂行规程》、兴安东省《兽肉贩卖营业取缔规则》《兴安南省私塾规程》等省令。

三　"七七"事变—太平洋战争爆发期间的立法活动

晚清以来，由于大规模放垦蒙地，内蒙古东部地区出现大片正式开放地和非正式开放地，导致原住蒙民与汉族移民之间形成复杂的土地关系。所谓正式开放地，即汉族移民办理正式放地手续并获得政府颁发的地照，同时又按一定比例向蒙旗或蒙民交纳"蒙租"的土地。这部分土地基本上是原哲里木盟和依克明安旗出放的土地，涉及伪满新京特别市和奉天、吉林、滨江、龙江、北安五省。所谓非正式开放地，即蒙民私自招佃收取地租的土地。这部分土地主要是原卓索图盟诸旗及原昭乌达盟南部各旗的土地，涉及伪满热河、锦州、兴安西三省。由于大量内地汉族农民涌入，为有效管理汉族移民，晚清、民国中央政府在内蒙古东部地区相继设立县治，由此产生同一地域"旗县并存"的属人管理格局。

内蒙古东部地区复杂的土地关系，严重制约日本二十年百万户移民计划的实施。为此，日本殖民统治者一手导演了"开放蒙地奉上"和"锦热蒙地奉上"。在此过程中，伪满洲国政府相继制订了《旧蒙古王公裕生公债法》《关于处理蒙租、街基租、房基租和院基租之件》《蒙地整理委员会官制》《热河省蒙地整理委员会官制》等敕令，以此解决蒙地奉上相关问题。作为对蒙地奉上的补偿，伪满洲国政府公布《热河省及锦州省内旗制》（1939年）、《热河省及锦州省内旗官制》（1939年）、《关于热河省及锦州省内之县废止之件》、《旗制》（1940年）、《旗官制》，统一了兴安省内外诸蒙旗的基本制度,终结了锦、热两省旗县并存的局面。

　　这一时期,伴随日本对内蒙古东部地区统治的日渐巩固,伪满洲国政府颁布了《暂行兴安各省审判署条例》《关于法院之设立及管辖区域并检察厅设立之件中修正之件》等敕令,在内蒙古东部地区推进司法组织正规化建设,试图将内蒙古东部地区的司法彻底纳入"国家"统一司法体制中。

　　此外,伪满洲国政府还制订了《黑河省漠河县及兴安北省额尔克纳右翼旗区域变更之件》、《兴安东省莫力达瓦旗及同巴彦旗区域变更之件》、《龙江省镇东县及兴安南省科尔沁右翼后旗区域变更之件》、《兴安北省新巴尔虎左翼旗及兴安东省喜扎嘎尔旗之区域变更之件》、《省官制中修正之件》(1941 年 7 月 28 日)、《兴安北省新巴尔虎左翼旗及新巴尔虎右翼旗之区域变更之件》等敕令,对内蒙古东部地区的行政区域进行了调整,并颁布《王爷庙兴安学院官制》《对于满洲里街适用地方税法之件》等敕令,规范内蒙古东部地区的教育、税收等事务。

　　除上述敕令外,伪满国务院也发布《旧蒙古王公审议委员会规程》《旧蒙古王公裕生公债利息支给规则》《热河省及锦州省内旗制施行之件》《旗制施行规则》等院令,对敕令中规定的相关事项予以详尽规范。

　　由于蒙政部降格为兴安局,不再具有立法权,地方治蒙机关的立法活动凸显出来。这一时期,兴安各省积极进行地方立法,根据当地具体情况制订了一系列省令,立法数量逐年攀升远超以往,立法范围涉及文教、卫生、宗教、交通、金融、物价、产业、劳务、税收、警务、行政组织等诸多方面。

表 2.1　1937—1941 年兴安各省立法情况

年度 省别	1937	1938	1939	1940	1941	合计
兴安东省	4	14	12	9	19	58
兴安西省	0	9	4	11	12	36
兴安南省	3	21	30	22	33	109
兴安北省	4	3	10	19	11	47
小计	11	47	56	61	75	250

资料来源：根据 1937—1941 年伪满洲国《政府公报》整理。

四　太平洋战争爆发—日本投降期间的立法活动

太平洋战争爆发后,伪满洲国被完全绑在日本军国主义的战车上。此时的伪满洲国政府将全部精力放在支援日本上,已无力进行大规模立法,除对原有法令进行修订外,新的对蒙立法数量十分有限。斯大林格勒战役胜利后,苏军转入全面反攻,"满洲国"受到来自苏联的压力陡增。为防御苏联的可能进攻,日本必须强化在内蒙古东部地区的统治。在这种背景下,"为使全体蒙古人民再次燃起象建国当时的热情,为民族的兴旺发达和全国各民族的团结一致与高昂的爱国热情"①,伪满洲国政府制订了《兴安总省官制》,将兴安四省整合为统一的民族自治区域,同时颁布《关于兴安各省内施行旗制地域之矿业法特例之件》《关于兴安总省各旗旗地之保全之件》等法令,对蒙古人利益予以一定保护,以安抚蒙古民族。此外,伪满洲国政府还公布了《兴安学院官制》《兴安总省科尔沁左翼中旗及科尔沁右翼中旗之区域变更之件》

---

① 〔日〕"满洲国"史编纂刊行会编:《满洲国史(分论)》(下),第 1013 页。

《依兴安总省官制第三十八条第二项之规定应置消防署之市指定之件》等法令,对内蒙古东部地区行政区划进行部分调整,加强蒙地防空消防。

这一时期,内蒙古东部地区的地方立法数量明显减少,从文号推断,兴安各省制订的省令共计 161 件。就伪满洲国《政府公报》登载的 122 件省令来看,兴安各省地方立法的内容主要集中在经济统制、行政管理、警务治安和农业生产四个方面。

表 2.2　1942—1945 年兴安各省立法情况

省份＼年份	1942	1943	1944	1945	合计
兴安东省	16	8			24
兴安西省	15	7			22
兴安南省	9	10			19
兴安北省	5	14	3	0	22
兴安总省		12	44	18	74
小计	45	51	47	18	161

资料来源:根据 1942—1945 年伪满洲国《政府公报》整理。

表 2.3　1942—1945 年兴安各省立法类别

类别	经济统制	行政管理	警务治安	农业生产	营业许可	文教卫生	开拓移民	宗教	其他	合计
数量	50	26	15	10	7	6	5	2	1	122
占比	40.98%	21.31%	12.30%	8.20%	5.74%	4.92%	4.10%	1.64%	0.82%	100%

资料来源:根据 1942—1945 年伪满洲国《政府公报》整理。

第二节　伪满时期东部内蒙古
殖民法律的形式

　　所谓"法的形式,指法的具体外部表现形式。这一概念所指称的,主要是法由何种国家机关制订或认可,具有何种表现形式或效力等级"①。

　　《满洲国建国宣言》宣称要"竭力铲除往日黑暗之政治,求法律之改良"②。伪满洲国《政府组织法》则规定"执政依立法院之翼赞行立法权",所有法律案须经"立法院"之翼赞③。伪满洲国《组织法》重申:"皇帝依立法院之翼赞行立法权。"④但鉴于"议会制度在满洲实施为时尚早,需要有相当的准备时间……所以,立法院仅任命院长和设置了秘书厅,并未开院即告结束"⑤。因此,在包括内蒙古东部地区在内的整个"满洲国",其所谓的"国家"治理的依据并非立法机关通过的"法律",而是行政机关发布的法令。根据伪满洲国《兴安总署官制》《蒙政部官制》《兴安分省公署官制》《兴安各省公署官制》《兴安总省官制》《旗官制》等规范性文件,伪满时期内蒙古东部地区实施的法令从形式上看包括:教令(后改为敕令)、院令、总署令或部令、分省令、省令及总省令、旗令、县令、市令、市政管理处令、警察局令、警察厅令等。

---

① 张文显主编:《法理学》,高等教育出版社、北京大学出版社,1999 年,第
　　58 页。
② 《满洲国政府公报》第 1 号。
③ 《满洲国政府公报》第 1 号。
④ 《政府公报》1934 年 3 月 1 日号外。
⑤ 〔日〕"满洲国"史编纂刊行会编:《满洲国史(总论)》,第 226 页。

一 教令、敕令

所谓"教令"是伪满洲国从民国北京政府借用过来的一个法律术语。民国十三年商务印书馆出版、方毅等编校的《辞源》"教令"条讲："今大总统职权内制订之条律,未经立法院议决者,亦曰教令,对于法律而言。"

根据 1914 年《中华民国约法》,"立法以人民选举之议员组织立法院行之",所有"法律"均应由立法院议决,但"大总统为维持公安或防御非常灾害,事机紧急不能召集立法院时,经参政院之同意,得发布与法律有同等效力之教令;但须于次期立法院开会之始请求追认。前项教令立法院否认时,嗣后即失其效力"[①]。由于 1913 年国会第一大党国民党被解散,国民党议员资格被取消,国会陷于停顿,立法院消灭于无形,袁世凯得以利用教令实施其独裁统治。伪满洲国成立后,日本殖民统治者将袁世凯发明的法律游戏加以引进。1932 年伪满洲国《政府组织法》规定:"执政为维持公安或为防遏非常灾害起见,在不能召集立法院时,得经参议府之同意发布有与法律同一效力之紧急教令,但此教令须于下次会期报告立法院。"[②]由此可见,伪满的所谓"教令"就是由伪满洲国元首——"执政"发布,在伪满统治区域全域实施,与"法律"具有同等效力的法令。由于翼赞"执政"行使立法权的"立法院"从未"开张",通过教令这种形式,日本殖民统治者得以绕开立法程序复杂的"法律",随时将自己的意志上升为"国家"意志,并以"国家"强制力保障其实现。

---

① 蔡鸿源主编:《民国法规集成》第 6 册,黄山书社,1999 年,第 11 页。
② 《满洲国政府公报》第 1 号。

随着"帝制"的实行,1934 年伪满洲国《组织法》赋予"皇帝为维持公安或防遏非常灾害在不能召集立法院时,得经咨询参议府发布有与法律同一效力之敕令"之权力①。因此,所谓"敕令"与"教令"并无本质区别,只是因应改行"帝制"的需要而作的名称上的变更而已。

伪满时期,有相当数量的教令或敕令是专门针对内蒙古东部地区制订的,如 1932 年《兴安局官制》明确了"中央"治蒙机关的执掌、内设机构和编制,同年《旗制》规定旗的性质、组织及财政,《兴安省处理司法事务暂行办法》及《暂行兴安各省审判公署条例》则规范了兴安省内的司法机关。

二　院令

1932 年伪满《国务院官制》规定:"国务总理得依其职权或特别委任发布院令。"②同年颁布的《暂行公文程式令》规定,"国务院"有所命令时用院令。虽然《国务院官制》迭次修订,但"国务总理"(后称"国务总理大臣")颁发院令的权力依然如故。据此,所谓院令,即伪满洲国政府首脑——"国务总理"("国务总理大臣"),为推进行政事务发布的,在伪满统治区域全域实施的法令。

伪满洲国对院令的效力没有明文规定,但因伪满洲国 1932 年《政府组织法》和 1934 年《组织法》将"执政"或"皇帝"与"国务院"的关系界定为"执政统督国务院行行政权"③、"国务总理大臣

---

① 《政府公报》1934 年 3 月 1 日号外。
② 《满洲国政府公报》第 1 号。
③ 《满洲国政府公报》第 1 号。

辅弼皇帝任其责"①,加之相当数量的院令是为贯彻教令或敕令而制订的,因此院令的效力无疑在教令或敕令之下。

根据伪满洲国《政府公报》的记载,直接针对内蒙古东部地区发布的院令数量不多,主要有《旧蒙古王公审议委员会规程》《旧蒙古王公裕生公债利息支给规则》《热河省及锦州省内旗制施行规则》《旗制施行规则》等。

三　总署令、部令

1932 年公布的《兴安局官制》规定:兴安局"总长关于兴安省内行政事宜,依职权或特别委任得发局令"②。同年颁布的《暂行公文程式令》规定,兴安局有所命令时用局令③。因兴安局存续期间不足五个月,总长并未行使发布局令的权力。1932 年 8 月,兴安局改为兴安总署,首长仍称总长(1934 年 3 月改称长官);1934 年 12 月又改兴安总署为蒙政部,首长称大臣。与之相应,兴安局令也随之改称为兴安总署令、蒙政部令。1937 年 7 月,蒙政部再度改为兴安局,成为"国务总理大臣"的咨询机关,不再享有发布法令的权力。综上所述,兴安总署令或蒙政部令就是伪满洲国"中央"专门治蒙机关之首长就兴安省及省外蒙旗行政事务发布的法令。

1932 年《兴安局官制》规定,"兴安局隶属于国务院"④;同年 8 月兴安局改为兴安总署,但与"国务院"的隶属关系不变;1934 年

---

①《政府公报》1934 年 3 月 1 日号外。
②《满洲国政府公报》第 1 号。
③《满洲国政府公报》第 1 号。
④《满洲国政府公报》第 1 号。

11 月 29 日《国务院各部官制中修正之件》改兴安总署为蒙政部，蒙政部大臣承"国务总理大臣"之"统率就其主管事务任其责"①。鉴于上述兴安总署、蒙政部与"国务院"之间的隶属关系，就法律效力而言，兴安总署令或蒙政部令要低于院令。

　　根据伪满洲国《政府公报》的记载，兴安总署曾发布《古迹保存法施行规则》《设置参事官之旗指定之件》《兴安省汽车取缔规则》等总署令 23 件，蒙政部制订有《兴安各省公署定员》《外国人居留证明书发给规则》《家畜传染病预防规则》等部令 77 件，合计 100 件。

　　这里需要说明的是，1932 年《兴安局官制》授权兴安局"掌管关于兴安省之一般行政事宜"②，而同时公布的《国务院各部官制》则规定："国务院各部总长关于其主管事务指挥监督各省长（除兴安各分省长）。"③此后，虽然兴安局改为兴安总署，但职权依旧。因此，"国务院"诸部的部令若要在兴安各分省实施需要得到兴安总署的首肯，如《电影片取缔规则》《地方税木捐规则》等法令均是由相关主管各部会同兴安总署共同制订的。1934 年，兴安总署改为蒙政部，兴安各分省升格为省。根据《兴安各省公署官制》，兴安"（各）省长承蒙政部大臣之指挥监督，并关于各大臣所管之事务承其指挥监督，执行法律、命令"④，因此"国务院"其他各部之部令可直接适用于兴安各省，但蒙政部毕竟是蒙政主管机关，"掌理关于施行旗制地域内之地方行政、警察、土木、卫生、农

<hr>

① 《满洲国政府公报》第 52 号。
② 《满洲国政府公报》第 1 号。
③ 《满洲国政府公报》第 1 号。
④ 《政府公报》第 225 号。

林、畜产(除关于马匹事项)、水产、矿山、商工、教育及宗教之事项,并监督兴安各省长"①,出于对蒙政部的尊重,"国务院"其他各部往往遵循先例,与蒙政部共同制订、发布相关法令,如 1935 年的蒙政部令第 5 号、实业部令第 10 号《矿业法施行细则》,1936 年的蒙政部令第 8 号、文教部令第 3 号《留学生规程》,1937 年蒙政部令第 17 号、实业部令第 2 号、军政部令第 12 号、财政部令第 21 号《重要产业统制法施行规程》,等等。1937 年 7 月"中央"行政机构改革后,新设的兴安局成为"国务总理大臣"的咨询机构,仅负责关于"蒙政之基调事项"和"蒙政事务之联络调整事项"②,并无发布法令之权力,"国务院"各部的部令直接适用于兴安省,无须得到兴安局的认可。

四　分省令、省令及总省令

1932 年《兴安分省公署官制》规定:"分省长关于分省内行政事务依职权或特别委任得发分省令。"③1934 年 11 月,伪满洲国政府将兴安各分省改为省,赋予"省长关于省内行政事务,依职权或特别委任得发省令"的权力④。据此,兴安分省令或省令即兴安分省或省之首长关于分省或省内行政事务发布的法令。

遍览伪满洲国《政府公报》,兴安四分省中,仅兴安南分省制订了一件分省令,即《东科中旗西夹、辽北荒务清理规则》。分省升格为省后,兴安各省均积极行使立法权,颁布了诸多省令,如

---

①《政府公报》第 225 号。
②《政府公报》第 954 号。
③《满洲国政府公报》第 2 号。
④《政府公报》第 225 号。

1939 年兴安南省《乘用马车人力车取缔规则》、同年兴安北省《关于家畜移出取缔之件》、1941 年兴安西省《瓜子生产集货统制规则》、同年兴安东省《关于薪炭省外移出限制之件》等。

依据 1932 年《兴安局官制》,"总长对于兴安各分省长之命令或处分,认为违背制规、妨害公益或逾越权限时,得撤销或停止之"①。此后,"中央"专门治蒙机关先后改为兴安总署、蒙政部,但其首长的此项权力始终未变。由此可以认定,兴安分省令、省令的法律效力在兴安总署令、蒙政部令之下。1937 年 7 月蒙政部降格为兴安局,"国务院"各部之部令直接适用于兴安各省,在此情形下,兴安各省省令当然不能和作为上位法的各部部令冲突。

1943 年 10 月,伪满洲国政府将兴安四省整合为兴安总省,撤销兴安东、西、南三省建制,改设兴东、兴南、兴西、兴中四个地区,同时继续保留兴安北省建制。依照《兴安总省官制》,"总省长关于总省内之行政事务,得依职权或特别委任发总省令"②,另据《地方官署命令程式令中修正之件》,公布总省令须经主管部大臣之认可③。因此,兴安总省令显然也不能和部令冲突。从伪满洲国《政府公报》记载来看,截止到"满洲国"垮台,兴安总省发布有《牛乳取缔规则施行细则》《经纪业取缔规则》《兴安总省史迹保存馆管理规程》等总省令总计 74 件。

对于兴安总省内继续保留的兴安北省,《兴安总省官制》授权"省长关于管内之行政事务,得依其职权或特别委任发省令"。至于省令与总省令之间的关系,《兴安总省官制》规定,总省长对于

---

① 《满洲国政府公报》第 1 号。
② 《政府公报》第 2789 号。
③ 《政府公报》第 2789 号。

省长之命令"认为有违成规、害公益或侵犯权限者的取消或停止之",即省令不得与总省令冲突。

应当说明的是,伪满洲国政府对内蒙古东部地区的蒙古人实行分而治之的策略,有相当数量的蒙旗处于兴安省外,受所在省省长指挥监督,相关省公署发布的省令对于这些省外蒙旗无疑是有约束力的。伪满洲国政府颁布《质业取缔法》后,滨江省公署相应制订了《质业取缔法施行手续》,并于1937年3月31日发布训令《关于制订质业取缔法施行手续之件》,训示各县长及郭尔罗斯后旗旗长:"兹将质业取缔法施行手续制订如左,除分令外,合行令仰该县旗长遵照,转饬所属各机关彻底周知,以期取缔完善为要。"①1939年锦州省令第49号《关于街村之废止、设置之件》也规定:"将阜新县及朝阳县之各街村废止之,于吐默特左旗、吐默特中旗及吐默特右旗设置左列街村,表示其区域之图面存置于各该旗公署。"②

五　旗令、县令、市令

1932年《旗制》规定:"旗长关于其主管事项,依职权或特别委任得发旗令。"③此后,1936、1939年《热河省及锦州省内旗官制》、1940年《旗官制》均赋予旗长发布旗令的权力。因此,伪满的旗令即蒙旗行政首长,依据职权或上级行政长官的授权,就其主管事项发布的,在本旗行政区域内适用的规范性法律文件。

伪满时期,内蒙古东部蒙旗制订了一些适用于当地的旗令,

---

①《政府公报》第916号。
②《政府公报》第1749号。
③《满洲国政府公报》第21号。

不过相关法律文本存世不多,收集也较为困难,目前笔者仅发现1938年吉林省郭尔罗斯前旗公署发布的《农产物检查规则》《郭尔罗斯前旗农产物交易场规则》《郭前旗水产物交易场规则》等少数几件旗令。

在兴安省内,1932年《兴安分省公署官制》规定:"分省长认为旗长命令或处分有违背成规、妨害公益或逾越权限者,得撤销或停止其命令。"①兴安各分省升格为省后,《兴安各省公署官制》继续保留省长该项权力。在兴安地区周边锦、热等省,1934年敕令第167号《省公署官制中修正之件》,则赋予相关各省省长撤销旗令的权力②。因此,无论是在兴安省内还是在兴安省外,旗令之效力当然低于其所属省的省令。

伪满时期,内蒙古东部地区尚有为数不少的县治。1933年,兴安西分省建省时即设开鲁、林西两县。1934年兴安各分省升格为省后,除兴安西省下辖开鲁、林西县外,兴安南省亦置通辽县。而在锦、热两省,伪满洲国政府长期延续晚清以来的蒙汉分治统治策略,在同一地域内平行设置旗、县两套机关,实行属人管理,旗管蒙民,县管汉民。至1939年《关于热河省及锦州省内之县废止之件》颁行前,与蒙旗并存的有"热河省内之建昌县、宁城县、赤峰县、建平县、新惠县及乌丹县并锦州省内之朝阳县及阜新县"③。根据1932年《县官制》,"县长于县内行政事务,依职权或特别委任得发县令"④。基于同法"县长承省长指挥监督执行法

①《满洲国政府公报》第2号。
②《政府公报》第225号。
③《政府公报》第1713号。
④《满洲国政府公报》第21号。

令"之规定,县令效力当在省令之下。

　　1939 年 12 月 28 日,伪满洲国政府公布《关于设置市之件中修正之件》,设立阜新市①;1940 年 4 月 30 日以敕令第 88 号《关于设置市之件中修正之件》设立海拉尔市②;同年 12 月 25 日依据敕令第 361 号《康德三年敕令第二十九号关于设置市之件中修正之件》设立满洲里市③;1944 年 11 月基于敕令 370 号《康德三年敕令第二十九号关于设置市之件中修正之件》设立札赉诺尔市④。按照《市官制》,"市长关于市内行政事务得依其职权或特别委任发市令"⑤。鉴于同法"市长承省长之指挥监督执行法律命令"之规定,市令之效力应在省令之下。

　　兴安总省成立后,在兴安地区出现了叠床架屋般的总省、兴安北省及旗县市三级建制,为协调三级地方政府法令的位阶关系,《兴安总省官制》规定:"总省长对于省长、旗长、县长或市长之命令或处分,认为有违成规、害公益或侵犯权限者,得取消或停止之,但对于省公署管辖区域内之旗长、县长或市长之命令或处分不在此限";"省长对于管内之旗长或市长之命令或处分,认为有违成规、害公益或侵犯职权者,得取消或停止之。"⑥也就是说,兴安北省所属旗、市之旗令、市令不得与省令冲突,如与总省令冲突也只能由省长撤销,总省长不得越俎代庖;而兴东、兴南、兴西、兴中四个地区所辖旗县之旗令、县令均不能和总省令抵触。

①《政府公报》第 1713 号。
②《政府公报》第 1803 号。
③《政府公报》第 2002 号。
④《政府公报》第 3157 号。
⑤《政府公报》1936 年 3 月 26 日号外。
⑥《政府公报》第 2789 号。

除上述法律渊源外,伪满时期内蒙古东部殖民法律体系中还有三种与旗县市令处于同一位阶的法律形式,即市政管理处令、兴安警察局令、警察厅令。

1935 年 12 月 28 日,伪满洲国政府公布《满洲里及海拉尔市政管理处官制》,在海拉尔和满洲里设市政管理处①,1940 年 4 月 30 日复以《康德二年满洲里及海拉尔市政管理处官制废止之件》予以撤销②,分别设立海拉尔市和满洲里街③。依据《满洲里及海拉尔市政管理处官制》,市政管理处"处长关于管内行政事务,依其职权或特别委任得发处令"④。根据同法"处长承省长之指挥监督执行法令"之规定,市政管理处令不得与省令相冲突。

1932 年 12 月 28 日,伪满洲国政府颁布《兴安警察局官制》,在达尔罕王府(1935 年 4 月改为王爷庙)、布西(1933 年 2 月改为扎兰屯)、海拉尔设兴安警察局⑤;1932 年 8 月 23 日又公布《兴安警察局官制中修正之件》,增设开鲁兴安警察局⑥;1935 年 9 月以《兴安各省公署官制修正之件》撤废兴安各警察局,兴安东、西两省警察事务归省公署民政厅管辖,兴安北、南两省警察事务归省公署警务厅负责⑦。根据《兴安警察局官制》,"兴安警察局长依

---

①《政府公报》第 542 号。
②《政府公报》第 1803 号。
③《关于设置市之件中修正之件》,《政府公报》第 1803 号;《关于设置街之件》,《政府公报》第 1871 号。
④《政府公报》第 542 号。
⑤《满洲国政府公报》第 82 号。
⑥《满洲国政府公报》第 197 号。
⑦《政府公报》第 446 号。

其职权或特别之委任得发局令"①,同法规定"兴安警察局长承分省长之指挥监督",此后的《兴安各省公署官制》规定:省长认为兴安警察局长"有违背成规、妨害公益或侵犯权限者得取消或停止之"②。据此,兴安警察局令的效力当在兴安分省令、兴安省令之下。

　　1932 年 6 月 11 日,伪满洲国政府公布《警察厅官制》,设立海拉尔警察厅③,同年 12 月 28 日以《修正警察厅官制之件》予以撤销④。1935 年 12 月 28 日,伪满洲国政府公布《警察厅官制中修正之件》,在满洲里市及海拉尔乡增设警察厅⑤;1939 年 7 月 27 日又以《警察厅官制中修正之件》撤销满洲里市警察厅⑥;1940 年 10 月 23 日复以《警察厅官制废止之件》撤销海拉尔市警察厅⑦。根据《警察厅官制》,"警察厅长关于其主管事务,以职权或由特别委任得发厅令"⑧。按照同法关于"警察厅直隶省长"之规定,警察厅令之效力低于省令。

　　就目前收集到的资料而言,笔者尚未发现伪满时期内蒙古东部县、市、市政管理处、兴安警察局、警察厅制订的县令、市令、市政管理处令、兴安警察局令、警察厅令,这个遗憾只能留待今后弥补了。

---

①《满洲国政府公报》第 82 号。
②《政府公报》第 225 号。
③《满洲国政府公报》第 13 号。
④《满洲国政府公报》第 82 号。
⑤《政府公报》第 542 号。
⑥《政府公报》第 1584 号。
⑦《政府公报》第 1948 号。
⑧《满洲国政府公报》第 13 号。

六　蒙古族传统习惯

蒙古族传统习惯也是伪满时期内蒙古东部地区重要的法律渊源,凡与伪满法令不相抵触,或伪满法令无明文规定者,这些习惯均具有法律效力,关于这一点可以从下述 1934 年兴安总署训令第 59 号得到佐证。

令兴安各分省长:

为令遵事。查习惯为法律之源泉为古来法学家所公认,民法向无明文规定者均得依习惯为原则。蒙古地大物博风尚各殊,从来并无规定民法,而其社会习惯世人尤鲜有知者。是以本署急欲搜集蒙古社会习惯法,汇编成书以利参考而备实用。令仰该分省长转饬所属各旗,按照左开项目,无拘大小不分巨细,凡关于蒙古通行或因地不同之各种习惯,分别详细悉取录之,汇报本署用资参考,是为至要。此令。

取录项目:婚姻、祭祀、继承、亲属、围猎、债权、物权、杂录。

大同三年一月二十日

兴安总署总长　齐默特色木丕勒①

第三节　伪满时期东部内蒙古
殖民法律的立法程序

伪满洲国政府并未制订统一的"立法法",关于立法程序的规

---

①《满洲国政府公报》第 320 号。

定散见于《暂行公文程式令》《公文程式令》《地方官署命令程式令》等规范性文件中,笔者只能根据目前已经掌握的相关材料,对于伪满时期主要治蒙法令的立法程序进行大致的还原。

一　教令或敕令之立法程序

伪满时期大量教令或敕令与对内蒙古东部地区的治理有关,这些教令或敕令从法案起草到正式公布大体经过以下五个阶段。

(一)教令案或敕令案之起草

1932 年《法制局官制》规定,法制局隶属于"国务院",掌管"法律案、教令案、军令案及院令案之起草及审查"①。1934 年 3 月,因应改行"帝制"的需要,伪满洲国政府公布《法制局官制中修正之件》,法制局依旧隶属于"国务院",将其掌管事项改为"法律案、敕令案及院令案之起草及审查"②。1935 年 11 月 8 日,伪满洲国政府为强化总务厅的职能,公布《国务院官制中修正之件》,撤销法制局,在总务厅内设法制处,并将其职权扩大为"关于法律案、敕令案、院令案及其他法令案之起草及审查事项"③。据此,伪满初期涉蒙教令、敕令的起草由法制局负责,而中后期则由总务厅法制处担纲。

1932 年《兴安局官制》规定,兴安局"总长就其主管事务认为有法律、教令、院令之制订、废止及改正之必要时,须具案提呈国务总理"④。兴安局改为兴安总署后,总署长官依旧享有教令之

①《满洲国政府公报》第 1 号。
②《政府公报》1934 年 3 月 1 日号外。
③《政府公报》第 499 号。
④《满洲国政府公报》第 1 号。

提案权,并于实施"帝制"后继而行使敕令的提案权。兴安总署升格为蒙政部后,依据《国务院各部官制》,蒙政部大臣与其他各部大臣平起平坐,关于其主管事务认为有法律、敕令、院令制订、废止或改正之必要时,得具案提呈"国务总理大臣"①。由此,伪满国务院蒙政主管机关及各部就涉蒙教令或敕令的制订、改废拥有提案权,在此情形下相关敕令由蒙政主管机关或"国务院"各部起草。

(二)教令案或敕令案之审查

1932 年《法制局官制》赋予伪满国务院法制局对于教令案的审查权,1934 年《法制局官制中修正之件》授权伪满国务院法制局审查敕令案的权力,1935 年《国务院官制中修正之件》又将敕令案审查权划归伪满总务厅法制处。这里所谓的审查,其对象包括蒙政主管机关及"国务院"其他各部起草的涉蒙教令案或敕令案。依据前述《兴安局官制》、"兴安总署官制"、《国务院各部官制》,伪满国务院蒙政机关及其他各部就其主管事务认为有立、改、废教令或敕令之必要时,得具案提呈"国务总理"或"国务总理大臣"。"国务总理"或"国务总理大臣"收到蒙政机关或其他各部提呈的涉蒙教令或敕令草案后,转交法制局或法制处进行审查,目的在于确保蒙政机关或其他各部提出的涉蒙教令案或敕令案符合日本殖民统治利益,避免与现行教令或敕令之间发生抵触,实现殖民法制内部的协调与统一。

1933 年 8 月 14 日,法制局致函兴安总署总长,送达《法制局

①参见《国务院各部官制改订之件》(《满洲国政府公报》第 21 号)、《关于大同元年三月一日以后法令之规定中修正之件》(《政府公报》1934 年 3 月 1 日号外)、《国务院各部官制中修正之件》(《政府公报》第 225 号)。

设置部之件》。《法制局设置部之件》规定:法制局置第一、第二两
部,其中,第一部掌管关于"国务院"总务厅、民政部、外交部、军政
部、财政部、"国都"建设局、"国道"局主管事务之法令之审议立
案,第二部掌管关于实业部、交通部、司法部、文教部、兴安总署主
管事务之法令之审议立案①。由此,我们似乎可以得出如下推
断:伪满的教令案或敕令案主要是由蒙政主管机关及"国务院"其
他各部提出的,由于"国务院"蒙政主管机关及其他各部的提案过
多,审查任务繁重,以致法制局不得不分设两部进行审查。

(三)教令案或敕令案之审定

根据 1932 年《国务院官制》,"为图行政事务之连络统一,以
维持全局之平衡起见,设国务院会议。国务院会议由国务总理主
宰之,以各部总长、总务长官、法制局长、兴安局总长、资政局长或
其代理者组织之",所有教令均须经"国务院"会议②。随着"帝
制"的实行,伪满洲国政府修正《国务院官制》,要求敕令须经"国
务院"会议③。因此,所有涉蒙教令或敕令的草案完成后都要提
交"国务院"会议审定。

不过需要说明的是,法制局(处)的审查一旦完成,即提交由
总务长官、总务厅次长及各部次长等组成的水曜日(即星期三)会
议,然后才在下周月曜日(即星期一)的"国务院"会议上正式讨
论④。这个完全由日系官员组成的水曜日会议,虽然并没有任何

---

① 参见法制局公函第二〇六号(法制法第一六三号),《满洲国政府公报》第
　192 号。
② 《满洲国政府公报》第 1 号。
③ 《政府公报》1934 年 3 月 1 日号外。
④ 〔日〕"满洲国"史编纂刊行会编:《满洲国史(分论)》(上),第 5 页。

法律依据,但是在"国务院"会议审定前,所有教令或敕令案在事实上都必须经过这一前置程序。

(四)教令案或敕令案之咨议

1932年《政府组织法》授权参议府关于教令"俟有执政咨询提出其意见"①;1934年《组织法》确认参议府就敕令"承皇帝咨询上奏其意见"的权力②。依此,涉蒙教令或敕令经"国务院"会议审定后,在提交"执政"或"皇帝"裁决前,需要经参议府审议。

参议府对于教令案或敕令案之意见"依参议府会议之决议决之","参议府会议非有参议过半数出席不得开会","参议府会议之议事依出席参议之多数决,可否同数时即由议长决定之"。议长在会议有必要时,得使"国务总理"(大臣)、"各部总长"(大臣)及其他机关首长或其代理者出席会议并陈述意见③。参议府完成对涉蒙教令或敕令的审议后,将其意见上报"执政"或"皇帝",由"执政"或"皇帝"在参考参议府意见的基础上做出最终的决定。

(五)教令或敕令之公布

根据1932年10月修正的《暂行公文程式令》,教令应通过"执政"令于《政府公报》公布之,"执政"令除概由"执政"署名盖印、"国务总理"并主管各部总长副署外,其经参议府咨询者须在令文中声明④。实行"帝制"后,1934年《公文程式令》则规定,敕令附上谕于《政府公报》公布之,"前项之上谕载明经咨询参议府

---

①《满洲国政府公报》第1号。

②《政府公报》1934年3月1日号外。

③参见《参议府官制》(《满洲国政府公报》第1号)、《参议府官制中修正之件》(《政府公报》1934年3月1日号外)。

④《满洲国政府公报》第52号。

御署之后钤用御玺,由国务总理大臣标明年月日副署之,或会同主管各部大臣副署之"①。基于上述规定,凡涉蒙教令或敕令以"执政"令或上谕通过伪满洲国《政府公报》予以公布。

纵观伪满洲国政府公布的诸涉蒙教令或敕令,除蒙政部存续期间蒙政部大臣齐默特色木丕勒获得相关敕令的副署权外,此前此后的蒙政主管机关首长均无权副署教令或敕令,从一个侧面反映了蒙政机关在伪满"中央"政权中地位的变化。

二　院令的立法程序

伪满时期,涉蒙院令数量无多,其立法程序与教令、敕令的情况大体相同,主要差异在于教令案或敕令案不仅要经"国务院"会议审议还须经参议府咨议,而院令案则无须参议府咨议。

(一)院令案之起草

凡事关全局的院令案由法制局及后来的总务厅法制处起草,而事关"国务院"蒙政机关、其他各部的院令由相关主管机关起草。

(二)院令案之核定

根据 1932 年《国务院办理文书暂行章程》,"文书之核定应照左开程序办理之:(一)文书之拟订经承办员之上级核妥,送本主管官署内关系各个所(如处科等)合议后呈主管官署长官核定。(二)凡须与他官署合议之事项,应依关系之深浅指定合议之顺序,将文书依此送达。(三)凡文书已照上列二项之手续办理完竣后应送交总务厅,由秘书处长按照文书之性质分发各处,由各处

---

① 《政府公报》1934 年 3 月 1 日号外。

长提交总务长官"①。据此,由各部局起案的院令,草案完成后须经过层层核定,其工作流程基本如此:主管部局内部相关处科合议→主管部局长官核定→相关部局合议→总务厅秘书处接收→总务厅相关各处审定。

(三)院令之审查

由"国务院"蒙政机关、其他各部提出的院令案,经过上述核定后均要提交总务长官,并由其交由法制局(处)立案审查。

(四)院令之审议

1932年《国务院官制》规定,"左开各件须经国务院会议:一、法律、教令、军令及预算;二、外国条约及重要涉外案件;三、各部间主管权限之争议;四、预算外之支出;五、其他重要国务"②。由于院令是伪满国务院推动"国家"行政管理工作的手段,属于重要"国务"的范畴,因此院令案无疑应列入"国务院"会议讨论范围。

(五)院令之签署

1932年《暂行公文程式令》规定,院令由"国务总理"署名;公文必须记明年月日,各官署文件由各该官署长官记入之③。1934年《公文程式令》亦规定,"院令由国务总理大臣标明年月日经署名后公布之"④。

(六)院令之公布

根据《国务院总务厅分科规程》,总务厅秘书处文书科掌"关

---

①《满洲国政府公报》第5号。
②《满洲国政府公报》第1号。
③《满洲国政府公报》第1号。
④《政府公报》1934年3月1日号外。

于法律、教令、军令、教书及院令之公布事项""关于政府公报之编辑及发行事项"①。因此,院令由"国务总理"(大臣)署名后,还须经由总务厅秘书处,以伪满洲国《政府公报》加以公布。

表 2.4　伪满涉蒙院令立法流程

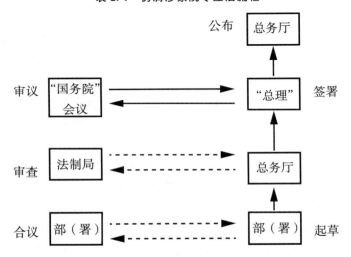

说明:主管部起草的院令案如与他部无交集,则无须合议;法制局改为法制处后,院令案审查权划归总务厅。因此,流程图中相关部分用虚线表示。

三　总署令、部令的立法程序

作为伪满国务院蒙政主管机关,兴安总署、蒙政部存续期间制订了大量总署令、部令。蒙政部撤销后,伪满国务院各部部令得直接适用于蒙古地方,由于其立法程序与蒙政部部令大同小异,这里仅就兴安总署令、蒙政部令的立法程序进行介绍。

---

① 《满洲国政府公报》第 7 号。

（一）署（部）令之起草

根据 1933 年 6 月 27 日发布的《兴安总署改订分科规程》，兴安总署总务处总务科掌署令之发令事项，及"关于法令案及成文案之审查及送呈事项"①。据此，总署令可由总务处总务科起案，亦可由政务、劝业两个职能处起案。凡政务、劝业处起案的，均由其下设的主管科负责起草。兴安总署升格为蒙政部后，原来的总务、政务、劝业处相应升格为司，部令之发令及"法令案及成文案之审查及进呈事项"归总务司文书科掌管②，部令案之起草程序并未发生实质性变化。

（二）署（部）令之核定

根据《兴安总署办理文书暂行细则》第五条："文书之核定应照左开程序办理之：一、文书之拟订经承起案科长核妥，送本主管处合议后，呈主管处长核定。二、凡须与他处合议之事项，应由起案科指定合议之顺序，将文书依次送阅须合议之处。三、应总长核定之文书须经前二项手续后，由总务处总务科呈报总长核定，但紧急无暇经总务科之文书直接呈经总长核定时，不得缓报知总务科其旨。"③由此可以推知，主管各科起案的总署令，草案完成后亦须经过层层核定，其工作流程大体如下：主管处内部相关各科合议→总务处总务科审查→总署总长（后称长官）核定。兴安总署升格为蒙政部后，《兴安总署办理文书暂行细则》未被废止，蒙政部令的核定亦遵循前述程序。

---

①《满洲国政府公报》第 152 号。
②参见《蒙政部分科规程》，《政府公报》第 229 号。
③《满洲国政府公报》第 34 号。

（三）法制局（处）审查

无论是总署令还是蒙政部令，均需经过伪满国务院法制部门的审查，但审查的模式前后有较大变化。法制局存续期间，对总署令、蒙政部令的审查采取事后审查制，这一点可从《暂行公文程式令》要求部令、署令发布后"由各该官署长官报告法制局，须分别备案"的规定中得到印证①。1935 年 11 月 8 日，出于强化总务厅职能的需要，伪满洲国政府公布《国务院官制中修正之件》，撤销法制局，于总务厅下设法制处，并将其职权扩充为"关于法律案、敕令案、院令案及其他法令案之起草及审查事项"②。此后，蒙政部令案如同敕令案、院令案一样，必须在正式公布前经受法制处的审查。

（四）公布

根据《暂行公文程式令》：部令由"国务院"各部总长署名，署令由兴安总署总长署名，并由各该官署长官记明年月日，于《政府公报》公布之③。1934 年《公文程式令》对于总署令、蒙政部令的公布做了同样规定，即"部令由主管各部大臣、署令由兴安总署长官标明年月日经署名后公布之"，"公文除法令另有规定者外，以《政府公报》公布之"④。

―――――――――――

① 参见《暂行公文程式令》（《满洲国政府公报》第 1 号）、《暂行公文程式令中改正之件》（《满洲国政府公报》第 31 号）。
②《政府公报》第 499 号。
③ 参见《暂行公文程式令中改正之件》，《满洲国政府公报》第 31 号。
④《政府公报》1934 年 3 月 1 日号外。

四　分省令、省令、总省令的立法程序

（一）起草

兴安分省时期，各分省公署总务厅总务科掌管"公文书事项"①；兴安分省升格为省后，省公署总务厅总务科依旧执掌"公文书事项"②；兴安总省建立后，文书事项则由官房掌管③。分省令、省令、总省令作为重要的公文书，其起草归这些机构负责应无疑义。如分省令、省令、总省令涉及主管厅的事务，则由该厅负责起案，通常由其下属职能科起草分省令案。

（二）核定

《兴安分省公署办理文书暂行细则》第四条规定："文书之核定应照左开程序办理之：一、文书之拟定经承主管科长核妥送本主管处合议后呈主管处长核定；二、凡须与分省公署内他厅合议之事项，应由主管科指定合议之顺序，将文书依次送阅须合议之处；三、应分省长核定之文书，须经前二项手续后由总务处总务科呈分省长核定。"④据此，草案完成后先由主管科长核定，核定无误后由所属主管处各科合议，合议无异议者送所属主管处处长核定，处长核妥后送总务处总务科审查，总务科审查通过后再呈送分省长核定；如分省令事关多个厅时，还需经过相关各厅的合议。

兴安分省升格为省后，各省公署分别制订了各自的公文处理

---

①参见《兴安分省公署分科规程》，《满洲国政府公报》第 8 号；《兴安分省公署改订分科规程》，《满洲国政府公报》第 152 号。

②《兴安各省公署分科规程》，《政府公报》第 229 号。

③《兴安总省官制》，《政府公报》第 2789 号。

④《满洲国政府公报》第 34 号。

规则,如《兴安南省公署文书处理规程》(1937 年 1 月 23 日)、《兴安东省公署文书处理细则》(1937 年 6 月 4 日)等,明确了兴安省令的核定程序:"应受省长裁决文书之成案,应由主管厅科长之裁决后,经总务科长之审查,而后受参与官及省长之裁决。"①至于兴安总省令的核定程序,由于资料的匮乏,目前尚不甚了解,不便妄作推测,只好暂时存疑。

(三)审查

1932 年 3 月 9 日公布的《暂行公文程式令》,只要求"省令"发布后由各该官署长官报告法制局(后改为总务厅法制处)备案,但未提及兴安分省令。鉴于兴安各分省直隶于兴安局(兴安总署),分省令的审查似应由"国务院"蒙政主管机关负责。

兴安分省升格为省后,伪满洲国政府于 1935 年 12 月 28 日公布《地方官署命令程式令》,明确规定:公布省令之方法"经主管部大臣之认可后,由各该官署长官定之"②。省令之公布方法尚且须主管部大臣认可,省令本省则更应接受其审查。据伪满参议府议长臧式毅供述:伪满洲国政府"法令公布后,因各省市情形的不同,对于法令的施行细则由各该省市拟出后,由该省市次长、副市长申请伪主管部次长核定(名曰假申请)。经伪次长核定后,方能由伪省长或伪特别市长正式呈请伪主管部大臣批准或备案"③。

随着兴安总省的成立,伪满洲国政府于 1943 年 9 月 20 日公布《地方官署命令程式令中修正之件》,要求兴安总省令须经主管

---

① 《政府公报》第 861 号、《政府公报》第 968 号。
② 《政府公报》第 542 号。
③ 中央档案馆编:《伪满洲国的统治与内幕:伪满官员供述》,中华书局,2000年,第 96 页。

部大臣之认可,兴安北省令则经兴安总省长之认可①。

(四)公布

根据 1932 年 3 月 9 日公布的《暂行公文程式令》及 1934 年 3 月 1 日公布的《公文程式令》,兴安分省令、兴安省令应由各该官署长官记明年月日,于伪满洲国《政府公报》公布之②。1935 年 12 月 28 日,伪满洲国政府公布《地方官署命令程式令》,要求省令由各该官署长官签名、标明公布年月日后公布之,至于公布方法则允许"经主管部大臣之认可后由各该官署长官定之"③。1936 年,兴安各省均决定仍以伪满洲国《政府公报》公布本省省令④。1938 年始,兴安各省令陆续改由各该省公报公布⑤。

关于兴安总省令的公布程序,1943 年 10 月 1 日兴安总省令第一号《兴安总省令程式令》规定:"兴安总省令标明为兴安总省令,由兴安总省长签名并填记公布年月日后公布之";"兴安总省令以兴安总省公报公布之。"⑥

伪满时期,锦热蒙旗分属锦州省、热河省,省外四旗分属龙江省、滨江省、吉林省,上述各省公署亦曾制订过涉及相关蒙旗的省令,由于其立法程序与兴安各省省令大同小异,这里不再赘述。

---

①《政府公报》第 2789 号。
②参见《满洲国政府公报》第 1 号,《政府公报》1934 年 3 月 1 日号外。
③《政府公报》第 542 号。
④参见《兴安南省令公布式》,《政府公报》第 576 号;《兴安北省令之公布式》,《政府公报》第 591 号;《兴安东省令公布式之件》,《政府公报》第 611 号;《兴安西省令公布式之件》,《政府公报》第 611 号。
⑤参见《兴安南省令公布式》,《政府公报》第 1179 号;《兴安北省令公布式》,《政府公报》第 1714 号;《兴安西省令公布式》,《政府公报》第 2315 号。
⑥《政府公报》第 2822 号。

五　旗令、县令、市令、市政管理处令的立法程序

伪满洲国的县令、市令、市政管理处令之立法程序与旗令大体相同,受篇幅所限,这里仅对旗令的立法程序予以阐述,其他法令的立法程序则不再赘述。

（一）起草

伪满时期,各蒙旗公署均设庶务科或总务科。根据《锦州省各旗分科规程》《龙江省各旗分科规程》《郭尔罗斯后旗分科规程》,旗公署庶务科掌管"关于文书及公报事项"①。另据伪满时期曾在科尔沁左翼中旗公署任职的达木林回忆,该旗公署总务科负责"重要文件起草"②。因此,综合性旗令由旗公署庶务（总务）科起案,如旗令涉及其他主管科之业务,则由各该相关主管科起草。

（二）审查

《阿荣旗公署分股规定》规定,旗公署总务科总务股掌管"各科拟定的文件审查、转呈和传达事项"③。由此可知,凡由其他主管科起案的旗令,草案完成后须经旗公署庶务（总务）科的审查。

（三）认可

根据《地方官署命令程式令》,公布旗令之方法应经省长之认可后由各该官署长官定之④。由此可知,旗令正式公布前必须得

①《政府公报》第 1828、2187、2105 号。

②达木林:《伪满时期的科左中旗》,《哲里木盟文史资料》第四辑,1990 年,第 22 页。

③蒙政部调查科编:《阿荣旗事情》,阿荣旗旗志办公室编:《阿荣旗历史资料丛稿》第一辑,1983 年,第 7 页。

④《政府公报》第 542 号。

到省长的认可。

（四）公布

《郭尔罗斯前旗令公布式》规定："郭尔罗斯前旗令应记明为'郭尔罗斯前旗令'，由郭尔罗斯前旗长署名，并填记公布年月日后公布之"；"郭尔罗斯前旗令应以郭尔罗斯前旗公报公布之。"①其他蒙旗旗令之公布基本与郭尔罗斯前旗同，只不过有的蒙旗是以旗月报予以公布而已。

另外，伪满时期东部内蒙古的殖民法律体系中尚有兴安警察局令、警察厅令这两种法律形式，关于兴安警察局令的立法程序，仅在 1933 年 4 月 13 日兴安总署发布的《兴安警察局办理文书暂行细则》中有极其简单的记载，而警察厅令的立法程序笔者目前尚未掌握相关资料，这里只能暂付阙如。

第四节　伪满时期东部内蒙古殖民立法的特点

上文中，笔者以伪满洲国《政府公报》登载的各级治蒙机关的法令为中心，主要运用文本分析的方法，从各种法律文件入手，阐述了伪满洲国不同阶段在内蒙古东部沦陷区进行殖民立法的基本情况，对其不同法律形式进行了初步的梳理。在此基础上，笔者将综合运用本人所掌握的相关史料，进一步剖析伪满时期内蒙古东部沦陷区殖民立法的主要特点。

---

① 《吉林省公报》第 223 号，王长林、唐莹策划：《伪满洲国地方政府公报汇编》第 7 册，线装书局，2009 年，第 1018 页。

一　立法殖民化

伪满洲国是日本扶植的傀儡政权,各级治蒙机关完全操控于殖民统治者手中。因此,由这些治蒙机关制订的相关法令不能不带有鲜明的殖民色彩。

首先,日本人在立法中发挥决定性作用。曾担任伪满国务院总务厅次长的古海忠之在其笔供中供述:"总务厅内每周定期的会议有下列几项……星期二上午次长会议(总务长官主持,各部次长、警务总局长、兴安局参与官、总务厅各处长)审议和批准重要要纲及重要人事(简任以上)及法令和预算。星期三上午,阁议(国务总理主持,各部大臣、兴安总裁、总务长官),审议和批准重要要纲、重要人事并法令、条约和预算。星期四上午,参议府会议(参议府议长主持,各参议、国务总理、总务长官和该当各部大臣参加说明议案),应皇帝的咨询,审议批准重要要纲、人事、条约、法令、预算。重要事项、人事、预算和法令是在次长会议上议决后提交第二个礼拜的阁议上表决,然后再在第三个礼拜的参议府会议上咨询,为常例。"①"(重要)法令在各部局起草审议后,交总务厅有关各处研究审议,而后需要经总务长官、国务总理的批准。除经上述各项程序外,还有在这期间经关东军第四课请求关东军司令官的许可。"②曾任伪满参议府议长的臧式毅亦供称:"伪满之法令照章应由各主管机关立案,提出国务院会议通过后方合手续。实际则不然,凡应提出之重要案件,均须先经过总务长官、总

---

① 《古海忠之笔供》,中央档案馆整理:《日本侵华战犯笔供》第 5 册,中国档案出版社,2005 年,第 350—351 页。
② 《古海忠之笔供》,中央档案馆整理:《日本侵华战犯笔供》第 5 册,第 351 页。

务厅次长、各处长、各部次长及有关责任司长等日本人,并有日本军部第四科人参加单独会议,名为火曜会议,每周一次。此会议中国人绝对不得参加。经火曜会议决定后方能提出国务院会议,这种提出文件经咨询到参议府时,参议有提出咨问或意见时,日本人不曰既定方针,即曰国策如斯,再则曰军方之指定或授意等等之答复,不得已而原案通过者屡矣。"①伪满洲国政府颁布的《兴安各省公署官制》《旗制》《旗官制》等涉蒙法令无一不是经历了这样一个立法程序。

不仅治蒙敕令的制订受制于殖民统治者,由于伪满中央各部及地方各省公署实行日人次长制,兴安省及锦、热等周边各省省令的制订同样为日本人掌控。敕令"公布后,因各省市情形的不同,对于法令的施行细则由各该省市拟出后,由该省市次长、副市长申请伪主管部次长核定(名曰假申请)。经伪次长核定后,方能由伪省长或伪特别市长正式呈请主管部大臣批准或备案"②。

受资料限制,笔者在这里仅以涉蒙敕令、省令为例,大体勾勒出殖民统治者操纵立法的概貌,至于日本人控制涉蒙院令、部令、旗令等其他法令制订的具体情况还不得而知,但鉴于日人掌控"中央"、地方各级政府及其职能部门的基本事实,其对于相关立法的干预是毫无疑问的。

其次,立法的目的是维护日本的殖民利益。日本侵略者在内蒙古东部的立法活动,无一不是围绕着其殖民统治利益而进

---

① 《臧式毅笔供》,中央档案馆编:《伪满洲国的统治与内幕:伪满官员供述》,第 79 页。

② 《臧式毅笔供》,中央档案馆编:《伪满洲国的统治与内幕:伪满官员供述》,第 96 页。

行的。

　　伪满第一个产业开发五年计划实施前,侵略者在内蒙古东部
立足未稳,为了笼络蒙古民族,有效控制内蒙古东部,殖民统治者
为蒙古人开出了优厚条件,并将其以法律的形式加以确认。伪满
洲国建立初期,伪满政府为蒙古人划定了具有民族"自治"性质的
行政区——兴安省,分设兴安北、南、东、西四个分省,并在伪国务
院设立了"中央"治蒙机关——兴安局。为此,伪满洲国政府制订
了《兴安局官制》,赋予兴安局"掌管关于兴安省之一般行政事宜,
并关于在另定地域内蒙古旗务辅佐国务总理"的职责,规定兴安
局总长有权"指挥监督兴安各分省长","关于兴安省内行政事宜,
依职权或特别委任得发局令","就其主管事务认为有法律、教令、
院令之制订、废止及改正之必要时"得具案提呈"国务总理"①。
针对地方的治理,一方面,伪满洲国政府制订了《兴安分省公署官
制》,赋予分省长广泛的权力,包括:法令执行权,行政事务管理
权,对所属官吏的指挥监督权,关于委任官以下之进退及赏罚的
专断权,分省令的发布权,保持安宁秩序之用兵力要求权等等②;
另一方面,在兴安省内施行《旗制》,并公布《关于保全兴安各分省
各旗旗地之件》,宣称对蒙民赖以生存的牧场予以保护。此后,
"中央"及地方治蒙机关的权力和地位日隆。在地方,一方面通过
《兴安各省公署官制》将兴安四分省升格为省,另一方面颁布《吉
林省郭尔罗斯前旗等四旗施行旗制之件》,"在吉林省郭尔罗斯前
旗、龙江省杜尔伯特旗、依克明安旗及滨江省郭尔罗斯后旗等之

---

①《满洲国政府公报》第1号。
②《满洲国政府公报》第2号。

区域内施行《旗制》"①。"中央"在继 1932 年 8 月以《兴安局官制中改正之件》将兴安局改为兴安总署后,又以 1934 年 11 月《国务院各部官制中修正之件》将兴安总署升格为蒙政部,赋予"蒙政部大臣掌理关于施行旗制地域内之地方行政、警察、土木、卫生、农林、畜产(除关于马匹事项)、水产、矿山、商工、教育及宗教之事项并监督兴安各省长"的大权②。作为蒙政部大臣的齐默特色木丕勒喜不自禁,发表《声明书》盛赞"蒙政部之设立、实施《兴安各省公署官制》,诚我建国之理想可谓更进一步者也"③。1936 年 12 月,伪满进而又颁布《热河省及锦州省内旗制》《热河省及锦州省内旗官制》及《关于蒙政部大臣在热河省及锦州省内旗制施行地域之权限之件》,赋予"蒙政部大臣在施行《热河省及锦州省内旗制》之地域内,掌理依《热河省及锦州省内旗官制》第三条之规定属于旗长之权限范围内之行政事务"的大权④,蒙政部的权力和地位达到巅峰。

但自 1937 年起,由于日本在内蒙古东部的统治渐趋稳固,蒙古王公失去利用价值;同时,殖民统治者在伪满实施第一个产业开发五年计划,"经济、产业及其他各方面的行政命令,由中央各部局直接下达兴安各省,反而能有效地进行行政管理,所以撤销蒙政部"⑤。1937 年 6 月 5 日,伪满洲国政府公布新的《兴安局官制》,将蒙政部降格为兴安局,成为"国务总理大臣"有关蒙务的咨

---

① 《政府公报》第 225 号。
② 《政府公报》第 225 号。
③ 孙邦主编:《伪满人物》,吉林人民出版社,1993 年,第 612 页。
④ 《政府公报》第 823 号。
⑤ 〔日〕"满洲国"史编纂刊行会编:《满洲国史(总论)》,第 583 页。

询机关,不再具有号令蒙旗的权力,仅掌管"关于蒙政之基调事项"及"关于蒙政事务之联络调整事项"①。在地方,为推进开拓移民计划,日本殖民统治者诱导旧蒙古王公将开放蒙地及锦热蒙地奉上,伪满洲国政府也相继颁布《旧蒙古王公裕生公债法》《关于处理蒙租、街基租、房基租和院基租之件》《热河省蒙地整理委员会官制》《蒙地整理委员会官制》等敕令,为日本移民取得开拓用地创造了便利条件。作为与蒙地奉上的交换,伪满洲国政府于1939年重新颁布了《热河省及锦州省内旗制》《热河省及锦州省内旗官制》,并废止热河省及锦州省内与蒙旗并存之县,1940年又制订了统一适用于内蒙古东部所有蒙旗的《旗制》《旗官制》等敕令,赋予蒙旗与县治平等的地位。

　　1943年,由于苏军在苏德战场上节节胜利,满苏、满蒙边境形势恶化,为调动蒙古人的积极性以应对不测,伪满洲国政府公布《兴安总省官制》,以此迎合蒙古人建立统一民族自治区域的意愿,同时颁布《关于兴安总省各旗旗地之保全之件》等法令,对蒙古人的权益予以一定保护。

　　再次,法令行文日文化。日文"统制"即汉语"管制"之意。伪满时期,日本殖民统治者对社会生活方方面面实行严格控制,于是,"统制"一词反复出现于内蒙古东部实施的诸法令中,《重要产业统制法》《劳动统制法》《毛皮皮革类统制法》等敕令,兴安西省《瓜子生产集货统制规则》、兴安南省《木炭及薪材需给并价格统制规则》、兴安总省《载货马车统制规则》等省令,皆径以"统制"一词命名。日文中的"之件",在汉语中表示"……的事件、事情"。伪满时期,许多在内蒙古东部地区实施的法令的名称使用了这个

---

① 《政府公报》第954号。

词汇,如 1932 年教令《兴安省分设三分省之件》、1934 年敕令《关于兴安省行政区划之件中修正之件》、1934 年兴安总署令《设置参事官之旗指定之件》、1935 年蒙政部令《关于矿业之规费之件》、1937 年兴安东省令《关于对日本侧质业者质业取缔法中绝赎期限之件》、1940 年兴安北省令《关于在海拉尔市之日佣工劳动者之雇佣及集合之件》、1943 年兴安总省令《暂行援用从前兴安东省令、兴安南省令、兴安西省令及龙江省令之件》等。此外,伪满洲国政府颁布的《无尽业法》《过料手续法》《取引税法》等敕令,1933 年兴安总署令《兴安省学校学年学期休业日期暂行规程》、1940 年兴安西省令《看护妇考试规则》、1941 年兴安南省令《关于农产物交易手数料之件》、1944 年兴安总省令《射幸行为取缔规则》等各级治蒙机关制订的法令均直接以日文词汇命名。

　　法令行文中的日文词汇则更数不胜数。1937 年敕令《兴安局官制》规定,兴安局掌管"关于蒙政之基调事项"①;1936 年蒙政部令《家畜传染病预防规则》规定,"罹传染病或已有罹患之疑似及有感染之虞之家畜尸体及污染病毒或已污染疑似之畜舍及一切物品,须由所有者或保管者遵照该管职员之指挥实行烧却、埋却或消毒"②;1940 年兴安南省令《兴安南省经济取缔委员会规程》规定,"委员认为特有必要时,得向委员长要请开催会议"③;1942 年兴安北省令《兴安北省家畜调整规则》规定:"觅牲不得于省长指定地点(以下简称觅牲场)以外之地点为之。"④其中的"基调"

---

① 《政府公报》第 954 号。
② 《政府公报》第 732 号。
③ 《政府公报》第 1772 号。
④ 《政府公报》第 2389 号。

"烧却""埋却""开催""蒐牲"均为日文之直译。此外,1932年兴安总署令《兴安分省公署会计事务处理暂定办法章程》将"支付"写成"支拂"①;1936年蒙政部令《屠宰场法施行规则》将"式样"写成"仕样"②;1938年治安部令《民政部令兴安各省施行》直接使用"届出"一词取代"呈报"③。

因各种法令中充斥日文词汇,"不但阻废国民理解法令,且有使遵法精神因而稀薄之虞"。为此,伪满国务总理大臣张景惠于1943年9月21日签发"国务院"训令《关于法令形式改善之件》,要求"满文法令不仅以日文之直译为足,应留意使依满文自体能明确理解法令之内容,并期满文法令与日文法令间不生解释之错误"④。但由于"满洲国"是日本一手扶植的傀儡政权,日系官吏大量进入各类机关并掌控实权,"凡公布法令及各机关往复公文均以日文为主,满文次之"⑤,仅靠一纸训令根本无法改变法令行文日文化的现象。

二　立法技术粗糙

就立法技术层面而言,伪满洲国政府特别省级地方政府制订的治蒙法令存在诸多致命的缺陷。这些缺陷基本上是立法者故意为之,目的在于便利殖民统治者随时以法律的手段保护日本在殖民地的利益,是傀儡政权的殖民性在立法中的体现。从伪满各

①《满洲国政府公报》第34号。
②《政府公报》第760号。
③《政府公报》第1204号。
④《政府公报》第2795号。
⑤《臧式毅笔供》,中央档案馆编:《伪满洲国的统治与内幕:伪满官员供述》,第79页。

级治蒙机关发布的法令来看,殖民法制的粗劣主要表现在以下几个方面。

首先,大量法令具有溯及既往的效力。法的溯及力,是指新的法令颁布后,对它生效以前所发生的事件和行为是否适用的问题。如果适用,就有溯及力;反之,就无溯及力。一般来说,近代各国通行"从旧"原则,即新法不溯及既往。伪满洲国亦采用了从旧原则,《关于法律命令施行日期之件》规定:"法律、敕令、院令、部令、署令、省令、区令、厅令及其他行政官署所发布之命令,除另定有施行日期者外,自公布之日起算满三十日后施行之。"①但是,"除另定有施行日期者外"的除外规定,为法令溯及既往大开方便之门。实际上,伪满时期内蒙古东部实施的相当一部分法令具有溯及力。1936年("康德"三年)2月8日公布的《兴安各省公署官制中修正之件》规定,"本令自康德三年一月一日施行"②。1935年("康德"二年)3月7日公布的蒙政部令《大同三年兴安总署令第一号修正》及同年4月6日公布的蒙政部令《兴安各省公署定员》均规定,"本令自康德元年十二月一日施行"③。1936年("康德"三年)4月25日公布的《兴安东省林务署暂行规程》"自康德三年三月一日施行"④,1938年("康德"五年)1月19日公布的兴安南省《讲会取缔规则》"自康德四年十二月一日施行"⑤,1938年3月5日公布的兴安西省《畜犬取缔规则》"自康德四年十二月

---

① 《政府公报》1934年3月1日号外。
② 《政府公报》第566号。
③ 《政府公报》第296、319号。
④ 《政府公报》第630号。
⑤ 《政府公报》第1139号。

一日施行之"①,1938 年 6 月 7 日公布的兴安北省《清洁方法》"自康德五年四月十六日施行"②。

　　法令溯及既往,不仅使普通民众无所措手足,而且也常常导致行政机关权力的行使缺乏法律依据。1941 年兴安西省令《康德元年敕令第一百二十四号省官制第四条所定省长权限之一部委任于旗、县长之件》规定:

　　　　第一条　关于左列者之任免、进退、赏罚一切专行权限委任于旗、县长:

　　　　一、旗县费开支之委任行政官、委任技术官及委任官试补(除警察官);

　　　　二、于旗县勤务之满系警尉补以下之警察官;

　　　　三、有初等学校第三种教谕许可状之教谕及教导。

　　　　第二条　关于对前条各款所定者以外之旗县所属委任官及委任官试补之申诫及谨慎之权限如左委任于旗、县长:

　　　　一、关于申诫由旗县长专行之;

　　　　二、关于谨慎经省长之承认由旗县长行之。

　　　　附则

　　　　本令自康德八年八月一日施行。③

该省令的公布时间是 1941 年("康德"八年)9 月 20 日,而附则明确规定"本令自康德八年八月一日施行"。这就意味着兴安西省各旗、县长未得到授权便开始行使行政权力,显然与近代行政法

①《政府公报》第 1172 号。
②《政府公报》第 1247 号。
③《政府公报》第 2213 号。

的控权法的根本性质背道而驰。

　　另外,从近代各国立法的实践来看,法律从公布到生效一般留有一定的期限,以便于人民了解法律的要求。伪满 1932 年《暂行公文程式令》也规定:"教令、院令、部令、局令及省令,无另定施行日期者,自公布日起算满二十日后施行之。"1934 年《关于法律、命令施行日期之件》进一步规定:"法律、敕令、院令、部令、署令、区令及其他行政官署发布之命令,除另定有施行日期者外,自公布之日起算满三十日后施行之。"①但事实上,伪满时期内蒙古东部实施的法令往往都另定施行日期,公布日与生效日间隔不足法定期间的情况比比皆是。如 1932 年教令《暂行惩治叛徒法》《暂行惩治盗匪法》、1934 年兴安总署令《依外国人入国取缔规则第一条规定指定官署之件》《暂行外国人居留证明书发给规则》,以及 1941 年兴安东省令《关于薪炭省外移出限制之件》、兴安西省令《瓜子生产集货统制规则》、兴安南省令《关于农产物交易手数料之件》、兴安北省令《关于汽水啤酒之空瓶往省外搬出禁止之件》均自公布日施行。

　　其次,大量法令未依法公布。公布是法律实施的一个十分重要的环节,因为只有公布法律人民才知道有所趋避。1936 年《兴安北省令之公布式》《兴安东省令公布式之件》《兴安西省令公布式之件》均规定各自的省令"以《政府公报》公布之",然而各省省令往往未依法公布。兴安西省令《依交通取缔规则适用地域指定之件》,于 1938 年("康德"五年)12 月 17 日由省长诺拉嘎尔扎布署名予以公布,该令规定"本令自康德六年一月一日施行",但直至 1939 年("康德"六年)9 月 23 日才在伪满《政府公报》上登载。

---

①《政府公报》1934 年 3 月 1 日号外。

1939 年 3 月 18 日，兴安东省令《汽车司机免许及就业免许考试规则》由省长额勒春签署公布并自公布日施行，但迟至 6 月 8 日伪满《政府公报》才予以刊登。兴安北省《关于家畜移出取缔之件》，于 1939 年 6 月 7 日由省长额尔钦巴图署名公布，并自同月 10 日施行，而由伪满《政府公报》正式公布却是 3 个半月之后的 9 月 26 日。更为离谱的是，有些省令干脆就没有公布，如 1938 年兴安北省第 2 号省令、1939 年兴安北省第 9 号省令，1940 年兴安东省第 6—9 号省令，笔者遍览伪满洲国《政府公报》终未发现其踪迹。

三　立法行政中心主义

1932 年伪满《政府组织法》和 1934 年伪满《组织法》均规定所有法律"须经立法院之翼赞"①，但"立法院"仅任命了院长，设置了秘书厅，并未开院，旋即随着院长赵欣伯于 1934 年 10 月被弹劾并免职而结束。因此，在伪满的法律渊源中实际上并不存在"法律"这种形式，反而是行政机关制订的法令大行其道。

伪满的教令或敕令是伪满洲国元首在不能召集"立法院"时发布的与"法律"有同一效力之规范性文件，其立法程序为"主管部大臣起草后提交伪总务厅法制处审核……伪法制处审核后，由伪总务长官交还伪主管部，更以伪主管部次长名义，提出伪总务厅次长会议是即所谓火曜会议。这个会议的构成，是在日寇军部参谋长代理第四课参加下，以伪总务长官为议长，伪总务厅次长、伪各部次长、伪总务厅各处处长、伪兴安局参与官及伪总务厅文书科长等……经这个伪次长会议通过后，再以伪主管部大臣名义，提出伪国务会议。经伪国务会议通过后，以伪国务总理名义

---

①《满洲国政府公报》第 1 号、《政府公报》1934 年 3 月 1 日号外。

奏请傀儡皇帝溥仪。更由其咨询伪参议府被通过后,以伪议长名义奏请傀儡皇帝溥仪以敕令公布,由伪国务总理大臣与伪主管部大臣或关系部大臣副署之"①。除参议府审议外,教令或敕令的制订完全是在行政系统内完成的,而参议府的存在也并不能从外部对其施加影响。《政府组织法》及《组织法》设立参议府的目的,在于标榜"满洲国"近代民主国家形象的同时,便于殖民统治者抑制立法权、行政权的独立倾向,但由于后来通过总务厅中心主义和次长制控制了行政权,通过罢免赵欣伯使"立法院"陷于瘫痪,参议府便成为可有可无的装饰。臧式毅即供称:"我在参议府十年余,经过案件不下数千百件,就没有否决过一个案。所谓参议府会议不过徒具形式耳。"②

至于院令、部令、省令、旗令、县令、市令等,是伪满"中央政府"及其职能部门和地方各级政府首长,在其职权范围内发布的规范性文件,均是纯粹的行政法令,其立法程序都是在封闭的行政系统内运作的,只是由于行政法令的法律位阶之高下,低层次的行政法令需要经过上级行政机关的认可而已。如系部令,由"国务院"直属机关法制局(后改为总务厅法制处)进行审议、认可。依据《法制局设置部之件》,法制局置第一、第二部,其中,第一部掌管"国务院"总务厅、民政部、外交部、军政部、财政部、"国都"建设局、"国道"局主管事务之法令之审议立案,第二部掌管实业部、交通部、司法部、文教部、兴安总署主管事务之法令之审议

①《臧式毅笔供》,中央档案馆编:《伪满洲国的统治与内幕:伪满官员供述》,第96页。
②《臧式毅笔供》,中央档案馆编:《伪满洲国的统治与内幕:伪满官员供述》,第79页。

立案①。如系地方官署制订的法令,在省令则经主管部大臣之认可后由各该官署长官定之,在县令、旗令及市政管理处令则经省长之认可后由各该官署长官定之②。

从上述立法程序可以看出,伪满洲国各级治蒙机关的立法活动全部是在封闭的行政系统内部完成的,行政机关彻底垄断了立法权。由于没有常设的专门立法机构,行政机关的立法活动不受任何限制,完全成为推行政府政策的工具,这显然与近代权力制衡的法治理念相距甚远。鉴于行政机关恣意妄为地立法,伪满洲国治蒙立法的水准及合理性也就荡然无存了。

四　一元立法取代二元立法

以蒙政部降格为兴安局为标志,伪满洲国政府对东部内蒙古的立法明显划分为前后两个截然不同的阶段。

伪满洲国建立至 1937 年《兴安局官制》颁布,伪满"中央"对于东部内蒙古特别是兴安省的立法,往往有别于其他省份。

首先,伪满洲国政府制订的教令、敕令对东部内蒙古做出特殊规定。一是有些教令或敕令仅适用于内蒙古东部地区,如 1932 年《兴安分省公署官制》《旗制》《兴安警察局官制》,1933 年《兴安省处理司法事务暂行办法》,1934 年《兴安各省公署官制》《吉林省郭尔罗斯前旗等四旗施行旗制之件》,1936 年《热河省及锦州省内旗制》《热河省及锦州省内旗官制》等等。通过这些教令或敕令,伪满洲国政府在内蒙古东部地区建立起一整套独特的体制,迎合了蒙古民族自治的要求。二是有些教令或敕令不适用于内蒙古

①《满洲国政府公报》第 192 号。
②《地方官署命令程式令》,《政府公报》第 542 号。

东部地区,如 1933 年《暂行保甲法》"在兴安省内暂不施行"①,
1935 年《屠宰场法》"在施行《旗制》之区域暂不施行"②。

其次,"中央"治蒙机关与"国务院"其他部门平行立法。笔者
考证,兴安总署、蒙政部在其存续期间依职权发布总署令 12 件、
部令 88 件,涉及行政管理、财税金融、文化教育、医疗卫生、产业
经济、环境保护、土地管理、交通运输等诸多领域,这些法令仅适
用于内蒙古东部,与"国务院"其他职能部门发布的适用于非蒙地
区的部令并行。1933 年教令《古迹保存法》第十四条规定,"关于
本法施行所必要之规定,由文教部总长定之"。同法第十六条又
规定,"本法所称之文教部总长及县长,在兴安省则为兴安总署总
长及旗长"③。据此,1933 年 9 月 9 日,兴安总署和文教部各自公
布了一部《古迹保存法施行规则》。根据 1932 年教令《拖欠田赋
及营业税并附加杂款免除令》"关于施行本令必要之规定,国税由
财政部总长、地方税由民政部总长或兴安总署总长分别厘定"之
规定④,兴安总署和民政部各自公布《拖欠田赋及营业税并附加
杂款免除施行规则》。此外,《暂行外国人滞留呈报规则》与《暂
行外国人滞留登录规则》,《兴安省公医规则》与《公医规则》,《兴
安省汽车取缔规则》与《汽车取缔规则》等,也均为"中央"治蒙机
关与"国务院"民政部的平行立法。

值得关注的是,"国务院"其他各部就其主管事项发布法令
时,凡关涉内蒙古东部地区的往往需要会同兴安总署或蒙政部联

①《满洲国政府公报》第 296 号。
②《政府公报》第 395 号。
③《满洲国政府公报》第 153 号。
④《满洲国政府公报》第 78 号。

合立法,如 1934 年以兴安总署令、民政部令公布的《电影片取缔规则》,1935 年以蒙政部令、实业部令发布的《矿业法施行细则》,1936 年以蒙政部令、文教部令颁布的《留学生规程》,1937 年以蒙政部令、实业部令、军政部令、财政部令颁行的《重要产业统制法施行规程》等。即便没有采取联合立法的形式,"国务院"其他各部制订的法令要想在内蒙古东部适用也需要得到"中央"治蒙机关的认可。1932 年财政部令《暂行鸦片收买法施行规则》公布后,兴安总署命令兴安南、东、北分省长"援用财政部制订《暂行鸦片收买法施行规则》"①,由此该部令才得以在兴安省内适用。1933 年民政部令《取缔外国人入国规则》,也因同年 6 月 30 日兴安总署发令"适用民政部制订《取缔外国人入国规则》"而在兴安省内实施②。

这一时期,东蒙古上层有识之士曾跃跃欲试,积极推动符合蒙古风俗、民情的民事、刑事单行法律之立法。1933 年 5 月 8 日,兴安南分省长业喜海顺在给兴安总署的呈文中指出:"立法之精神在适合一般民情,故必也博访周咨、精慎考虑,创制法律草案,提交全民代表机关——立法院理论详明,议决后呈由中央政府公布全国遵行,夫如斯则我兴安区域各分省,为谋将来立法完善起见自须参加,且我蒙古民情、风俗习惯多有不同,关于编订法律及议决法律实有不容漠视,爰是拟具管见如左:一、兴安总署及兴安各分省应各派员参加编订法律;二、各分省应派员若干人或选举议员若干人至立法院议决法律案。"③同年 6 月 6 日,业喜海顺再

①《满洲国政府公报》第 50 号。
②《满洲国政府公报》第 147 号。
③《满洲国政府公报》第 135 号。

次呈文兴安总署："兹值我满洲国立法伊始,对于民刑各法急待编制,对于蒙古法律因民族历来风俗习惯特殊,应有制订单行法律的必要,不然若一致奉行普通的法律,将来于执行上多所困难。从前在民国时代变更新法,对于蒙古未予制订单行法,迫令通用普通法,而各蒙旗审度与蒙民习俗多不适合咸未采用,几陷于无法律时代,至今仍沿用清朝法律。然清法既因时代迁移过久,于实际上及使用名义上亦已不甚相当,现在各旗审理民刑诉讼即缺乏适宜的法律,牵强附会的援用旧法往往失出失入不得平衡,讫至呈报省署复核,仅对于事实上可以驳请,关于法律上不能指示,长此以往殊感困难。所以届此立法的时期,于蒙古司法应从速制订单行法律,俾官府遵守,有资蒙古奉行便利。"①然而,由于偏离殖民统治者民族协和的方向,这样的主张必定终将落空,1937 年公布的《刑法》《刑事诉讼法》《民法》《民事诉讼法》均毫无差异地适用于内蒙古东部诸蒙旗。

　　殖民统治者给予东部蒙古人"自治权"的目的在于笼络"满洲国"内的蒙古民族,防止其独立或与西部内蒙古及外蒙古的统一,将东部内蒙古建成防御、进攻苏联、华北的屏障和前哨,而日本在"满洲国"的终极目的是建设以日本人为核心的五族协和的"王道""国家",必然要求其他四族"归化"于日本民族,以实现五族"一体化",与东部蒙古人自治的要求存在内在的冲突。随着日本在内蒙古东部的统治趋于巩固,"去蒙古化"就成为当然的选择。于是,1937 年 6 月 5 日,伪满洲国政府公布新的《兴安局官制》,将蒙政部由蒙政事务主管机关降格为"国务总理大臣"有关蒙务的咨询机关,剥夺其有关蒙政的立法权,"国务院"其他各部就其主

_____

①《满洲国政府公报》第 147 号。

管事项制订的部令统一适用于内蒙古东部诸蒙旗。此后,伪满洲
国政府尽管也颁布了一些专门针对内蒙古东部的敕令,但就其实
质而言则是在管理体制上完成对东部内蒙古的"一体化"。1937
年9月公布的《暂行兴安各省审判署条例》,将兴安省审判、检察
机关纳入"国家"统一的司法体制内;1940年4月颁布的《省官制
中修正之件》宣告废止《兴安各省官制》①,兴安省从此适用统一
的《省官制》,自治区域的色彩荡然无存;而同时颁布的《旗官制》,
除保留旗的名称外,与《县官制》如出一辙。

---

① 《政府公报》第1803号。

第三章 伪满时期东部内蒙古
的行政法律制度

第一节 伪满时期东部内蒙古
行政法制概况

大体上以1934年蒙政部和兴安各省公署的建立、1940年《兴安各省公署官制》的废止和《旗官制》的公布为界,伪满在内蒙古东部的行政法制经历了三个不同的时期。

一 东部内蒙古殖民行政法制的形成时期

"满洲国"成立的同时,为笼络蒙古人,迅速建立在内蒙古东部的统治秩序,伪满政府颁布了《兴安局官制》、《兴安局官制中改正之件》(1932年8月)、《兴安分省公署官制》、《旗制》、《关于划定兴安局官制第一条所称另定地域之件》、《关于划定兴安省、兴安各分省及各旗之区域之件》、《关于划定兴安省、兴安各分省及各旗县之区域之件》等法令,初步建立起从"中央"到地方的具有自治性质的治蒙机关体系。1934年,伴随"满洲国"改行"帝制",伪满政府决定将兴安总署升格为蒙政部,将兴安四分省升格为省,并颁布相应的官制以规范其组织、运作。至此,伪满时期内蒙古东部行政法制基本形成。

二　东部内蒙古殖民行政法制的调整时期

改行"帝制"后,伪满在内蒙古东部的统治日益稳固,蒙古人已无多少利用价值可言,1936年凌升事件的发生更使殖民统治者对蒙古人的离心倾向忧心忡忡。1936年5月,"满洲国"决定调整对蒙政策,确定"关于满蒙国内对蒙古民族的领导方针,是使其牢固地铭记构成满洲国的一个成员,以建国精神为基调,实行举国一致、五族协和"①。此后,在"强化国政综合统制"的名义下,伪满在对蒙行政立法中逐步淡化各级治蒙机关的自治色彩,先于1937年将蒙政部降级为兴安局,后于1940年废止《兴安各省公署官制》并颁布《旗官制》,最终在行政法制上实现了"去蒙古化"。

三　东部内蒙古殖民行政法制的巩固时期

1940年以后,伪满对蒙行政立法方面,除对以往法令予以修订外,几乎没有大的举措。1943年,伪满为加强对苏防御,将兴安四省合并为兴安总省,并制订了《兴安总省官制》以规范总省内各级行政官署的组织、运行,但就其内容而言,与同时制订的《东满总省官制》并无本质上的差别,不过是殖民统治者行政法制一元化的继续而已。

伪满成立后,为加强对官吏的管理,先后制订了《暂行文官官等俸给令》《暂行文官请假规则》《官吏服务规程》《高等官官等俸给令》《委任官官等俸给令》《关于发给特别津贴之件》《关于充任

---

① 〔日〕"满洲国"史编纂刊行会编:《满洲国史(分论)》(下),第966页。

低额俸给官者之俸给之件》《关于因公务致危笃者等之升等及增给之件》《关于特别升等及增给之件》等多个法令。1938 年 5 月，伪满颁布《文官令》，建立起完整、系统的文官制度。除上述法令外，伪满还颁布了涉及行政管理其他领域的法令，主要包括有关行政程序的《行政执行法》，关于行政救济的《诉愿手续法》，关于行政监督的《监察令》等。需要说明的是，前述法令虽然不是针对蒙地的专门立法，但内蒙古东部地区作为"满洲国"的一部分适用这些法令却毋庸置疑。

第二节　伪满时期东部内蒙古行政法制的主要内容

一　行政组织法

(一)机关组织法

"满洲国"成立伊始，为了建立在内蒙古东部地区的统治秩序，日本殖民统治者便于 1932 年 3 月在"中央"政府设立了主管蒙古事务的专门机构——兴安局，并制订了规范兴安局组织运作的《兴安局官制》。首先，《官制》明确了兴安局的地位和职能，即"兴安局隶属于国务院，掌管关于兴安省之一般行政事宜，并关于在另定地域内蒙古旗务辅佐国务总理"[1]。所谓"另定地域"，根据随后发布的《关于划定兴安局官制第一条所称另定地域之件》，包括吉林省郭尔罗斯前旗，黑龙江省郭尔罗斯后旗、杜尔伯特旗、

---

[1]《满洲国政府公报》第 1 号。

伊克明安旗、东布特哈八旗、齐齐哈尔八旗、墨尔根八旗①。其次,《官制》确定了兴安局的岗位编制。依据《官制》,兴安局设总长、次长、参与官、秘书官、理事官、技正、事务官、属官等职员,各职员官阶、职责各有不同。其中,"总长指挥监督部下官吏,综理局务,并指挥监督兴安各分省长";"关于兴安省内行政事宜依职权或特别委任得发局令";"对于兴安各分省长之命令或处分,认为违背制规、妨害公益或逾越权限时,得撤销或停止之";"就其主管事务认为有法律、教令、院令之制订、废止及改正之必要时,须具案提呈国务总理";"关于荐任官以上之进退及赏罚呈请国务总理,其委任官以下专行之"②。此外,《官制》还设定了兴安局内设机构,规定局内置总务、政务、劝业三处,明确了各处的执掌。

　　1932年8月,伪满将兴安局改称兴安总署,其地位、职能、编制、内设机构等一仍其旧③。与伪满国务院各部相比,兴安总署主管事务范围非常广泛。由于其"掌管关于兴安省之一般行政事宜",《国务院各部官制》明确规定,"国务院各部总长关于其主管事务得对各省长(除兴安各分省长)、首都警察厅长发指令或训令"④,因此,"国务院"诸部在兴安各分省(后改为省)推行政务需要得到兴安总署的首肯,如《电影片取缔规则》《地方税木捐规则》等法令均是由兴安总署与有关主管各部联合制订的,否则便无法在兴安省内得到执行。另外,兴安总署总长

①《满洲国政府公报》第18号。
②《满洲国政府公报》第1号。
③《满洲国政府公报》第31号。
④《满洲国政府公报》第1号。

权力也较各部总长为大。各部总长认为省长之"处分或命令有违成例、害公益之虞时得停止或取消之,但重要事项须呈请国务总理指挥";①但兴安总署总长"对于兴安各分省长之命令或处分,认为违背制规、妨害公益或逾越权限时,得撤销或停止之",而不管该命令或处分之重要性如何,均可自主裁决,无须呈请"国务总理"。

1934年,伪满改行"帝制",并于同年11月公布《国务院各部官制中修正之件》,将兴安总署升格为蒙政部。新修订的《国务院各部官制》赋予蒙政部的权力远超兴安总署,即"蒙政部大臣掌理关于施行旗制地域内之地方行政、警察、土木、卫生、农林、畜产(除关于马匹事项)、水产、矿山、商工、教育及宗教之事项,并监督兴安各省长"②。也就是说,不论是否属于兴安省,只要是施行旗制的地域,其各类行政事务统由蒙政部监督指挥。根据与上述《国务院各部官制中修正之件》同时公布的《吉林省郭尔罗斯前旗等四旗施行旗制之件》,"在吉林省郭尔罗斯前旗、龙江省杜尔伯特旗、依克明安旗及滨江省郭尔罗斯后旗等之区域内施行《旗制》"③。由此,蒙政部的权力扩展至兴安省外四旗。1936年12月,伪满公布《热河省及锦州省内旗制》,在热河省的喀喇沁左中右三旗、翁牛特右旗、敖汉旗及锦州省的吐默特左右二旗施行旗制④。同时,伪满公布《关于蒙政部大臣在〈热河省及锦州省内旗制〉施行地域之权限之件》,规定"蒙政部大臣在施行《热河省及锦

---

① 《满洲国政府公报》第1号。
② 《政府公报》第225号。
③ 《政府公报》第225号。
④ 《政府公报》第823号。

州省内旗制》之地域内,掌理依《热河省及锦州省内旗官制》第三
条之规定属于旗长之权限范围内之行政事务"。于是,蒙政部的
权力再次扩展至锦热蒙旗。

　　1937 年 6 月,伪满进行行政机构改革,复将蒙政部改为兴安
局。此次机构改革中公布的《兴安局官制》非常简练,仅有五个条
文。与前述《国务院各部官制中修正之件》相较,《兴安局官制》出
现以下耐人寻味的变化:一是兴安局的地位明显下降、职能显著
缩减。根据《兴安局官制》,"兴安局属于国务总理大臣之管理,掌
管关于蒙政之基调事项及关于蒙政事务之联络调整事项",由过
去专管蒙古事务的机关变为"国务总理大臣"的咨询机构及就有
关蒙务与各部的联络机构。二是兴安局的权限大大减少。《兴安
局官制》规定,"兴安局总裁承国务总理大臣之指挥监督综理局
务","指挥监督所属职员,关于其进退及赏罚呈请国务总理大臣,
其委任官以下专行之",对蒙古地方事务再无指挥监督权。三是
兴安局的编制大为压缩。依据《兴安局官制》,总裁之下置参与官
2 人、参事官 6 人、秘书官 1 人、事务官 4 人、属官 25 人①,共计 38
人;而蒙政部的编制为司长 3 人、理事官 8 人、技正 2 人、秘书官 1
人、编审官 1 人、事务官 7 人、技佐 3 人、属官 54 人、技士 9 人②,
合计 88 人。尽管"国务总理大臣"兼蒙政部大臣张景惠在蒙政部
布告《蒙古行政机构改革之件》中声称:"如斯办理并非故意轻视
蒙政,却以蒙政为重要,广为各部所管之事项,也即是立脚于民族
协和之本旨,改属人的特殊机构,置于国务总理大臣统制之下,由
兴安局总裁辅佐之,依各部全体之协力,以计蒙民之安定向上,并

①《政府公报》第 954 号。
②《政府公报》第 225 号。

欲扩大其活动之天地者也。"①但透过《兴安局官制》的规定,我们不难看出兴安局的重要性已今非昔比。以兴安局取代蒙政部,其主要原因有二:一方面,1936 年的兴安北省长凌升通苏事件导致关东军对东蒙古上层王公不信任,对蒙古民族政策由重视转为抑制;另一方面,1937 年开始实施产业开发五年计划,"经济、产业及其它各方面的行政命令,由中央各部局直接下达兴安各省,反而能有效地进行行政管理"②。

在建立"中央"治蒙机关的同时,伪满政府也在紧锣密鼓地组建地方治蒙机关。1932 年 4 月,伪满公布《兴安分省公署官制》,并据此在内蒙古东部设立兴安南、北、东、西四分省,设置分省公署。根据《兴安分省公署官制》,分省公署置分省长、秘书官、理事官、技正、事务官、视学、属官。其中,"分省长承兴安局总长指挥监督执行法令,管理分省内行政事务,并指挥监督所属官吏";"关于荐任官以上之进退及赏罚呈经兴安局总长呈请国务总理,其委任官以下专行之";"关于分省内行政事务依职权或特别委任得发分省令";"依职权或特别委任指挥监督旗长";"认为旗长命令或处分有违背成规、妨害公益或逾越权限者,得撤销或停止其命令或处分";"为保持安宁秩序需用兵力时,应呈经兴安局总长呈请国务总理,但有非常急变情形者得对于地方驻在军队司令官要求出兵"。分省公署置总务、民政二厅,总务厅掌管机密、人事、文书、典守官印、会计、调查、管理官有财产事项及不属于他厅事项,民政厅负责关于监督自治行政、土木、交通、管

---

①《政府公报》第 940 号。
②〔日〕"满洲国"史编纂刊行会编:《满洲国史(总论)》,第 583 页。

理官营事业、警察及地方自卫、保健及卫生、劝业、文教诸事项①。

　　1934年11月,伪满将兴安总署改为蒙政部的同时将兴安四分省升格为省,并公布《兴安各省公署官制》。与《兴安分省公署官制》相比,《兴安各省公署官制》突出的变化是,兴安各省作为蒙古民族自治区域的自治色彩明显减少。1932年《兴安分省公署官制》规定,兴安各"分省长承兴安局总长指挥监督执行法令,管理分省内行政事务",即兴安各分省只接受"中央"治蒙机关的领导。1933年伪满公布《兴安分省公署官制中修正之件》,也仅仅增加"关于马匹承军政部总长指挥监督"的规定。而按照《兴安各省公署官制》,兴安各"省长承蒙政部大臣之指挥监督并关于各大臣所管之事务承其指挥监督执行法律、命令,管理省内行政事务"②,兴安各省除受"中央"专门治蒙机关指挥监督外还直接受命于"国务院"其他各部。至1940年4月,伪满公布《省官制中修正之件》③,明令废止《兴安各省公署官制》,兴安各省与其他省统一适用《省公署官制》,自治色彩荡然无存。事实上,殖民统治者设立兴安省的初衷,就是借此对蒙古民族分而治之而非实行蒙古民族的自治。清朝以来,内蒙古东部一直实行盟旗制度,盟的存在对于加强蒙旗之间的联系发挥了重要作用。"满洲国"成立后,虽然并未明确提出取消盟的建制,但由于《兴安分省公署官制》《兴安各省公署官制》及《省公署官制》的实施,东蒙古三盟被肢解,盟的建制被取消于无形之中。在原哲里木盟,通过1932年《关于划定

①《满洲国政府公报》第2号。
②《政府公报》第225号。
③《政府公报》第1803号。

兴安省、兴安各分省及各旗之区域之件》,伪满将科尔沁六旗和扎赉特图旗划归兴安南分省①,而郭尔罗斯前旗被划归吉林省,郭尔罗斯后旗、杜尔伯特旗则被划归黑龙江省。1934 年 11 月,伪满把黑龙江省一分为四,进而又将杜尔伯特旗划归新设的龙江省,郭尔罗斯后旗划归新设的滨江省②。在原昭乌达盟,通过 1933 年《关于划定兴安省、兴安各分省及各旗县之区域之件》,将扎鲁特左右翼二旗、阿鲁科尔沁旗、巴林左右翼二旗、克什克腾旗划归新设的兴安西分省③,而将翁牛特左右翼二旗、敖汉左右南三旗、奈曼旗、喀尔喀左翼旗划归新设的热河省。在原卓索图盟,关东军侵占热河后,将该盟各旗划归新设的热河省。然而,1934 年 11 月,伪满政府复将原卓盟的吐默特左右翼旗二旗由热河省划入新设的锦州省。通过上述措施,伪满最终实现了殖民统治者对蒙古民族分而治之的目的。

　　1943 年 10 月,为了加强对苏备战,伪满将兴安四省整合为兴安总省,取消兴安东、西、南三省,兴安北省由于地处对苏备战第一线筑垒要塞区而得以保留。兴安总省的设立虽然在表面上迎合了内蒙古东部蒙古民族统一自治的诉求,但实际上兴安总省毫无"自治"可言。如果将规范兴安总省各级官署组织、活动的《兴安总省官制》与同时颁布的《东满总省官制》对比,我们可以发现两者内容如出一辙。

---

① 《满洲国政府公报》第 18 号。
② 《政府公报》第 225 号。
③ 《满洲国政府公报》第 130 号。

表 3.1　兴安总省官制与东满总省官制对照表

兴安总省官制	东满总省官制
第二条　总省长承国务总理大臣之指挥监督、关于各大臣主管事务承其指挥监督执行法律命令,管理总省内行政事务。	第二条　总省长承国务总理大臣之指挥监督、关于各大臣主管事务承其黑河监督执行法律命令,管理省内行政事务。
第三条　总省长指挥监督所属官吏,关于其进退及赏罚呈请国务总理大臣,关于委任官以下专行之。	第三条　总省长指挥监督所属官吏,关于其进退及赏罚呈请国务总理大臣,关于委任官以下专行之。
第四条　总省长关于总省内之行政事务得依职权或特别委任发总省令。	第四条　总省长关于总省内之行政事务得依职权或特别委任发总省令。
第五条　总省长对于省长、旗长、县长或市长之命令或处分,认为有违成规、害公益或侵犯权限者,得取消或停止之,但对于省公署管辖区域内之旗长、县长或市长之命令或处分不在此限。	第五条　总省长对于省长、市长或县长之命令或处分认为有违成规、害公益或侵犯权限者,得取消或停止之,但对于省公署管辖区域内之市长或县长之命令或处分不在此限。
第六条　总省长为保持安宁秩序需要兵力时,得向地方驻扎军队之长请求出兵,于此情形应立即向国务总理大臣报告之。	第六条　总省长为保持安宁秩序需要兵力时,得向地方驻扎军队之长请求出兵,于此情形应立即向国务总理大臣报告之。
第七条　总省长得将属于其职权事务之一部委任于省长、旗长、县长或市长。	第七条　总省长得将属于其职权事务之一部委任于省长、市长或县长。

资料来源:伪满洲国《政府公报》第 2789 号。

　　清代以来,旗一直是内蒙古东部地区最基本的行政和军事单位。旗扎萨克全权处理旗内行政、军事、司法、赋役等全盘事务。"满洲国"成立后,蒙旗建制虽得以保留,但其已远非原来意义上的旗。1932 年 7 月 5 日,伪满洲国政府公布《旗制》,以第二章专章规定了旗的行政。根据《旗制》,旗设旗长(荐任)一人、事务官(荐任)二人、技正(荐任)一人、警正(荐任)一人或二人、警佐(委任)三人、属官(委任)五人。其中,"旗长统辖旗之行政,代表本旗";"指挥监督部下官吏,关于荐任官以上之进退呈由分省长转呈兴安局总长核办,委任官以下则专行之";"关于其主管事项依职权或特别委任得发旗令";"遇非常事变需兵力时,得向地方驻扎军队司令官请求出兵"。旗公署置总务、内务、警务三科,"总务科掌人事、文书、会计及其他不属于他科主管事项","内务科掌旗内自治团体、公共组合之监督并教育、宗教、劝业、土木、交通及其他地方行政","警务科掌关于警察、卫生及自卫团之事务"①。从身份上看,旗长是荐任级官僚,由"国家"随时任免而非世袭罔替;从权力上看,旗长仅负责统辖旗之行政,不再是集各种权力于一身的土皇帝。尤其是 1933 年 11 月,伪满又公布《旗制中修正之件》,规定"兴安总署长所指定之旗设参事官(荐任)一人","参事官辅佐旗长,参划机务,承命掌事务"②。由此,日系参事官成为旗的最高统治者,而旗长则沦落为尸位素餐的傀儡。总而言之,通过《旗制》的实施,伪满在事实上废除了具有封建性质的世袭扎萨克,在一定程度上标志着社会的进步,但这并非殖民统治者的本意,其真正目的在于不受世袭制的约束,根据自己的需要随时选用其认可的亲日分子,从而强化对蒙旗的控制。

　　上述《旗制》仅适用于兴安省内蒙旗及省外四旗,至于锦热蒙旗的组织机构问题则长期悬而未决。1933 年 3 月,关东军侵占热河后,伪国务院发布训令《热河省地方设治工作条目》,规定"昭乌达盟中西喇木伦河流域以北地域(包含经棚)划归兴安总署管辖,为兴安省西分省",此外之"昭乌达盟、卓索图盟滦河区域之地域为热河

---

① 《满洲国政府公报》第 21 号。
② 《满洲国政府公报》第 277 号。

省","省公署派设之办事处则设于朝阳及赤峰",热河省公署派驻朝
阳办事处之管辖区域为朝阳、阜新、凌源、平泉、大宁、凌南之各县,
热河省公署驻赤峰办事处之管辖区域为赤峰、建平、全宁、绥东之各
县,滦河区之承德、围场、隆化、滦平、丰宁、青龙之各县归省公署直
辖①。由于对划归热河省的原卓、昭两盟之蒙旗的行政地位未予明
确,导致相关蒙旗的强烈不满。为安抚上述蒙旗,伪满洲国政府决
定继续维持晚清以来"旗县并存"的行政体制,即同一地域内设旗、
县两套并行的行政机构,旗管蒙民、县管汉民。基于上述考量,1936
年12月公布的《热河省及锦州省内旗官制》规定,"旗长承省长之指
挥监督,执行法律命令,并管理旗内从前依惯例属于札萨克之权限
之行政事务"。具体而言,"旗长关于旗内之行政事务,得依职权
或特别委任对于管内一般或其一部发旗令";"指挥监督所属官
吏,关于荐任官以上之进退呈请省长,其委任官以下专行之";"得
将其职权事项之一部委任于警察署长";"认为警察署长之处分有
违反成规、妨害公益或侵犯权限时,得撤销或停止其处分"②。

　　1939年12月,作为对锦热两省蒙古王公"特权奉上"和"蒙地
奉上"的补偿,伪满决定在锦热两省"旗县并存"地区"废县存旗",
并公布了新的《热河省及锦州省内旗官制》。比较新旧两部《官
制》,我们不难看出,事实上蒙古人赢了"面子"输了"里子"。首
先,新《官制》将旗长的权力由过去的"管理旗内从前依惯例属于
札萨克之权限之行政事务"改为"管理旗内行政事务",权限范围
大为减少。其次,旧《官制》规定"旗长指挥监督所属官吏,关于荐
任官以上之进退呈请省长,其委任官以下专行之",而新《官制》仅

---

① 《满洲国政府公报》第105号。
② 《政府公报》第823号。

规定"旗长指挥监督所属职员,关于其进退赏罚呈请省长核办",对于委任官的进退赏罚不再享有专行之权,权限内容大打折扣。再次,日人参事官对旗公署的控制进一步加强。在旧《官制》中,"参事官辅佐旗长,参划旗行政之机务,并承其命掌事务",新《官制》则直接规定"参事官参划旗务,辅佐旗长,监督各科之事务"①,直接插手各科事务无须得到旗长的首肯。

1940 年 4 月,伪满公布《旗官制》,废止 1932 年《旗制》和 1939 年《热河省及锦州省内旗官制》,兴安省内外所有蒙旗的行政组织实现统一。但如果把《旗官制》与当时施行的《县官制》作一对比,我们会发现二者均为 11 个条文,对应的各条文内容几乎没有差别,存在惊人的相似。

表 3.2 《旗官制》与《县官制》对照表

旗官制	县官制
第二条 旗长承省长之指挥监督,执行法律命令,管理旗内行政事务。 第八条 参事官参划旗务,辅佐旗长,监督各科之事务,旗长有事故时代理其职务。 第九条 旗置科使分掌其事务,各旗之分科规程由省长经国务总理大臣之认可定之。 科置科长,以事务官、警正或技佐充之。 科长承上司之命指挥监督部下之官吏,掌科之事务。(《政府公报》第 1803 号)	第二条 县长承省长之指挥监督,执行法律命令,管理县内行政事务。 第八条 副县长辅佐县长,承其命监督各科之事务,县长有事故时代理其职务。 第九条 县置科,使分掌其事务,各县之分科规程由省长经国务总理大臣认可定之。 科之科长以事务官、警正或技佐充之。 科长承上司之命指挥监督部下之官吏,掌科之事务。(《政府公报》1937 年 12 月 1 日别册、第 1287 号、第 1514 号、第 1537 号、第 1655 号、第 1713 号、第 1803 号)

①《政府公报》第 1713 号。

由此,我们应当可以得出如下结论:尽管旗的名称依然存在,但其传统的内涵已不再有,与县的差异不复存在。

综上所述,通过 1937 年《兴安局官制》,兴安各省直接受命于"国务院"各部,"中央"治蒙机构泛化为"国务院"各部;通过 1940 年废止《兴安各省官制》,兴安各省适用统一的《省公署官制》,省级治蒙机关与普通省级政府同质化;通过 1940 年《旗官制》,蒙旗行政机关在实质上被县治同化。至此,伪满最终完成了治蒙机关的"去蒙古化"。

(二)文官管理法

伪满成立之初即着手建立文官管理制度,于 1932 年 6 月颁布《暂行文官官等俸给令》,随后又相继公布了《暂行文官内国旅费规则》《暂行文官请假规则》《官吏服务规程》等法令。改行"帝制"后,伪满政府一方面对以往法令进行清理,废止了一批官规,代之以《高等官官等俸给令》《委任官官等俸给令》《内国旅费规则》《外国旅费规则》,另一方面又公布了《官吏恤金法》《官吏退职死亡赐金法》《关于发给语学津贴之件》等一批新官规。1938 年 5 月,伪满颁布《文官令》,随后配套公布了《文官给与令》《关于文官考试之时局特例》《关于文官惩戒之时局特例》等法令,建立起以《文官令》为核心的较为完整、系统的文官制度。

综合前述诸官规,当时内蒙古东部实行的文官管理制度主要包括以下几个方面的内容。

1. 文官之纪律。《文官令》将"官纪"列为全篇之首,要求"文官应体建国精神,对皇帝及皇帝之政府竭尽忠诚";"遵守法律,遵从上官之命令,挺身奉公以尽其职责";"克己修养,陶冶人格,特重体让,不问职务之内外诚实清廉恭俭勤勉,为一般人民之表率,不得有骄纵贪惰损失名誉之行为";"不问职务之内外应互相融和协力,不得有朋党比周倾轧排挤之情事";"对于职务应体察民意加以专研进献方策,随时世之进展努力施政之伸张改善,不得有退缩固执沉滞庶政之情事";"紧密联络事务,谋其简捷,以期能率之增进,不得有徒重形式沉滞事务之情事";"对于职务之执行应至公至平,恳切丁零,不得有偏执偏断滥用职权之情事";"不问关于自己之职务与否,应严守官之秘密,退其官职后亦同";"因法院或检察厅之召唤为证人或鉴定人,关于职务上之机密受讯问时,得限于经本属长官之许可者供述之";"不得将关于职务上之未发文书私行泄示";"不问职务之内外,不得由部下收受金品或其他利益之供与";"不得为公务滥行使用私人或为私事滥行使用部下";"非经本属长官之许可,无论直接或间接,关于其职务不得为自己或他人以报酬谢礼或其他任何名义由他人收受金品或其他利益之供与";"由外国之君主或政府领受荣赐、俸给或赠遣须经敕许";"文官及其配偶者非经本属之许可,不论直接或间接不得为营业";非经本属长官之许可,"不得为营利会社之职员或从业员","不得收受报酬办理他项事务";"非经职务长官之许可,不得擅离职务或勤务地";"应指导监督部下以期振作官纪"①。

2. 文官之等级。《文官令》将文官分为高等官、委任官及试补3种,高等官包括特任官、简任官及荐任官,试补包括高等官试补及委任官试补。"简任官之官等分为二等,荐任官之官等分为三等"②,特任官及委任官则不分官等。

3. 文官之任用。根据《文官令》,文官任用前原则上须经文官考试。"文官考试每年施行一次以上","分为高等官考试及委任

---

①《政府公报》第 1222 号。
②《政府公报》第 1222 号。

官考试之二等级。委任官考试分为甲种、乙种及丙种之三等级。"
"高等官考试并甲种及乙种委任官考试分为采用考试、适格考试
及登格考试。丙种委任官考试分为采用考试及适格考试。""适格
考试及登格考试分为行政科及司法科之二科。"①采用考试及格
者任用为"试补";"适格考试"是将"试补"转为"本官";"登格考
试"则为"本官"取得上级"本官"资格而施行。除考试任用外,"特
任官、秘书官及另定之文官得不限制任用资格自由任用之"。对
于技术官与学校教官可"铨衡任用"。"简任技术官经简任文官铨
衡委员会之铨衡任用之。荐任技术官就可为技术官之高等官试
补经高等文官考试委员会之铨衡任用之。委任技术官就可为技
术官之委任官试补经委任文官考试委员会之铨衡任用之。"认为
有必要时,得"就试补以外者经高等文官考试委员会或委任文官
考试委员会之铨衡任用之"。"简任教官经简任文官铨衡委员会
之铨衡任用之。荐任教官经高等文官考试委员会之铨衡任用之。
委任教官经委任文官考试委员会之铨衡任用之。"②

　　4. 文官之待遇。依照《文官令》,文官有权获得俸给、职务津
贴、冬季津贴及勤务地津贴等给与③。根据《恩给法》,官吏及其
遗族还享有获得退职恩给、伤病恩给及死亡恩给的权利④。此
外,《文官令》还赋予文官休假的权利。"文官于其父母、祖父母、
曾祖父母、伯叔父母、配偶者或兄弟姊妹死亡时服丧。服丧中视
为出勤。""对于文官为使休养每年与以特别赐假二十日",特别赐

---

①《政府公报》第 1222 号。
②《政府公报》第 1222 号。
③《政府公报》第 1222 号。
④满洲司法协会编纂:《满洲帝国六法》,满洲司法协会,1941 年,第 28 页。

假中视为出勤,得请特别赐假的情形包括:子或孙死亡时;父母、祖父母、配偶者或子之忌辰时;本人、子或孙婚姻时;子或孙出生时;妇人文官分娩时;国兵役或其他特别之公务不能执行其职务时;因公务上之伤痍疾病不能执行其职务时。"文官如有伤痍疾病或其他不得已事由时,得请普通赐假。"①

5. 文官之保障。依据《文官令》,"文官无反其本意被转为较现官阶或现官等下位之情事"。为此,《文官令》规定,"文官被处禁锢以上之刑时当失其官";文官"因残废或身体或精神之衰弱不堪执行其职务","有不良嗜好无矫正之希望","因伤痍疾病以致不堪担任其职务或因其他正当事由声请免官"时得免其官;文官"已达停年","被命休职已届满期",或于应试期间内不及格于适格考试时当为退官;文官"送交文官惩戒委员会审查","关于刑事事件被起诉","因定员之修正发生剩员","依官署事务之情形有必要","六月以上生死不明","因身体或精神之故障三月以上不能执行之职务",或"因兵役或其他特别之公务六月以上不能执行其职务时",得命休职;"文官于废官或废署时任用于他官,于此情形得命休职"②。

6. 文官之惩戒。按照《文官令》,文官"违背职务上之义务或懈怠职务"及"有损伤官之威严或坠失信用之行为"应受惩戒,惩戒由重至轻分为免官、停职、谨慎和申诫四等。具体而言,"受惩戒免官之处分者,自失官职之日起二年间不得就任官职";"停职为停止职务二月以上一年以下,使自戒起居。停职中并科俸给三分之二以下之减俸而不支给职务津贴及勤务津贴";"谨慎为使自

---

① 《政府公报》第 1222 号。
② 《政府公报》第 1222 号。

戒职务及起居二月以下。得按情状于其期间内并科俸给三分之
一以下之减俸"①；申诫则是对失职文官予以批评、警告。

　　为执行文官制度,兴安各省采取了以下举措。一是设立了相
关机构。兴安东省成立以省长额勒春为委员长,以参与官山口凯
夫、总务厅长巴金保、民政厅长志达图及兴安各省理事官山口清
胜、斋藤直友、苍吉扎布为委员的高等文官考试委员会兴安东省
分科会;兴安南省有以省长寿明阿为委员长,以参与官中村撰一、
民政厅长玛尼巴达喇、警察厅长神子勇及兴安各省理事官五十岚
浩五郎、渡会一二及总务厅事务官峰良平为委员的兴安南省委任
文官考试委员会;兴安西省设置以省长诺拉嘎尔扎布为委员长,
以参与官都间观三、民政厅长阿拉腾鄂齐尔、警务厅长当麻晋治
郎及兴安各省理事官浅野良三、川边惣作为委员的兴安西省委任
文官惩戒委员会;兴安北省设有以省长额尔钦巴图为委员长,以
参与官河内山藏、民政厅长武云毕力克、警务厅长中岛健治及兴
安各省理事官水上健治、安藤贞夫为委员的兴安北省委任文官分
限委员会②。二是制订了相关地方性法规,诸如兴安西省《行政
科委任官登格考试规程》、兴安北省《关于委任教官登格铨衡之
件》《兴安南省努图克吏员给与规则》等。三是依据《文官令》对违
法失职文官予以惩戒。据1943年7月14日奈曼旗公署人事命令
第46号,"衙门营子警察署警尉补全楳惩戒免官。新庙分所警尉
补都布伸惩戒免官"。同年11月27日奈曼旗公署人事命令第74
号则对于"警尉补、王府直辖分所长李文升,依据《文官令》第一百
二十二条第一项及第一百二十三条第四项之规定命申诫。警长、

①《政府公报》第1222号。
②《政府公报》第1450号。

王府直辖分所勤务扎格尔扎布,警士、王府直辖分所勤务德木琦格,依据《文官令》第一百二十二条第一项及第一百二十三条第三项之规定命谨慎二个月,并科俸给十分之一之减俸"①。

二 行政程序法

伪满政府通过《人权保障法》曾虚伪地向世人承诺:"满洲国人民其身体之自由不得侵害之,基于公的权力之制限依法律所定";"满洲国人民其财产权不得侵害之,基于公益上必要之制限依法律所定。"②为此,1937 年 10 月,伪满公布了《行政执行法》以规范行政执法行为。根据该法,行政强制区分为行政强制执行、行政强制措施两类。

行政强制执行,即"行政官署为强制依法令或根据法令所为处分所命之行为或不行为"得为之处分,包括:"自为义务人应为之行为或使第三人为之而向义务人征收其费用";"应强制他人不能代为之行为或不行为时,依敕令之所定处三十圆以下之过料。"前者一般称为代执行,后者称为执行罚。

行政强制措施,是行政官署以预防、制止违法行为和危害事件为目的采取的限权性处置,具体包括以下三种:

1. 对于行政相对人人身之限制。该法规定:"行政官署有左列各款情形之一时得为检束:一、对于泥醉人、精神病人、企图自杀人、其他之人,认为非为检束不能保护本人或他人之生命、身体时;二、对于有为暴行、斗争、煽动、骚扰、其他之行为之虞者,认为非为检束不能保护他人之生命、身体、其他维持公安时。检束不

---

① 《奈曼旗伪满档案汇集》,奈曼旗档案馆馆藏,全宗号 101。
② 《满洲国政府公报》第 1 号。

得超过五日。"根据该法,"行政官署得对于有左列各款情形之一者,诊断其健康或使其受指定医师之健康诊断:一、从事于卫生上必须取缔之业而以命令所定者;二、卖淫犯人或其前科人而有卖淫之常习者。对于依前项规定之健康诊断认为罹有传染性疾患者,有必要时得使其入诊疗所或受指定医师之治疗,或得于治愈以前限制居住、外出之自由或禁止从业"。

2.对于行政相对人住宅之限制。该法规定:"行政官署为执行职务认为有必要时,得进入家宅或为寻问。于日出前、日没后非有左列各款情形之一时不得进入家宅,但在旅店、饭店、其他虽夜间而公众出入之场所于其公开时间内不在此限:一、认为对于生命、身体或财产有危害切迫时;二、为防遏犯罪、其他维持公安认为紧急不得已时。"

3.对于行政相对人财产之限制。依据该法,"行政官署对于为预防危害或卫生必须取缔之土地或物件,认为因违背法令之规定而有发生危害或波及害毒之虞时,得处分之或限制其使用"。"行政官署有左列各款情形之一时,为预防危害或卫生得使用或处分土地、物件或限制其使用:一、有天灾事变时;二、认为对于生命、身体或财产有危害或害毒切迫时。对于交通、其他公共生活发生重大障害或有发生之虞,而为除去或预防其障害认为有必要时亦与前项同。""行政官署对于戎器、凶器、其他之物件,依所持人、其他之状况认为有危险之虞时,得为其物件之假领置。假领置不得超过三十日。""行政官署得对于为预防危害或卫生认为有必要之物件为试验或使为之。"①

尽管伪满《行政执行法》对行政强制的种类及每种行政强制

---

①《政府公报》第 1068 号。

适用的条件都做了详尽规定,但这些规定在伪满行政官署执法活动中并未得到遵守。1940年,科左中旗茫沙窝堡发生鼠疫,防疫班每天挨家挨户检查鼠疫,凡摸到大腿及腋下皮肤呈黄豆粒状疙瘩者,则送往隔离所。检查中,"不分男女老幼,站成一排,不论公公媳妇,也不论儿子或母亲,全部脱掉上衣,裤子褪到大腿根部连摸带掐。本屯马××的媳妇新婚不久就被拉去'摸疙瘩',防疫班子人员见她年轻漂亮,故意慢腾腾地拖延时间,摸个没完没了。这个新媳妇见他们不怀好意,于是便捂住了害羞处,防疫班子人员见这个'花姑娘'不听指挥,顿时翻了脸,当即强迫她把双手举起来,脱掉裤子,两腿叉开,然后往她身上喷药水,说是要'特别消毒'。好端端一个良家妇女,就这样被他们戏弄之后关进隔离所,没过三天就死了"①。

三 行政救济法

纵观伪满洲国史,伪满并未建立起完整的行政救济法律制度。1937年以前,仅有为数不多的几个法律文件涉及行政复议问题。如1935年8月伪满颁布的《矿业法》规定,"关于土地之使用或收用、水之使用、补偿金或担保协商不谐或不能协商时,矿业权者、租矿权者及土地所有人得向矿业监督署长呈请裁决"。裁决中关于土地之使用或收用或水之使用如有不服者,得向实业部大臣提起诉愿②。蒙政部、实业部联合发布的《矿业法施行细则》进一步明确:"欲对于矿业监督署长所为之裁决或处分提起诉愿时,须呈

---

① 陈铎、杨玉福口述,张利、王福生整理:《田宝屯鼠疫追述》,《科左中旗文史资料》第二辑,1991年,第54—55页。
② 《政府公报》第417号。

经矿业监督署长转呈之。矿业监督署长自收到前项诉愿书之日起十五日以内,应检同声明书及必要之文书向实业部大臣转呈之。"①

1937年3月,伪满颁布《诉愿手续法》,行政复议制度得以确立。该法规定,"诉愿应向为处分官署之直接监督官署为之。对于国务总理大臣或各部大臣处分之诉愿应向为该处分之大臣为之"。"有不服诉愿之裁决者,得向为裁决官署之直接监督官署再为诉愿。对于国务总理大臣或各部大臣已行裁决之事件不得再为诉愿。"此外,该法还就诉愿的提起方式、诉愿书的格式、法人与非法人团体的诉愿、未成年人或禁治产人的诉愿、多数人共同诉愿、诉愿之代理、诉愿的时效和效力、行政处分官署的答辩、诉愿书的补正、诉愿的审理与裁决等均作出明确规定②。

然而,伪满的行政救济制度似乎并不完备。1932年《政府组织法》及1934年《组织法》均规定:"法院依法律审判民事及刑事之诉讼,但关于行政诉讼及其他特别诉讼以法律另定之。"③可是在伪满统治的十四年中,始终没有制订行政诉讼法。由于行政救济仅仅局限于行政系统内部,缺乏独立于行政系统的法院的制约,至少从制度设计上其效果就大打折扣。同时,就笔者掌握的资料看,并未见到有关行政复议的具体案例。因此,伪满行政复议制度是否在实践中真正得到执行是存疑的。

这里需要说明的是,笔者在完成本课题过程中,曾发现个别材料中确实有关于行政诉讼的记载。伪满蒙政部调查科编纂的《阿荣旗事情》收录了《阿荣旗公署分股规定》,其中有内务科行政

---

① 《政府公报》第417号。
② 《政府公报》第893号
③ 《满洲国政府公报》第1号、《政府公报》1934年3月1日号外。

股"受理行政诉讼"的规定①；原伪宁城县长吴椿龄主持编纂、成书于 1935 年的《宁城县志》收录了县公署分科分股规程，其中也规定内务局行政股掌管"关于受理行政诉讼事项"②。由于伪满并未制订行政诉讼法，上述旗县如何审理行政诉讼案件，限于目前所掌握的资料还不得而知，只能寄希望于今后相关史料的发掘了。

四　行政监督法

伪满成立伊始，即颁布《监察院法》，设立"直隶于执政、对于国务院有独立地位"的"监察院"，负责"对于各官署违法或不当处分之监察"及"对于官吏非违之监察"③。由于该法规定"监察院执行职务之细则以教令定之"，而这个细则迟迟未予制订，"监察院"并未发挥作用。1937 年 7 月，伪满撤销"监察院"，于"国务院"总务厅官房置监察官室④，但"未见其有显著的活动。勿宁说它作为高级官吏的养闲场所，处于开店停业的冷落状态"⑤。

1939 年 8 月，伪满颁布《监察令》，建立起从"中央"到地方的较为完备的监察制度。根据该法，"对于官公署之监察就左列事项（除关于军之事项）行之：一、建国精神之体得及实践之状况；二、政务之计划及实施之状况；三、法规及命令之周知彻底及运用服行之状况；四、行政处分及其他事务处理之适否并其能率之良否；五、民众处遇及民心把握之状况；六、人民赏罚及教养训练之

---

① 阿荣旗志办公室编：《阿荣旗历史资料丛稿》第一辑，1983 年，第 9 页。
② 宁城县地方志办公室编：《宁城县史料》第一辑，1983 年，第 9 页。
③《满洲国政府公报》第 1 号。
④《政府公报》第 976 号。
⑤〔日〕"满洲国"史编纂刊行会编：《满洲国史（分论）》（上），第 29 页。

状况；七、预算之编成及运用之状况；八、职员之服务纪律监督及统制之状况；九、职员之非违、越权或怠慢之有无；十、职员之配置及事务分配之适否；十一、部内之融和及与关系机关之联络协调之良否；十二、厅舍及其他物的施设之整备、物品之保管及簿册整理之状况；十三、除前列各款外认为必要之事项"。

该法将监察分为综合监察及一部监察，前者对上述所载事项之全部综合地行之，后者仅就其一部行之。综合监察由特命监察使、总务厅监察使、各部监察使、省监察使等行之。"国务院"特命监察使对于"国务总理大臣"指定之官署行综合监察；总务厅监察使综合监察的范围为总务厅及其他属于"国务总理大臣"管理之官署并属于该官署之长管理之官署，"国务院"各部，省、新京特别市、首都警察厅及认为特有必要之市、县、旗、警察厅、街、村或特别地方官署；各部监察使对各部及属于各部大臣管理之官署进行综合监察；省监察使综合监察的范围包括省及属于省长管理之官署，市、县、旗、警察厅及认为特有必要之街或村。对于官公署之一部监察由总务厅、各部、省、新京特别市或首都警察厅担当监察之参事官、理事官或技正行之。此外，该法还对监察人员的产生、监察计划的制订、监察后的讲评、监察报告及监察意见的呈报处置等均做了详细规定①。

伪满的《监察令》与《文官令》是紧密相关的，监察中一旦发现文官有违法失职行为，需要依《文官令》对其予以惩戒。据伪满《政府公报》记载，兴安西省理事官佐佐木治辉"于兴安西省财务科长任内，自康德九年一月至同九年十二月间，关于购入铁线竟为不正，显然失坠官之威信者，究由于职责遂行上有所不当所致，

---

① 《政府公报》第 1611 号。

适合于《文官令》第一百二十二条第一款后段及第二款,其责非轻。故依《文官令》第一百二十三条第一款之规定惩戒免官"。兴安西省次长海村圆次郎因"处置不当并对于部下职员指导监督未能适当……其责非轻。故依《文官令》第一百二十三条第三款及同第一百二十六条之规定,命其谨慎二月"。另外,因该案牵连受到惩戒的还有:总务厅参事官(原兴安西省警务厅长)羽田野平三、吉林省理事官(原兴安西省警务科长)筑谷章造、警务总局技佐(原治安部警务司警防科通信股长)田中信之分别谨慎二月、一月、十日,北安省警务厅长(原治安部警务司警务科长)三宅秀也、警务总局理事官(原治安部警务司警防科长)冈部善修、警务总局理事官(原治安部警务司警务科经理股长)七田喜作受到申诫①。

第三节　伪满时期东部内蒙古行政法制的特点

"满洲国"是日本帝国主义精心培育的怪胎,而各级治蒙机关均为这一傀儡政权的派生品,伪满洲国及其治蒙机关的这些特征给内蒙古东部地区实施的行政法律制度打下了深刻的烙印。

一　殖民性

伪满时期,为了维护在内蒙古东部地区的统治秩序,日本殖民统治者从"中央"到地方建立了一整套治蒙机关,并物色一批蒙古王公、青年知识分子作为其代理人,营造蒙人治蒙的幻象。与此同时,在关东军所谓"内部指导"的既定方针下,殖民统治者通

---

①《政府公报》第 2762 号。

过制订各种"官制",在各级治蒙机关安插日系官吏充任次长、参与官或参事官,在"辅佐"首长的幌子下实际执掌各级治蒙机关大权,用"掺沙子"的办法逐步加强对各级治蒙机关的渗透和控制。

在"中央"层面,根据1932年《兴安局官制》,兴安局置次长"辅佐总长掌理常务"[①],此后的兴安总署、蒙政部均保留了次长一职,日人菊竹实藏、依田四郎先后出任该要职。1937年,蒙政部降为兴安局后,尽管已不再有往日号令地方的风光,新制订的《兴安局官制》仍规定,兴安局置"参与官辅佐总裁参划重要局务"[②],并由白滨晴澄担任该职务[③]。

在省级层面,1933年11月30日,伪满洲国政府公布《兴安分省公署官制中修正之件》,决定在兴安各分省公署设参事官,"辅佐分省长,参画机务,承命掌事务"[④]。1934年,分省升格为省后,伪满洲国政府制订的《兴安各省公署官制》径行规定,各省公署置"参与官辅佐省长,参划机务并承其命掌事务"[⑤]。1939年6月1日,伪满洲国政府公布《兴安各省官制中修正之件》,改参与官为次长,不仅可以堂而皇之地"辅佐省长,监督官房及各厅事务",甚至"省长有事故时代理其职务"[⑥]。1943年,兴安总省成立时,伪满洲国政府制订的《兴安总省官制》不仅规定,总省公署置"参与官参划机务,辅佐总省长,监督官房及厅事务,总省长有事故时代理其职务";还要求兴安北省公署置"省次长辅佐省长,监督官房

①《满洲国政府公报》第1号。
②《政府公报》第954号。
③《政府公报》第976号。
④《满洲国政府公报》第277号。
⑤《政府公报》第225号。
⑥《政府公报》第1537号。

及各厅事务,省长有事故时代理其职务"①。

在各蒙旗,1933 年 11 月 30 日,伪满洲国政府公布《旗制中修正之件》,规定"兴安总署总长所指定之旗设参事官","辅佐旗长,参画机务,承命掌事务"②。1934 年 1 月 16 日,根据日本殖民统治者的意旨,兴安总署公布《设置参事官之旗指定之件》,指定兴安东分省之布特哈旗,兴安南分省之科尔沁左翼三旗及科尔沁右翼前旗,兴安西分省之扎鲁特左右翼二旗、巴林左翼旗及克什克腾旗,兴安北分省之额尔克纳左翼旗,共计 10 旗设置参事官③。此后,设置参事官之旗的范围不断扩大。1934 年 5 月,兴安东分省之喜扎嘎尔旗④;8 月,兴安北分省之索伦旗,新巴尔虎左右翼二旗⑤;1935 年 3 月,兴安东省之阿荣、莫力达瓦、巴彦旗,兴安南省之科尔沁右翼中后二旗、扎赉特旗、库伦旗,兴安西省之阿鲁科尔沁、巴林右翼、奈曼旗,吉林省之郭尔罗斯前旗,龙江省之依克明安、杜尔伯特旗,滨江省之郭尔罗斯后旗⑥;1935 年 8 月,兴安西省之翁牛特左翼旗,兴安北省之额尔克纳右翼旗及陈巴尔虎旗⑦,陆续设置参事官。1936 年 12 月,伪满洲国政府公布《热河省及锦州省内旗官制》,规定锦热蒙旗置"参事官辅佐旗长,参划旗行政之机务,并承其命掌事务"⑧。至此,所有实行旗制的蒙旗

①《政府公报》第 2789 号。
②《满洲国政府公报》第 277 号。
③《满洲国政府公报》第 311 号。
④《政府公报》第 67 号。
⑤《政府公报》第 147 号。
⑥《政府公报》第 296 号。
⑦《政府公报》第 440 号。
⑧《政府公报》第 823 号。

无一例外全部设置了参事官。

　　在"满洲国","人事属于重要事项,所以不仅日系官吏,连所有荐任官以上满系官吏的任免,都必须经关东军批准"①。为此,1935 年 5 月,关东军司令部制订《满洲国人事行政指导方针要纲》,就关东军对伪满洲国人事指导做了明确分工:"中央"官署及其附属官署由军司令部第三课负责;地方官署由各特务机关负责,其中,奉天省、锦州省由奉天机关负责,热河省、兴安西省由承德机关负责,吉林省由吉林机关负责,滨江省由哈尔滨机关负责,龙江省、兴安东省、兴安南省由齐齐哈尔机关负责,兴安北省由海拉尔机关负责。《要纲》要求第三课和特务机关,"关于简任官以上的人事材料应上报军司令部";"对于所辖地方官署的荐任官、县参事官、属官和警务指导官的人事可进行必要的指导,但由军司令部作最后决定,因此,仍需将材料上报军司令部";"关于委任官(县参事官、属官、警务指导官除外)的人事,可直接对所辖官署进行指导,将其结果上报军司令部"②。虽然陆军省军务局长致电关东军参谋长,认为"由特务机关参与人事指导之规定,根据特务机关的性质和能力,似乎不妥,可酌情只限于积累考核资料,随时提供必要的建议和帮助,尚希予以考虑"③。但这一意见似乎并未得到关东军的认可,从蒙政部至旗公署,各级各类行政机关的人事任免权尽在关东军手中。

　　1938 年 5 月,伪满洲国政府颁布《文官令》,溥仪宣称其立法

---

①中央档案馆、中国第二历史档案馆、吉林省社会科学院编:《伪满傀儡政权》,中华书局,1994 年,第 109 页。

②中央档案馆等编:《伪满傀儡政权》,第 105 页。

③中央档案馆等编:《伪满傀儡政权》,第 109 页。

宗旨为:"开登庸之门宜公明正大,不分民族、不限门地,达任用之材宜历试详慎,以励濯磨敏求之志,庶济济多士四方竞兴。"①然而文官考试任用制度的实施,并未改变日本殖民统治者操控人事任免权的现实。首先,伪满将文官考试招录重点放在日本学生和留日学生上。1938年5月22日《政府公报》登载的伪满洲国高等文官(行政官、司法官)采用考试公告,将考试地点定于"新京、奉天、哈尔滨、东京、京都、仙台、札幌、福冈、京城、广岛及山口各地"②,在11处考点里"国"内仅有3处。同日登载的伪满洲国高等文官(技术官)采用招募公告,则将实施地确定为"新京、东京、京都、仙台、福冈及京城各地"③,在6处考点中"国"内仅有1处。曾在伪满国务院总务厅任职的王贤沣供述:"在伪满康德五年(1938)秋和伪康德六年(1939)秋,我曾两次被派为高等文官考试委员,到日本去考试日本留学生和日本学生……每年录取约百名左右,内中日本人占七成,中国人占三成……这个文官令的实质,是限制了中国人,放宽了日本人。"④其次,考试的标准以会日本语文为主。曾供职于伪满国务院总务厅的谷次亨供称,"因为考试科目中必须用日本语文作解答,这对满系说来是一个最困难的问题。相反地日寇受考试的就不须用中国语文作解答,因此,他们及格的就要特别多。日寇就是利用这种手段限制采用满系官

---

① 《政府公报》第1222号。
② 《政府公报》第1233号。
③ 《政府公报》第1233号。
④ 《王贤沣笔供》,中央档案馆编:《伪满洲国的统治与内幕:伪满官员供述》,
　　第399—400页。

吏,而增加日寇直接地统治"①。

　　由于人事任免大权完全操之于殖民统治者手中,在各级治蒙机关中日系官吏始终处于中心地位,掌握着所在部门的实权。就"中央"治蒙机关来说,据昭和七年《满洲国政府职员录》记载,兴安总署次长为日人菊竹实藏;三名参与官中,安置了松岗信夫、中村撰一两名日系官员。作为兴安总署核心机构的总务处,其下属的各科、股中更是充斥着大批日本人,占该处官吏总数的一半以上。

表3.3　兴安总署总务处各科日系官吏一览表

总务科	会计科	调查科
科　　长:小岛文友	科　　长:川口清次郎	科长:五十岚浩
文书股长:浅野良三	需用股长:前田信一	五郎
人事股长:吉尔嘎朗	会科股长:福岛秀雄	属官:哈达
属　　官:村永益美	属　　官:迟泮林	张庆林
片仓进	雇　　员:森笃义	武络吉
富察迁	李庆臣	何音札布
尹继目	王福元	
雇　　员:岩野一夫	臧玉琳	
藤泽正夫	永岛满寿男	
耐乡索	林田隆介	
桑杰札布		
王振东		
中村てつ子		
坪井登美子		
叶英杰		
添田博文		

　　资料来源:佐藤四郎编《满洲国政府职员录("大同"元年版)》,满洲书院,昭和七年,第138—140页。

①《谷次亨笔供》,中央档案馆编:《伪满洲国的统治与内幕:伪满官员供述》,第164页。

　　由于越来越多的日本人涌入各级行政机关，"往来公文几乎全部为日文，汉文多属副件，蒙文则更寥寥无几"①。因此，行政机关"对伪职员要求最严的是对日本语的学习。自 1943 年开始，在职员中推行'义务语学'考试制度，平日自学，每年举行一次统一考试，由日本参事官亲自主考和口试，成绩报伪国务院。考试合格的由伪满洲国出版的月刊《政府公报》公布，连续考 3 年仍不合格的，即予'免职'"②。

　　殖民统治者认为，"日本民族是满洲各民族的核心、天生的指导者"，"日本人在满洲的地位，不是侨民而是主人"，"日本人充任满洲国官吏，不是像外国顾问那样的作客性质，而是主权的行使者。凡事须通过日人的负责官员，尤其关于重要事情须通过关东军的允许或同意，才能决定与施行"③。甚至公然大放厥词："'满洲人'把自己当成主人，把日本人当成客人，那就大错特错了。在满洲的日本人不是客人，是地地道道的满洲的主人。谁不承认这一点，就可以请他自便，另投地方，不能容许这种人存在于满洲的土地上。"④在这种情形下，各级各类治蒙机关中，蒙汉官员噤若寒蝉，对日系官吏俯首听命。据曾供职于伪兴安西省科尔沁左翼中旗的张达木林回忆，"行文时，先由起草人盖章，然后分别送由主管科长及有关科长盖章，送交参事官盖章，最后旗长盖章签发。

---

① 暴有山：《我所知道的兴安西省》，《哲里木盟文史资料》第一辑，1985 年，第93 页。

② 赵衷：《郭尔罗斯后旗公署的组织机构及行政管理》，孙邦主编：《殖民政权》，吉林人民出版社，1993 年，第 216 页。

③ 王子衡：《伪满日本官吏的秘密手册》，《文史资料选辑合订本》第三十九辑，2000 年，第 395 页。

④ 孙邦主编：《殖民政权》，第 96 页。

如果参事官不盖章,旗长就不能盖章签发"①。各级治蒙机关中,蒙汉官吏人格亦时常遭受日系官吏的凌辱。据曾在伪满郭尔罗斯后旗公署供职的赵衷忆述,该旗开拓科"科附由开拓股长白尾兼任,这个状似黑熊的中年日本人,性格十分暴戾,经常打骂蒙汉职员,一次酒醉后,曾要全科职员在室内排成一行,从头至尾挨个儿打耳光子,称为'配给嘴巴'"②。在工资待遇方面,日、满系官吏之间也存在较大差距。据成书于 1935 年的《宁城县志》记载,该县财务局征收股日籍科员吉田实太郎月俸为 70 元,仅次于局长的月俸 80 元,远超科、股长的月俸 40 元③,是满系科员的 3.18 倍;而一个小小的警务局运输手宫奇正和月俸竟高达 80 元,甚至连鲜系通译裴昌彦月俸也达 40 元,远在普通满系官吏之上。

表 3.4　伪宁城县财务局职员薪俸

职名	姓名	原籍	俸给(元)	职名	姓名	原籍	俸给(元)
财务局长	戴倬云	法库县	80	征收股长	董振权	宁城县	40
理财科长	张绍增	北镇县	40	科员	吉田实太郎	日本佐贺县	70
科员	季连杰	建平县	22				

资料来源:宁城县志办公室编《宁城县史料》第一辑,第 19—20 页。

---

① 达木林:《伪满时期的科左中旗》,《哲里木盟文史资料》第四辑,第 25 页。
② 赵衷:《伪满郭尔罗斯后旗公署的组织机构及行政管理》,孙邦主编:《殖民政权》,第 212 页。
③ 宁城县地方志办公室编:《宁城县史料》第一辑,第 25 页。

表 3.5　伪宁城县警务局职员薪俸

职名	姓名	原籍	俸给(元)	职名	姓名	原籍	俸给(元)
警务局长	丁惠民	凤城县	100	警长	任玉丛	奉天营口	14
警务股长	赵希珍	东安县	40	警长	李洪遂	奉天营口	14
警务系巡官	吴景文	承德县	25	通译	裴昌彦	朝鲜	40
警长	丛绍堂	建平县	14	司法股长	季逢春	海城县	40
警长	垄广宽	建平县	14	司法系巡官	赵世骧	河北省京兆	22
保安系巡官、警长	张明齐	宁城县	12	警长	孟昭阳	承德县	14
特务系巡官	金起光	喀喇沁中旗	22	庶务系巡官	张宗武	承德县	14
特务系巡官	陈国栋	喀喇沁右旗	22	卫生系巡官、警长	聂洪钧	宁城县	14
警长	汪锦章	喀喇沁右旗	12	卫生系巡官、警长	贺连生	承德县	12
庶务系巡官	朱恒兼	河南武安县	22	运输手	宫奇正和		80

资料来源：宁城县志办公室编《宁城县史料》第一辑,第 17—19 页。

二　以"蒙汉一体"取代"蒙汉分治"

就各级各类治蒙机关的官制而言,伪满时期内蒙古东部的行政法制经历了一个由"蒙汉分治"到"蒙汉一体"的过程。

　　1931 年 10 月,关东军国际法顾问松木侠接受本庄繁司令官的指示,拟定《满蒙共和国统治大纲草案》,主张"明确划分满洲与蒙古的行政区划,使蒙古人免除汉民族的压迫",为此"行政区域划为下面六个部分:1.奉天省,2.吉林省,3.黑龙江省,4.热河省,5.东省特别区,6.蒙古自治领"①。同年 11 月,以《满蒙共和国统治大纲草案》为蓝本,关东军制订《满蒙自由国设立方案大纲》,除重申六省区的行政区划外,特别强调:"各省区基本可采取同样的统治形式,惟有蒙古,鉴于蒙古民族之特性,并无理由立即改变其原有的行政组织,另作考虑,有必要建立特殊的行政组织。"②1932 年 1 月,关东军又制订《满蒙问题善后处理要纲》,提出:"蒙古将来形成特定的蒙古地域,以期从政教两方面进行拢络,并且尽量减少汉人的刺激,采取渐进的态度进行指导。"③此后,"以板垣、竹下、片仓各参谋和菊竹实藏为中心,采纳各盟旗蒙古人的意见,于 2 月 2 日制订了《伴随满蒙建设处理蒙古问题要纲》,其主要内容如下:(一)方针:特为蒙古人民设立一省,实行以畜牧经济为主体的自治,其它省内蒙古人杂居地区暂时实行特殊行政制度。(二)要领:(1)东部内蒙、呼伦贝尔为一区,逐渐扩展至察哈尔省;(2)省名定为兴安省,伴随新国家建设批准为自治省;(3)废除王公制度,参议府吸收若干蒙古人;(4)为维持治安,除旗设自卫团外,编组南北两支兴安游击队(2500 人),由松井清助大佐、盘

---

① 复旦大学历史系日本史组编译:《日本帝国主义对外侵略史料选编(1931—1945)》,第 22—23 页。
② 中央档案馆等编:《日本帝国主义侵华档案资料选编·九一八事变》,第 379 页。
③〔日〕关宽治、岛田俊彦:《满洲事变》,第 444 页。

井文雄少佐指导；(5)预定郭尔罗斯旗旗长齐王或海拉尔的贵福为省长人选"①。通过伪满建立前后关东军对蒙政策的梳理，我们可以看出，当时殖民统治者对内蒙古东部治理的基本思路是：为蒙古人划定特定地域，根据其民族特性，在其原有行政组织基础上，实行有别于汉族的特殊行政制度，实施有限自治，同时采取渐进方式改变其原有的行政组织。正是基于这一思路，伪满成立伊始即在内蒙古东部建立起从上至下的完整的蒙汉分治的行政系统。

在"中央"，伪满洲国政府颁布《兴安局官制》，设立了专司内蒙古东部蒙古人事务的兴安局，"掌管关于兴安省之一般行政事宜"，并就吉林省之郭尔罗斯前旗及黑龙江省之扎赉特旗、郭尔罗斯后旗、杜尔伯特旗、依克明安旗、东布特哈八旗、齐齐哈尔八旗、墨尔根八旗的旗务辅佐"国务总理"②。与《兴安局官制》同时公布的《国务院各部官制》第十条则赋予"民政部总长掌理关于地方行政、警察、土木、卫生及文教之事项，监督省长（除兴安各分省长）"之权限③。此后，尽管兴安局改为兴安总署又改为蒙政部，《国务院各部官制》也屡经修订，但是蒙政部撤销前，"中央"政府内治蒙机关与民政部的二元治理结构始终存在。

针对省级地方政府，伪满洲国政府同时颁布了《兴安分省公署官制》和《省公署官制》。《兴安分省公署官制》规定，兴安各"分省长承兴安局总长指挥监督执行法令，管理分省内行政事务"，并

---

① 〔日〕"满洲国"史编纂刊行会编：《满洲国史（总论）》，第 190 页。
② 《满洲国政府公报》第 1、18 号。
③ 《满洲国政府公报》第 1 号。

"依职权或特别委任指挥监督旗长"①；而"省长承国务总理及各部总长之指挥监督执行法令，管理省内行政事务"，并"依职权或特别委任指挥监督县长"②。由此，形成自治省与非自治省的二元治理结构。尽管1934年《兴安各省公署官制》规定，兴安各"省长承蒙政部大臣之指挥监督，并关于各大臣所管之事务承其指挥监督，执行法律、命令，管理省内行政事务"③，但考察同时颁布的《国务院各部官制中修正之件》，我们会发现伪满只是将《国务院各部官制》第十条"民政部总长掌理关于地方行政、警察、土木、卫生及文教之事项，监督省长（除兴安各分省长）"，改为"民政部大臣掌理关于地方行政、警察、土木、卫生及文教之事项，监督省长（除兴安各省长）"④。也就是说，兴安各省长"关于各大臣所管之事务承其指挥监督"的规定不涉及民政部大臣。因此，省级政府层面的二元治理结构依然存在。

对于基层地方政府，伪满洲国政府则同时颁布《旗制》与《县官制》。《旗制》赋予"旗长统辖旗之行政，代表本旗"的权力⑤，而《县官制》则赋予"县长承省长指挥监督执行法令，管理县内行政事务"的权力⑥。于是，在基层地方政府层面也出现了旗县分立的二元治理结构。

由于兴安省内有县治，兴安省外也有蒙旗，造成"中央"治蒙机关与民政部在监督指导方面的混乱。为此，蒙政部与民政部于

---

①《满洲国政府公报》第2号。
②《满洲国政府公报》第1号。
③《政府公报》第225号。
④《政府公报》第225号。
⑤《满洲国政府公报》第21号。
⑥《满洲国政府公报》第21号。

1935 年 1 月 8 日联合发布训令,指示相关各省:"国内各旗行政,无论其在兴安各省内外,自应统由本蒙政部指挥监督;其兴安各省所属各县,亦应统由民政部指挥监督。嗣后兴安各省内各县,即以其各该管省公署为第一监督机关而以民政部第二监督机关;其在兴安各省以外之旗,亦以其各该省公署为第一监督机关而以蒙政部为第二监督机关,俾资旗县行政各得划一。"①通过这一举措,内蒙古东部蒙汉二元治理结构大体上得以维持。

不过,在实施蒙汉分治的同时,日本殖民统治者也开始着手对内蒙古东部蒙古族传统的行政组织加以改造。一方面,通过《兴安各分省公署官制》《兴安各省公署官制》及《省公署官制》,将内蒙古东 3 盟所属蒙旗分别划归兴安各省及周边诸省,以分而治之的手段肢解盟,把盟的组织消解于无形。另一方面,"旗"的建制虽然得以保留,但"旗内有住所者为旗住民"②,旗的管辖对象不再局限于蒙民,旗的内涵已经发生重大变化。

"当政府进入第二个建设时期时,为了强化国政的综合统制,1937 年("康德"四年)7 月 1 日,全面修改行政机构,对蒙古行政部门撤销过去的蒙政部,新设国务总理大臣直属的兴安局,作为对蒙古行政的咨询联络机关,直接的行政由各有关部局实行统辖。"③新制订的《国务院各部官制》授权"民生部大臣掌理关于教育、礼教、社会、保健、其他民心振作及民生安定事项"④,兴安各省不再游离于民生部管辖之外。于是,"中央"政府层面的蒙汉分

---

①《政府公报》第 257 号。
②《满洲国政府公报》第 21 号。
③〔日〕"满洲国"史编纂刊行会编:《满洲国史(分论)》(上),第 970 页。
④《政府公报》第 954 号。

治不复存在,取而代之的是蒙汉合治。随后的 1940 年 4 月,伪满洲国政府公布《省官制中修正之件》,宣布废止《兴安各省公署官制》①,兴安各省与周边诸省统一适用《省公署官制》,区别于其他省的自治色彩荡然无存,省级政府层面的蒙汉分立被消除。在废止《兴安各省公署官制》的同时,伪满洲国政府又公布了与《县官制》内容几乎没有差别的《旗官制》,传统的旗至此名存实亡,基层政府层面的蒙汉分治实际上也不复存在。

三　以官僚制取代王公制

早在 1932 年 2 月,关东军即在《伴随满蒙建设处理蒙古问题要纲》中提出废除王公制度的设想②。但是由于伪满成立初期,日本殖民统治者在内蒙古东部立足未稳,尚需借助蒙古王公实现对东部蒙古的统治,故不得不采取渐进的方式逐步废除王公制度。1932 年 7 月,伪满洲国政府公布《旗制》,规定旗设"旗长,荐任,一人"③,旗的首长由过去"世袭罔替"的扎萨克一变而为"国家"可随时任免的荐任级旗长。虽然,伪满洲国政府根据《旗制》任命的兴安西、南分省及省外四旗的旗长多为原来的扎萨克,但他们成为旗长凭借的不是父祖的"荫庇"而是日本殖民统治者的"赏识"。至于锦热蒙旗,1936 年 12 月《热河省及锦州省内旗制》和《热河省及锦州省内旗官制》颁布前,其行政地位一直悬而未决,"日伪对王爷、协理只当做大户看待,不承认他们的特权,所以

①《政府公报》第 1803 号。
②〔日〕"满洲国"史编纂刊行会编:《满洲国史(总论)》,第 190 页。
③《满洲国政府公报》第 21 号。

'衙门'不关也停了,王爷、协理也闲了"①。《热河省及锦州省内旗制》《热河省及锦州省内旗官制》公布后,锦热蒙旗的行政地位虽然得到承认,但旗的长官亦不过是荐任级的旗长而已②。此后,伪满洲国政府诱导蒙古王公"蒙地奉上""特权奉上",1938年正式取消兴安南、西两省蒙旗及省外四旗旧王公的全部封建特权,1939年锦热蒙旗旧王公将全部封建权益奉上"国家"。至此,内蒙古东部的封建王公制度最终退出历史舞台。

四　形式体系较为完备

如果仅从制度层面考量,伪满时期内蒙古东部沦陷区的行政法制体系较为完备。在"满洲国"统治下的内蒙古东部,不仅有《蒙政部官制》《兴安各省公署官制》《旗官制》等官制和文官考试任用制度来控制行政机关、官吏的权源,还有《行政执行法》规范行政执法程序,更有《监察令》《诉愿手续法》及文官惩戒制度对行政行为进行事中或事后管控,从而形成较为完整的近代行政法律体系。

然而就实施层面而言,伪满制订的行政法令在现实生活中多未得到切实执行,行政官吏违法乱纪、贿赂公行,乱象丛生,与奉系军阀时代相较,吏治之腐败有过之而无不及。据亲身经历伪满的老人揭露:1939年,通辽县的日本人街长阿比留发现城外菜农种菜用肥全靠进城掏厕,"看到这大粪也是发财之道,于是便下令,不许菜农进城掏厕所,违者罚款;城内居民每月按人头缴纳掏

---

① 鲍存荣:《两代协理》,《赤峰市郊区文史资料选集》第二辑,1990年,第6页。

② 《政府公报》第823号。

厕所费,违者罚款。为了垄断厕所,阿比留雇了一些人,成立了所谓的'卫生队',专门掏大粪。他再把大粪高价卖给菜农,坐收渔利"①。虽然伪满成立伊始便设立了监察机关,也通过《官吏服务规程》《文官令》对官吏提出官德要求,并且还在《文官令》中规定了惩戒制度,但真正受到惩戒的可以说是凤毛麟角。1934 年,杜尔伯特旗蒙佃金雨亭等向蒙政部大臣齐默特色木丕勒具呈,控告该旗旗长色旺多尔济贪污枉法等情,请求查办。蒙政部仅批复"所控各节是否属实词出一面殊难凭信,仰候将该旗主管负责人员调署面询再夺"②,并未真正查处。不仅已经制订的法令得不到切实执行,伪满还以敕令的形式对违法乱纪官吏网开一面。据伪满官方刊物《政府公报》记载,《文官令》出台后,1940 年 7 月 15 日、1942 年 3 月 1 日、1945 年 5 月 2 日,溥仪三度颁布敕令《关于官吏及待遇官吏之惩戒免除之件》,1945 年 5 月 2 日又公布《关于吏员之惩戒免除之件》,宣布:官吏及待遇官吏并市、县、旗、街或村之吏员,于敕令发布前之行为"已受惩戒处分者对于将来免除其惩戒,未受处分者不行惩戒"③。于是,各项惩戒制度终成一纸具文。

---

① 贺佐编:《伪满见闻拾零》,《哲里木盟文史资料》第四辑,第 234 页。
②《政府公报》第 241 号。
③《政府公报》第 1866 号、《政府公报》1942 年 3 月 1 日号外、《政府公报》1945 年 5 月 2 日号外。

第四章　伪满时期东部内蒙古的经济统制法律制度

第一节　伪满时期东部内蒙古的物资统制法律制度

伪满物资统制法律制度的建立大体始于 1936 年 8 月《贸易紧急统制法》的公布。1937 年,伪满开始实施第一个"产业开发五年计划"。由于"满洲国自建国以来,为日尚浅,国内产业,终难达到自给自足之域,其所需资材,大半殆须仰给于外国,尤其由日本输入之状态"[①]。但计划实施未久,日本即发动全面侵华战争,伪满难以从日本获得充足建设资材供给。另一方面,日本侵华战争所需大批物资也需要从"满洲国"获得补充。在这种情形下,为防止开发资材流入不急需事业,确保日本侵华战争所需之物资,伪满洲国政府陆续制订了《贸易统制法》《毛皮皮革类统制法》《主要粮谷统制法》《家畜调整法》《物价及物资统制法》《粮谷管理法》《特产物专管法》等物资统制法令,物资统制法律制度的内容迅速

①〔日〕吉竹检次:《满洲重要物资统制读本》,王光烈译,满洲图书株式会社,1941 年,第 2 页。

扩充。此后,随着侵略战争规模的扩大,特别是 1943 年后日军在太平洋战场连连失利,日本对"满洲国"物资要求日益增大,伪满物资统制法律制度也相应不断强化,除对原有法令不断修订外,还颁布了《物品贩卖业统制法》《机材施设统制法》《家畜及畜产物统制法》等新的法令。围绕伪满政府上述敕令,兴安省及锦、热等周边各省也颁布了大量相关地方法规,对物资的生产、收购、运输、价格、配给、回收实施全面统制。

一　伪满时期东部内蒙古的物资生产统制制度

为从源头上对各类物资进行有效控制,兴安各省以省令的形式确立了物资生产许可制度。兴安北省《羊毛类统制取缔规则》责令"欲营羊毛加工业者,应受所在市、街、旗长之许可"①。兴安西省《瓜子生产集货统制规则》要求"欲栽培大瓜者,须缮具其地域及面积并其他必要事项,受该管旗、县长之许可,欲变更受许可之事项时亦同"②。兴安各省不仅对物资的生产、加工实行许可制,更进而要求物资生产、加工者必须结成组合。《关于兴安东省线麻及线麻加工品统制之件》即规定:"经营线麻业者应受旗长之认可,以旗区域内之业者结成加工组合。"组合及组合员不得由兴农部大臣之指定以外者为原料之买入,"组合及组合员基于旗长指定之配给计划对组合员为原料之分配"③。为获取原料以维持经营,生产、加工者被迫加入相关行业的组合。据 1944 年 6 月 6日《开鲁新报》报道,"开鲁县商工公会内之小卖综合组合,基于战

①《政府公报》第 1940 号。
②《政府公报》第 2289 号。
③《政府公报》第 2363 号。

时下之经济统制之原则,并为谋本街各商工业者业务运营之圆滑,故先后结成各业者组合,以俾统制圆滑。今更鉴于建筑用材之砖瓦,当兹街政突飞猛进、商贾日趋繁荣之今日下,其需用之重要实不可忽视。为使砖瓦制技术之精进、产量之增加、品质之优良,遂对该业者十九处加以统制结成组合"①。另据 1944 年 6 月 10 日《开鲁新报》报道:兴安总省公署提出对大酱、酱油业者进行生产统制的方针,即"于同一市、县、旗内,达于《产业统制法》许可范围,对有制造设备者可多数存在;关于生产能力对所要量不足之际,即未达于《产业统制法》许可能力设备者,对此等渍物业或其他业可转业之业者加以整备统合之"。基于此方针,"今次许可满系大酱、酱油制造业者计同乡居、同发长、通济成(以上通辽县)、广聚成、阜丰泰(以上兴安)、德胜泉(海拉尔)之六家业者。此数业者之制造原料、大豆、大豆粕、白面等依中央物动企划配给,故其生产之确保颇为期待。此等业者已结成了兴安总省酱业组合云"②。

二　伪满时期东部内蒙古的物资收购统制制度

为满足日本对各类物资的需求,伪满政府在物资收购环节实施统购制度。由于农牧业在内蒙古东部经济中占据主要地位,因此殖民统治者对该地区的物资收购统制主要集中于农畜产品上。伪满时期,除伪满洲国政府制订有《农产物管理法》《家畜调整法》《家畜及畜产物统制法》等法令外,兴安省及锦、热等周边各省也发布了许多省令,用以统制物资收购。

①《通辽地区伪满档案汇集》通辽市档案馆馆藏,全宗号 65。
②《通辽地区伪满档案汇集》,通辽市档案馆馆藏,全宗号 65。

　　畜产品收购统制方面,兴安北省《暂行家畜买卖规则》,就马、牛、绵羊及山羊的买卖予以管控。根据《规则》,除"不以买卖为业者间之买卖"外,"于本省内购买家畜,除兴安北省家畜买卖组合员外不得为之";"兴安北省家畜购买组合员拟于本省各旗管内购买家畜者,应于该年度起始受该管旗长之许可","于海拉尔市及满洲里街之家畜买卖,须于市长及街长指定之场所为之"①。1942 年 3 月公布的《兴安北省家畜需给调整规则》,又将收购统制的范围扩及所有家畜。《规则》规定"家畜之收买除满洲畜产株式会社(简称满畜)不得为之",赋予满畜以家畜收购的垄断权。为保障家畜统购,《规则》还规定"蒐牲不得于省长指定地点(简称蒐牲场)以外之地点为之",而"蒐牲场之诸施设及经营应由旗兴农合作社为之"②。

　　农产品收购统制方面,兴安西省《瓜子生产集货统制规则》要求"瓜子之生产者或因左列各款取得瓜子者,不得在农产物交易场或旗、县长指定之场所以外之场所为瓜子之售卖:一、作为地租而取得者;二、因交换或赠与或报酬或借贷及其他债务之偿还而取得者;三、因行使担保权或承继而取得者"。同时,《规则》严格限定了瓜子收购主体的范围,非省长之指定者(以下称指定收买人)或受其委任者不得于农产物交易场或旗、县长指定之指定场所为瓜子之收买;指定收买人拟将瓜子之收买委任于他人办理时,须将声请书提出于省长受其认可。兴农合作社虽被允许收买瓜子,但须将其收买之瓜子售卖于指定收买人或受其委任者③。

---

①《政府公报》第 1936 号。
②《政府公报》第 2389 号。
③《政府公报》第 2289 号。

对于线麻及线麻加工品的统购,兴安南省《〈线麻及线麻加工品统制之件〉第六条第一项第一款规定之命令之件》规定,除已受旗长或县长之许可者外,"线麻之生产者及线麻之取得者,应于本令施行后二月内将其所有之线麻全部卖交于农产物交易场或旗长县长指定之场所"①。兴安东省《马铃薯并其加工品统制规则》,一方面限定铃薯并其加工品的收购场所,除特殊情况外,"马铃薯及其加工品之生产者或取得者,不得于农产物交易场或地方行政官署之指定场所(以下称指定场所)以外之场所卖售马铃薯并其加工品",收购者也不得于农产物交易场或指定场所以外之场所自生产者或取得者收买马铃薯并其加工品;另一方面又将马铃薯并其加工品的收购主体限定为"省长指定者(以下称指定业者)、受其委任者或兴农合作社",并规定:凡欲营马铃薯并其加工品之贩卖业者,须依省长之所定受地方行政官署之许可。此外,《规则》授权下级行政官署对马铃薯并其加工品之所有者,得命其向指定业者或兴农合作社卖售其所有之马铃薯并其加工品之全部或一部或许可其卖售②。

三　伪满时期东部内蒙古的物资运输统制制度

为切实控制各类物资,除对生产、收购这两个环节进行统制外,伪满还强化对运输的管控,充分利用其对交通业的垄断,实施物资运输许可制度。在日本殖民统治者的授意下,兴安省及锦、热等周边各省均颁行了一系列法令,对各类物资的运输实施统制。

---

① 《政府公报》第 2724 号。
② 《政府公报》第 2705 号

　　由于内蒙古东部拥有丰富的畜产资源,殖民统治者首先将运输统制的目标对准各类畜产品。兴安北省《关于家畜移出取缔之件》要求,"欲将本省产牛马移出于省外者,须受省长之许可"①;该省《羊毛类统制取缔规则》规定,除满洲羊毛同业会外,"欲买卖本省产羊毛类并向省外运输者应受省长之许可"②。兴安南省《关于羊毛类之移动限制之件》亦规定,"所有或所持羊毛类者,除左开情形外,不拘以任何名义不得将此运出于该县、旗外:一、满洲羊毛株式会社或兴农合作社运出时;二、特别受省长之许可时"③。1941年11月,兴安北省《食肉及肉加工品省外移出取缔规则》又将食肉及肉加工品纳入运输许可范围④。

　　针对农产品的运输,兴安东省公署于1940年5月颁布《关于重要特产物统制命令之件》《关于主要粮谷统制命令之件》,前者明令"粮栈业者及油房业者,非受省长之许可,不得将其占有之大豆、豆饼及豆油搬出省外"⑤,后者要求"主要粮谷办理业者,非受省长之许可,不得将其占有之主要粮谷搬出省外"⑥,并将省长应行使之权力委任于旗长。在兴安西省,省公署于1943年6月颁布《关于限制鸡卵向省外运出之件》,除"非以营利为目的之一人未满五十个者"外,"欲将省内生产之鸡卵向省外运出时须受省长之许可"⑦。兴安北省公署则于1943年11月发布《鱼菜类及同加

---

①《政府公报》第1636号。
②《政府公报》第1940号。
③《政府公报》第2261号。
④《政府公报》第2302号。
⑤《政府公报》第1839号。
⑥《政府公报》第1843号。
⑦《政府公报》第2733号。

工品省外搬出取缔规则》,明确规定:除向军纳入者及个人拟行供自己用未超过十千克者外,凡欲将鱼菜类或其加工品向省外搬出者须受省长之许可①。

伪满时期内蒙古东部运输统制的范围几乎囊括所有物资。兴安东省《关于薪炭省外移出限制之件》要求:"拟将薪炭移出省外时,非受省长之许可不得为之。"②尤其令人瞠目的是,兴安北省《关于汽水啤酒之空瓶往省外搬出禁止之件》,竟然对汽水、啤酒之空瓶也实施运输许可制度。根据该令,除"每一人于五个以内以自家使用为目的者"外,"汽水、啤酒之空瓶非受省长之许可不得往省外搬出"③。

在严苛的物资运输统制制度下,"凡衣食日用生活必需品,无一物不犯私,无一物不违法……真所谓举足畏荆棘,举手触罗网"④。然而大小权贵则游刃有余,利用运输统制大发横财。据魏连云老人回忆,1940年,日本现役少佐宫下博男在通辽县钱家店镇开办了蒙古农民道场,以厂房出资与通辽一家制皮厂合作,生产皮革制品并高价销售给沈阳、四平、长春的日本私商。由于生产原料和产品是统制物资,除军用外私人既不准买卖也不得运输,场长宫下博男便利用其与第九军管区金川大佐的亲属关系,获得通辽第九管区特务机关的军用许可证,使原料、产品通行无

---

①《政府公报》第 2843 号。
②《政府公报》第 2277 号。
③《政府公报》第 2195 号。
④赵文郁:《目击日伪倒台及忆述沦亡处境》,《赤峰市郊区文史资料选集》第二辑,第 31 页。

阻①。另据姚洪山老人忆述,1943年夏,科尔沁右翼前旗兴安街
的一些投机商和各机关的公务员互相勾结,以牟取暴利为目的,
以每市斤两三分钱的价格,大量收购当地西瓜,用火车运往四平、
沈阳、抚顺等大城市,再以每斤一角左右的高价出售,从中获得高
额利润。迫于舆论压力,兴安区检察厅责令车站货物处对待运西
瓜停止发车运出,责成货主按当地政府规定的公定价格出售,最
终以营利目的未遂不予追究为由草草了事。对已经获得高额利
润的违法分子,区检察厅通知旗公署经济警察检举送案。由于多
数违法者或闻风潜逃或销声匿迹,只拿获三人归案,其中一名是
兴安街豆腐房经理杨子丰,其余两名是机关职员张玉坤、赵广智。
讯问结果,杨向外地贩卖西瓜若干,获得暴利几千元,张、赵各获
得暴利几百元,遂以违反《不当利益取缔规则》罪名起诉于兴安区
法院。法院仅对三名被告人各处以罚金300元。因杨得利润过
多,在区检察厅授意下,自愿向有关部门献纳伪币千元②。于是,
一场牢狱之灾烟消云散。

四　伪满时期东部内蒙古的物资价格统制制度

　　作为殖民地,伪满要承担起日本廉价生产资料供应地和工业
品输出地的双重角色,在对日贸易中主要是通过输出农畜产品及
矿产品来换取各类生活消费品。随着以掠夺资源为中心的产业
开发五年计划的实施,伪满畸形发展重化工业,与人民生活密切
相关的轻工业生产受到压制;同时,为了从日本获取产业开发所

---

①魏连云:《钱家店农民道场》,《哲里木盟文史资料》第四辑,第221—
　223页。
②姚洪山:《伪满四平检察厅简介》,孙邦主编:《殖民政权》,第477—478页。

需各类生产资材,伪满政府不断压缩生活必需品的进口,由此导致生活必需品供给严重不足,推动物价不断上升。为抑制物价上涨,1937 年 8 月,伪满经济部、治安部令联合颁布《关于暴利取缔之件》,规定:"以取得暴利为手段从中垄断趸买或拟行垄断居奇致使市价发生急激变动,或冀图暴利依不正当之对价或条件而贩卖者,处六月以下之徒刑或三百圆以下之罚金或拘留或科料。"涉及米、牲畜、麻制品等 16 类物资①。

为有效实施《关于暴利取缔之件》,兴安东省颁布《关于根据暴力取缔令物品贩卖价格表示之件》,对于各类物品贩卖价格的表示方式做了详尽规定。同时该令还要求:凡贩卖谷物、木桦及木炭、木材及其他建筑材料、绸缎布匹类、绵、绢、丝、酒类、清凉饮料类、罐头、瓶装及袋装之饮食物或调味品、砂糖、纸烟、肉类、皮革及皮革制品、金属制品及褥毡类者,以每月末为期,将其所采办之物品制作物品买卖价格表,于五日以内呈交旗长;变更物品之原定价时,须添附其理由受旗长之许可。凡不能为物品贩卖价格之表示时,须于许可申请书记载其理由受旗长之许可。旗长"物品贩卖价格表示方法认为不适当者,得命其变更或征取贩卖价格之资料、其他事项之报告"②。

由于《关于暴利取缔之件》在法律形式上仅仅是部令,效力等级较低,而且关注的焦点集中于生活必需品中的主要商品、建筑材料和其他重要物资,加之对"暴利"的认定又不够明确,难以实现平抑物价之目的。于是,1940 年 6 月,伪满政府颁布了敕令《物价及物资统制法》。针对贩卖价格的规制,该法规定:"主管部大

---

①《政府公报》第 1004 号。
②《政府公报》第 1552 号。

臣得指定应受适用之地域公定物品之贩卖价格、买卖经手费、转卖差益金、制造、加工或修理之承揽费或赁贷费。"除法定情形外，无论何人不得超过公定之价格、费用或差益金而为契约、支付或受领。针对收买价格的管制，该法规定："主管部大臣得指定应受适用之地域及收买人公定物品之收买价格。"除法定情形外，不得以依公定收买价格以外之价格为契约或支付，亦不得于公定后变更关于其契约之支付条件、移交条件及其他条件。该法授权"主管部大臣认为有必要时，得依其所定命令表示物品之贩卖价格、买卖经手费、转卖差益金、制造、加工或修理之承揽费或赁贷费"；"为谋物品价格之适正或需给之调整认为有必要时，得指定地域对于以办理该物品为业者或其所组织之团体关于该物品统制协定之设定、变更或废止，令其受认可或令其为该统制协定之设定、变更或取消，或对于统制协定之加盟者或未加盟者令其遵从统制协定。"①为便于《物价及物资统制法》的实施，及时对各种物价事务做出处置，兴安省及其周边各省出台了一系列配套法规，如兴安西省《关于价格等表示之权限委任之件》、兴安南省《依物价及物资统制法第十四条第二项之规定委任省长之权限之件》，将省长的部分价格统制的权限委任于各县旗长②。

　　1941 年苏德战争爆发后，受国际局势的影响，"满洲国"内物价急速攀升，为平抑物价，伪满政府于 7 月颁布《价格等临时措置法》。根据该法，除"关于预约生产品之价格生产人已着手其生产"及"关于预约生产品以外物品之价格买主或其他支付人已受目的物之移交"外，物品价格"不得超过康德八年七月二十五日

①《政府公报》第 1845 号。
②《政府公报》第 1948、2092 号。

（简称指定期日）之额而契约、支付或受领之"，违者"处三年以下之徒刑或五千圆以下之罚金"，"得按情状并科徒刑及罚金"，"所得之利益得没收之，不能没收其全部或一部时得追征其价额"。该法明令以贩卖物品为业者应依主管部大臣之所定呈报指定期日之物品价格，并授权"行政官署认为有必要时，得征取关于生产、贩卖、运送、保管、赁贷或加工之报告，或派该管官吏临检工场、事务场、贩卖所、仓库、事务所或其他场所，检查业务状况或帐簿书类或其他物件"，妨碍检查者"处六月以下之徒刑、五百圆以下之罚金或拘留或科料"①。一般而言，冻结物价是在物价急剧波动情况下不得已而采取的临时措施，故该法原定效力期间为"自公布日起至康德九年十二月三十一日"。但由于太平洋战争的爆发，伪满不断扩大对日支援，"国内"各类物资奇缺，价格涨幅屡创新高，于是不得不一再延长该法的时效，以便用高压手段抑制物价。1942 年 12 月 23 日，伪满政府将该法期限延长一年，即延至"康德"十年十二月三十一日②；1943 年 12 月 22 日，伪满政府又宣布"本法暂时有其效力"③，无限期延长其时效。通过《价格等临时措置法》的实施，伪满政府几乎将所有商品的价格纳入"国家"统制。

五　伪满时期东部内蒙古的物资配给统制制度

殖民统治者在伪满洲国实施的产业开发，重点在于满足日本掠夺资源需要的重化工业，关乎人民日常生活的轻工业受到挤

---

①《政府公报》第 2168 号。
②《政府公报》第 2578 号。
③《政府公报》第 2867 号。

压。随着产业开发五年计划的实施,"满洲国"急需从日本输入产业开发所需各类生产资材,但由出口农畜产品、矿产品换取的外汇有限,出于国际收支平衡的考量,不可能同时输入大量生活必需品以满足人民日常生活之需要。同时,关东军为发动对苏战争积极推进"北边振兴计划",也需要大量物资。于是,产业开发和侵略战争对物资的需要与人民对生活必需品的需要之间发生严重冲突。在这种背景下,伪满政府将需求分为七类,按重要程度分别为军需、准军需、官需、特需、准特需、重要民需、民需。"所谓军需者,系指在满日本军之直接需要而言",对于"此日本军需要物资,于供给可能之范围内,务须极力优先确保之"。"所谓准军需者,非直接以军之预算而需要者,乃系基于军事上之必要性,尤其命令施行事业之需要而言之交通通信事业等之需要,属于此分类。""官需系指官公署所需之需要而言,其中有满洲国、关东局、大使馆之需要。""所谓特需者系指'产业开发五年计划'特依重点期待其生产力扩充急速遂行部门之需要而言。""准特需,乃准据特需,但非直接五年计划担当生产力扩充之部门,系指为五年计划担当部门之外廓产业于遂行上有辅助任务部门之需要而言。""所谓重要民需者,系指一般民需内特占国民生活上重要地位部门之需要而言。""所谓民需者,系指不属于以上各部门之一般国民生活维持必要需要而言。"①通过这样的安排,确保了产业开发和日本侵略战争对物资的需求,而一般民需仅止于必要之最少限度。

太平洋战争爆发后,日本在物资上对伪满洲国的倚赖度不断增加,伪满政府为扩大对日支援,不断压缩民需。1943 年 6 月,伪满国务院、民生部、兴农部、经济部共同发布《通帐票制配给统制

---

① 〔日〕吉竹检次:《满洲重要物资统制读本》,第 30—32 页。

规则》。《规则》规定："地方行政官署或其指定者（简称指定发行机关）对于由零卖业人向消费人为配给物资之配给发行配给通帐或配给票,但地方行政官署或指定发行机关认为有特别事由,对于配给特为指定或许可者不在此限。"《规则》确认配给通帐或配给票是人民购买生活必需品的唯一法定凭证,"配给物资非依配给通帐或配给票零卖业人不得让渡,非依配给通帐或配给票不得由零卖业人受让之"。此外,《规则》还对配给通帐和配给票的领取、使用等做了明确要求:"拟受配给通帐或配给票之发行者,对于地方行政官署或指定发行机关所定配给数量之决定上必要之呈报事项不得为虚伪之呈报";已受配给通帐之发行者,对于呈报事项之变更不得为虚伪之呈报;已受配给通帐之发行者,不得因呈报事项已有变更未为其呈报而受不当配给物资之配给;"为依家庭用以外之用途使配给通帐或配给票已受配给物资之配给者,不得供该用途以外之用途";"配给通帐之有偿贷借及配给票之买卖不得为之"①。

在物资配给中,殖民统治者实施民族歧视政策,将居民划分为日系、鲜系和满系,"配给日本人大米、白面、食盐、白糖、豆油、棉花、好布、烟卷等应有尽有。配给满人的只是粗粮"②。在当时公开发行的《开鲁新报》中,反映日系、鲜系物资配给特权的公告俯拾皆是。

配给鲜系中秋节砂糖

一、配量:壹人二〇〇瓦。

---

①《政府公报》第 2699 号。

②高纯德:《日伪时期兴安东省的黑暗制度》,《扎兰屯文史资料》第一辑,1989 年,第 18 页。

一、配法:县重要物资通帐其他券三十六号。

一、期间:自九月十日至九月十四日。

一、价格:一斤金三十九钱。

一、有效通帐限于九月十日以前发行者。①

端午节特配白面

通辽街公所当局以端午节为期迫近,为应街民需求乃决定于节前实行特配小麦粉,期间由六月十一日起至二十五日止亘十五日间。对日系街民配给每人五百瓦,满系街民每一人二百瓦,使用主要物资购买通帐,日系以预备券第六号,满系以白面券第口号购领。

兹志其配给商店如左:

一、日系(十二日至二十二日)弘盛号。

二、满系　小街基区(元记号)西顺区(东泰隆外栈)南顺区(福和益)北顺区(东玉合)北街区(隆兴玉)文庙区(义隆德)南街区(利民洋行)中央区(汇元泰)。②

饱受物资配给之苦的内蒙古东部城乡各族人民纷纷自发地起而抗争。1942 年 6 月 2 日,郭尔罗斯后旗茂兴镇约四百名农民妇女集合起来,包围了由该地三泰栈(指定收买处)向莽嘎尔图码头搬运出荷粮的八辆大车③。吐默特左旗"东梁村七家子屯早已缺乏粮食,以山菜为食。(1942 年)六月三日遂有蒙族贫农妇女二

---

①《开鲁新报》1943 年 9 月 10 日。

②《开鲁新报》1944 年 7 月 1 日。

③《关东宪兵队司令官关于滨江省民食缺乏和居民动向的通报》,中央档案馆、中国第二历史档案馆、吉林省社会科学院编:《东北经济掠夺》,中华书局,1991 年,第 603 页。

十余名,各自携带口袋前往村公所,要求村长配给。村长与旗公署联系后表示妥善处理,并发给每人三角钱,使其归还"。"驽欢池警察署管内驽欢池街居住的牟牌长(蒙族)和同村马耳侵屯于牌长(满汉族)率领蒙族贫民 100 余名,六月十九日前往驽欢池警察署要求配给。署长表示'民食配给办法已经确定,最近实施,放心吧'! 并予抚慰,使之解散。"[1]1943 年 6 月,海拉尔"一部分中国籍市民中,由于民食缺乏而发生了向军部请愿的事件"[2]。

六 伪满时期东部内蒙古的物资回收统制制度

殖民统治者认为,"废品回收,可增大国内之供给。即从来抛弃不顾之物品,于高呼物资重要之现代,必须为百分之百有效的废物利用"[3]。于是,太平洋战争爆发不久,伪满政府即于 1941 年12 月发表《战时紧急经济方策要纲》,提出"厉行存货调查并收回及至使用代用品,以资遂行生产力扩充计划"[4],从而确立了重要物资回收方针。1942 年 4 月,伪满政府又发布《金属献纳处理要纲》,确定金属回收分为"工厂营业所清理""一般物件收回"及"官厅物件收回"三种类型,回收对象为一切旧金属制品,重点回收生铁、钢材、铝、铜、亚铅、锡、锑及其他合金。1943 年 8 月,伪满颁布《金属类回收法》,将物资回收政策上升为"国家"意志,以法律强

---

[1]《治安部警务司长致关东宪兵队司令官函》,中央档案馆等编:《东北经济掠夺》,第 609 页。

[2]《康德十年度的民食配给情况》,中央档案馆等编:《东北经济掠夺》,第615 页。

[3]〔日〕吉竹检次:《满洲重要物资统制读本》,第 11 页。

[4]〔日〕斋藤直基知编撰:《满洲产业经济大观》,满洲产业调查会,1943 年,第450 页。

迫民众"献纳"金属。根据该法,"对于由国务总理大臣指定之施设(简称指定施设)所备置之回收物件不得为让渡或其他处分或移动之,但向由经济部大臣指定者(简称回收机关)或由省长或新京特别市长指定者(简称地方回收机关)让渡时及由经济部大臣规定时不在此限"。法律授权"经济部大臣认为特有必要时,得以地域为限对于各该地域内指定施设以外之施设所备置之回收物件限制或禁止让渡或其他处分或移动"。为确保回收机关或地方回收机关切实回收物件,法律赋予其对回收物件的优先权,"应让渡之回收物件所存之担保权,不拘他法令对于各该回收物件,自其让渡之时起不得行使之"①。在颁布《金属类回收法》的同时,"国务院"发布布告《关于依金属类回收法第三条规定之施设指定之件》,确定了22种承担回收金属义务的施设,主要包括:"供常时使用人十人以上工人之工场之事业用之工场及其他之施设","供常时使用十人以上使用人之物品贩卖业之事业用之店铺及其他之施设";"供常时使用十人以上使用人之承揽运送营业事业用之事务所及其他之施设";"有病室十室以上之病院之诊疗所及其他之施设";"有客席十室或桌子十个以上之旅馆、下宿屋、妓馆、饮食店、特殊饮食店、澡堂及其附属施设";其他"资本金(出资总额或株金总额)在十万圆以上之会社之营业所及其他之施设",等等②。同日,经济部发布的布告《关于金属类回收物件指定之件》,指定53种使用铜或铜合金的器物为回收物件,主要是:匾额、伞架、饭锅、招牌幌子、壶架、广告用文字、香炉、火炉、铲子、洗

---

①《政府公报》第 2768 号。
②《政府公报》第 2768 号。

脸盆、洗脸盆架、痰盂、鞋擦子、菜锅、火盆、拉手、盆、水桶、烧水壶等①。

随着占领区的不断萎缩，日本越来越难以实施其以战养战的策略，各类战争物资的供给日益匮乏，在此情形下伪满政府不断扩大回收金属的范围。据1944年2月4日《满洲新闻》报道，自该年4月1日起，伪满政府进一步扩大回收范围。就回收金属种类而言，铁制品增加了车踏板、门柱、火盆等15种；铜制品新增门窗钩、乐谱架、蚊帐钩、匙、刀、铃、金属门窗框、钟及钟钩、黄包车之装饰用金属等44种。就回收金属设施而言，"全面地撤销了过去的限制。职工或雇工不满10人之工厂，商品贩卖，搬运业；10个病房以下之医院，诊疗所；10个房间或10个桌子以下的旅馆，客栈，饭馆，野妓饭店；澡堂；以及资金10万元以下的公司，都属于回收范围之内。除了一般家庭和特殊回收对象外，包括了全部设施。例如：不仅限于工厂主所有的工厂，而且包括借用别人的工厂，指定设施之运动场，俱乐部福利设施，以及运输、水道、电力等设施，或特殊公司宿舍的设备亦列为回收对象，但是普通公司之宿舍除外。店铺和其主人的住宅在同一个建筑物时，建筑物门口所置擦脚铁亦在回收之列"②。

在贯彻伪满政府物资回收有关法令的同时，兴安省及其周边各省也制订了部分相关法规，确立废品收购业营业许可制度，规范该行业的经营行为。1943年5月，兴安东省颁布《杂业取缔规则》，要求拟经营"收买乱纸、烂碎棉花、滥裤衣服、空桶、空罐、空

---

①《政府公报》第2768号。
②中央档案馆等编：《东北经济掠夺》，第405—406页。

瓶、碎铁及其他碎旧器具"者,须"呈报所辖警察署长受其许可"①。兴安总省成立后,又于 1944 年 8 月公布《屑物商取缔规则》。与《杂业取缔规则》相较,《屑物商取缔规则》不仅规定拟经营屑物商者应呈报所辖警察署长请求许可,而且将物资回收统制的范围扩展为:"纤维及纤维制品之屑、旧金属之屑、旧报纸、旧杂志、乱纸、空罐、空桶、空瓶、空筒、空麻袋、空草袋子、碎玻璃及其他屑物。"②

　　在殖民统治者的操纵下,内蒙古东部各级协和会屡屡发动铜器献纳运动,相关新闻屡见报端。据 1943 年 8 月 22 日《开鲁新报》报道:"林西县协和会县本部基于省本部指示方针,与县公署协力之下,对管下各街村分会通过邻保组织展开热烈踊跃之献纳运动,同时并由县本部长、副本部长以及各机关长等率先示范首献日用成品或纪念品,以故一般县民闻风兴起自动输将,现已先后汇交县本部,统计重量竟达二千零九十六斤四两五钱之巨额。"另据 1943 年 9 月 19 日《开鲁新报》报道:"自以协和会为中心而展开铜器献纳以来,我省内各旗县献纳之成绩颇为良好,赤心捧诚、热烈献纳者异常踊跃,虽一寸破铜碎铁亦能制成击灭敌美英之利器,而尽枪后国民之义务。今又有克什克腾旗献纳铜器七百十三斤一两之巨,日前已送交协和会省本部。""各职员分班踏乡宣传,于是官厅民户铜器献纳者异常踊跃"的报道后面③,是殖民统治者对内蒙古东部各族人民赤裸裸的洗劫。在翁牛特旗,伪协和会"巧立'资源爱护与活用'之名目,让老百姓把碎铜烂铁、破布头、

---

① 《政府公报》第 2704 号。
② 《政府公报》第 3108 号。
③ 《开鲁新报》1943 年 8 月 22 日。

碎皮子、废纸、烂麻绳等无代价献纳"①。在赤峰，日伪大肆发动"金属献纳，支援圣战"的运动。"一时间，铜盆、锡壶、钢铁物件，大量的被白白收去，最后连商店玻璃门上的镀锌铁拉手都被卸下来'献纳'了。"②

七　伪满时期东部内蒙古物资统制法律制度的危害

伪满时期，日本殖民统治者在内蒙古东部沦陷区实施严格的物资统制，不仅掠走大量物资，还致使该地区经济全面殖民地化，工商业凋敝，农牧业破产，人民生活异常困苦。

（一）物资被掠夺殆尽

在"满洲国"统治下的内蒙古东部，日本殖民统治者以物资统制法令为依据，大肆掠取当地各类物资。在兴安南省，殖民统治者强行征购农畜产品，1938—1944 年间，科尔沁左翼中旗每年"出荷"粮食 1—1.5 亿斤，占当年粮食总产量的 41％—68％③；1942 年，科尔沁左翼后旗被摊派"出荷"牛两千多头，1943 年出荷量猛增至一万头④。应当说，这些数据反映的仅仅是冰山之一角，由于缺乏完整的统计资料，殖民统治者究竟从东部内蒙古攫夺多少物资已不得而知。

（二）民族工商业饱受摧残

物资统制法律制度的实施，对内蒙古东部民族工商业发展的

---

① 尹麟春：《沦陷十三年的乌丹城》，《翁牛特文史》第二辑，1998 年，第 34 页。
② 王士哲：《日伪时期的赤峰经济》，《红山文史》第一辑，1985 年，第 48 页。
③ 科尔沁左翼中旗档案局编：《科尔沁左翼中旗志》，内蒙古文化出版社，2003 年，第 668 页。
④ 达瓦敖斯尔：《科左后旗出荷万头牛纪实》，《哲里木盟文史资料》第四辑，第 142—143 页。

打击可以说是灾难性的。

　　日本殖民统治者认为："在国家之见地上，物品之必要者，始望其生产。已生产之物品，如不必要者，则应停止其生产，如必要而不可缺者，务须助长，自不待言矣。物资之需要，虽谓激增，然其物资若直接于战争遂行上不必要者，或于生产扩充力不必要者，则即无须增加其生产，不仅此也，即从来生产者，亦应抑制。"①据此，伪满尽可能从原料供给方面优先满足重化工业的需要，而与生活消费相关的行业则因原料匮乏而无法经营，民族工商业受到致命打击。在兴安北省，"40 年代初期，日本人实行皮张、羊毛垄断，对皮革、羊毛作坊限量配给原料。当时海拉尔皮革小作坊，中国人经营的有 18 户，年需牛马皮 1694 张，只配给 260 张；需羊皮 3552 张，未配给……到 1945 年日本侵略者投降前，海拉尔市毛皮业全部倒闭，皮鞋业大部分歇业，制毡业只剩下 2 户 14 人"②。在兴安南省，"从 1931 年'九一八'事变到 1945 年的'八一五'光复，仅通辽镇的商户就由八百五十户减少到六百五十户，减少百分之二十三点五，剩下的百分之七十六点五，处于吃不饱，饿不死，半停业状态，勉强维持"③。在热河省，"一九三八年以后，赤峰城内以面粉、小米为原料的面铺、糕点铺、烧饼铺、煎饼铺纷纷停业关门。酿酒业也面临缺少原料的困难，'烧锅'变成了'破锅'。饭馆被迫关闭的接近半数，勉强继续营业的只卖高粱米

---

①〔日〕吉竹检次：《满洲重要物资统制读本》，第 5 页。
②《呼伦贝尔市抗日战争时期人口伤亡和财产损失课题调研报告》，呼伦贝尔市课题组：《内蒙古抗战时期人口伤亡和财产损失》（呼伦贝尔市卷），中共党史出版社，2010 年，第 37 页。
③陈殿武：《哲里木盟商业三百年的概述》，德力格尔主编：《哲里木史话》，远方出版社，1995 年，第 286 页。

饭和普通炒菜,酒缸、酒瓶空空如也,厨房内嗅不到肉香"。"到了日伪统治后期,赤峰制作或出售金、银、铜器的店铺全部停业了。赤峰古老的手工行业——皮毛加工业中较大的七家店铺、作坊全部倒闭,麻绳业的情况也与此相同。""据不完全统计,伪满统治时期赤峰钱行、当铺、烧锅、粮行、药行、铁行、杂货行、饭店、店行(货栈、旅馆)等九十个行业有过半数的店铺(近一百四十家)倒闭,这还不包括零散的不固定的小商小贩。"①

(三)农牧业经济几近破产

物资统制法律制度的实施,使内蒙古东部农牧业经济遭受灭顶之灾。

在"满洲国"治下的内蒙古东部,伪满政府征购农畜产品的"公定"价格远低于生产成本,"出荷"成为对农牧民的"合法"抢劫。据曾任伪兴农部大臣的于静远供述,"一九四二年春,伪满兴农部批准伪满畜产会社在兴安北省强收马匹、牛、羊。马五千匹,每匹价二百元(市价八百元);牛两千头,每头价一百五十元(市价七百元);羊二万五千只,每只价十五元(市价一百元),蒙族人民共损失六百二十二万五千元"②。由于强制低价征购农畜产品,内蒙古东部农牧业生产急剧衰退。1932年呼伦贝尔的牲畜有200万头(匹)只,1940年减到120万,1945年仅剩70万头(匹)只③;兴安西省阿鲁科尔沁旗,牲畜头数也从沦陷前夕的三十多

---

① 沈元加:《伪满时期的赤峰工商业》,《红山文史》第二辑,1987年,第61—62页。

② 《于静远笔供》,中央档案馆编:《伪满洲国的统治与内幕:伪满官员供述》,第122页。

③ 阿必德、宝德整理:《兴安北省简况》,《内蒙古文史资料》第三十四辑,第21页。

万头只下降到 12 万头只①。

（四）人民生活困苦不堪

物资统制法律制度的实施,使内蒙古东部各族人民生活在缺吃少穿的困境中。

伪满政府为保障对日物资供应,极力压缩民需,人民通过配给获得的物资根本无法满足维持生活的最低要求。1943 年 12 月伪满警务总局编《经济情报》记载:该年 1—6 月,海拉尔市每人每月配售粮谷数量分别为:13、9、9、5、5.5、2.5 公斤,"五月份特别配售了专卖署储藏的将要腐烂的苞米面 3.5 公斤"②。在广大农村牧区,物资配给与"出荷"农畜产品数量挂钩,"凡交鸦片的,每交一两烟干一尺布,超过指定责任量,每超过一两给五尺,交谷粮二千斤,给布三十尺,交线麻、皮毛者,均有配给"③。很多农牧民因天灾人祸无法完成出荷任务而得不到任何配给,"开鲁县西北乡高家园子屯因天灾出荷不好,全屯不配给火柴、盐、煤油等。使全屯炊无火、夜无灯。贫苦的农民没有办法,只有用古代打火石的办法求生活"④。

物资匮乏导致物价高涨,但伪满政府不是增加物资供给,而是一味采取高压手段冻结物价,其结果反而推动各类物资的黑市

---

① 周明瑞:《阿鲁科尔沁旗沦陷时期的畜牧业概况》,《阿鲁科尔沁文史》第五辑,1996 年,第 247 页。

②《康德十年度的民食配给情况》,中央档案馆等编:《东北经济掠夺》,第 615 页。

③ 赵文郁:《目击日伪倒台和忆述沦亡处境》,《赤峰市郊区文史资料选集》第二辑,第 29 页。

④ 陈振廷:《日本侵略者对开鲁经济的统治》,《开鲁县文史资料》第二辑,1988 年,第 120 页。

价格急剧上涨。以兴安西省林西县为例,1942年(即实施物价冻结当年)一尺白布的价格为4元,1943年就涨至20元,至1945年2月竟高达90元;而每石小米的价格也一路飙升,由1942年的50元涨到1943年的800元,1945年2月则增至2000元①。

　　由于物资奇缺、物价飞涨,内蒙古东部城乡民众的生活陷入绝境。1944年,兴安西省开鲁县"有个外号叫李大晃的卖了全家的所有物资交不够出荷粮,最后一家三口活活饿死了"②。另据《巴林左旗志》记载,1944年,民无以为食,饥寒冻馁,死者无数,仅白音敖包的长胜村就饿死百人;林东街西石桥下为乞丐栖息之所,常常人自相食③。

第二节　伪满时期东部内蒙古的劳动统制法律制度

　　以1937年第一个产业开发五年计划开始实施、1941年《劳务新体制确立要纲》公布为标志,伪满时期内蒙古东部劳动统制法律制度大体上经历了以下三个时期,即:限制劳动者"入国"时期、劳动力的调配时期、"国民"皆劳体制时期④。从总体趋势而言,随着日本侵略战争的升级,内蒙古东部劳动统制法律制度日益严苛。

---

① 王玉成整理:《解放前的林西商业》,《林西文史选》第一辑,1986年,第73页。
② 吕景清:《十三年血泪史》,《哲里木盟文史资料》第四辑,第179页。
③ 巴林左旗志编辑委员会编:《巴林左旗志》,1985年,第660页。
④ 〔日〕"满洲国"史编纂刊行会编:《满洲国史(分论)》(下),第800页。

一　限制劳动者"入国"时期的劳动统制法律制度

（一）劳动统制机构

1934 年 1 月，伪满洲国的"太上皇"关东军成立以特务部长小矶国昭为委员长的劳动统制委员会①，作为劳务统制政策决策机构。由于大规模掠夺资源的产业"开发"计划尚未实施，"国内"劳动力供需大体平衡，无须政府进行干预，劳动力资源完全由市场加以调节。故该时期，伪满洲国政府中无论是兴安总署（后改蒙政部）还是民政部，不管是兴安各分省（后改为省）抑或热河等周边各省，均未设立专门的劳务统制管理机构。

鉴于"民国山东以及其他各处下流劳动者移入国境人数甚众，此等劳动者中良莠不齐，难免不有便衣队混杂其中，殊难鉴别。当兹新国家建设伊始，关于治安以及公众卫生上均有预防之必要"②。出于治安的考量，该时期伪满对华北劳动者的进入采取限制措施。为此，民政部于 1933 年 6 月公布《取缔外国人入国规则》，授权指定官署禁止有以下各项情形之一的"外国人"入境："一、未持护照或国籍证明书者；二、有害及本国利益、妨害公安或紊乱风纪之虞者；三、对于公众卫生上有危险之病患者；四、应需公私救助者。"凡"欲入本国之外国人，须应警察官吏之要求提示护照或国籍证明书"，并对于必要事项之调查询问须确实陈述之，违者得禁止其"入国"或命退出"国境"③。同月，兴安总署发布总

---

①居之芬、庄建平主编：《日本掠夺华北强制劳工档案史料集》，社会科学文献出版社，2003 年，第 8 页。

②《满洲国政府公报》第 2 号。

③《满洲国政府公报》第 148 号。

署令,责成兴安各分省长"适用民政部制订《取缔外国人入国规则》"①。为实施《取缔外国人入国规则》,针对兴安省外之"外国人""入国"取缔,民政部指定奉天、吉林、黑龙江、热河各省长、东省特别区长官及满洲里"国境"警察队长负责②;对于兴安省内取缔"外国人""入国",则由兴安总署指定扎兰屯、达尔罕王府、海拉尔各兴安警察局长及奈勒穆图警察署长负责③。后因兴安西分省的设立,1934年3月兴安总署追加开鲁兴安警察局长为"外国人""入国"取缔官署④。1935年9月,蒙政部将"外国人""入国"取缔机构变更为各旗长及海拉尔警察署长⑤;1936年12月,蒙政部又将"外国人""入国"取缔机构调整为各旗长⑥。这些指定官署大致可以被视为该时期劳务统制的执行机构。

(二)劳动统制法律制度的内容

根据限制华北劳动者入境的劳务统制政策,不仅民政部制订了《取缔外国人入国规则》,兴安总署也出台了一些相关举措。1934年3月,兴安总署发布总署令《暂行外国人居留证明书发给规则》《暂行外国人滞留呈报规则》。前者规定,凡欲居住兴安省内之"外国人",自居留之日起在二十日以内应具左开事项连同已受"入国"查证之旅券及二寸相片两张,向该管警察官署长呈请发给居留证明书或临时居留证明书:"一、姓名;二、生年月日;三、国籍;四、民族;五、出生地;六、宗教;七、职业;八、住所;九、居留地;

---

① 《满洲国政府公报》第157号。
② 《满洲国政府公报》第148号。
③ 《满洲国政府公报》第157号。
④ 《政府公报》第7号。
⑤ 《政府公报》第447号。
⑥ 《政府公报》第829号。

十、居留之目的；十一、入国年月日；十二、居留年月日；十三、随伴家族及随从者之国籍、姓名、生年月日及与本人之关系。"相关记载之事项有变更时，须具明事由于其变更后五日以内呈请更换居留证明书。居留证明书之有效期间满限后仍欲继续居留者，须于满限后五日以内呈请更换。将居留证明书遗失或损毁时，须立即添具足以证明遗失或损毁之情由，呈报原发给之警察官署请求再发给。"外国人"在兴安省内旅行时，须随身携带居留证明书承警察官吏之要求应呈示之①。依据后者，"凡留宿外国人者，于二十四点钟内须具左开事项呈报该管警察官署，已报事项有变更时亦同：一、姓名；二、国籍；三、职业；四、年龄；五、住所；六、前留宿地；七、滞留之目的；八、到著年月日；九、随伴家族及随从者之国籍、姓名、年龄；十、去向地及出发预定时日；十一、旅券、国籍证明书、护照、居留证明书之有无。依照前项所呈报之外国人如已离其寄宿家时，于二十四点钟内，须将其年月日时及迁移处所或旅行地呈报该管警察官署"。为居住"外国人"所缔结贷家或贷间之契约者，亦应准据上述规定，自有约日起一星期内须呈报该管警察官署。"外国人对其留宿家主人或管理人之请求时，关于自己及家族从者对于前条应行呈报之事项须据实陈明。""滞留外国人有警察官吏之要求时须将旅券、国籍证明书及其他足以证明身家之书类呈示之。"②1935年12月，蒙政部发布《外国人居留证明书发给规则》，以取代《暂行外国人居留证明书发给规则》。其最主要变化在于将法令适用的空间效力由"兴安省"修改为"施行《旗制》地

①《政府公报》第10号。
②《政府公报》第10号。

域"①,以因应兴安总署升格为蒙政部后其管辖范围扩展到省外四旗的现实。

二　劳动力调配时期的劳动统制法律制度

（一）劳动统制机构

随着 1937 年开始实施第一个产业开发五年计划,伪满对劳力的需求剧增。"七七"事变爆发后,伪满为支援日本侵略战争,修订开发计划、扩大开发规模,劳力供需矛盾益加严重。为应对这一形势,伪满从"中央"到地方,建立起完整的劳动统制机构,以加强对劳动力资源的调配。

1.劳务统制决策机构

1938 年 7 月,伪满颁布《企画委员会官制》,成立以总务长官为会长的"国务院"企划委员会②。同年 9 月,企画委员会正式成立,"劳务委员会作为它的一个分科而设立"③,负责制订劳务政策,成为取代劳动统制委员会的劳务决策机构。

与企画委员会相呼应,兴安四省先后于 1940 年上半年颁布各省的《整备委员会规程》,并据此设立整备委员会,负责本省劳动、物资、军需等政策的制订。这里我们仅以兴安南省为典型来阐释内蒙古东部的地方劳动统制决策机构。根据《兴安南省整备委员会规程》,"兴安南省整备委员会(简称委员会)属于省长之监督,为适正一般重要物质及劳务之需给,配给价额并谋平战两时军需筹集之圆滑计,审议立案关于一般物质、物价、劳动并军需筹

---

①《政府公报》第 525 号。

②《政府公报》第 1279 号。

③居之芬、庄建平主编:《日本掠夺华北强制劳工档案史料集》,第 110 页。

集之重要方针及计划"。在应付议委员会的事项中涉及劳务的
有:关于劳力之需给调查事项、关于劳力军需民需之连络调整事
项、关于劳力之配给方策事项、关于劳赁事项。尽管《规程》有"委
员会得设分科会"的规定,但笔者迄今尚未发现关于省劳务委员
会的史料,在这种情况下推定整备委员会为省级劳动统制决策机
构大致不错。《规程》规定,综理会务的委员长以次长充之,据此
日系官员控制了省级劳动统制决策机构。尤为值得注意的是,
《规程》第五条规定:"委员会置参与,依省长之委嘱使参画委员会
之重要会务。有必要时并委嘱同盟国关系将校为参与。"①基于
这一规定,当地关东军特务机关长得以参与的身份对整备委员会
进行"内部指导",成为省劳动统制决策机构的真正主宰者。

2.劳务统制管理机构

为实现强化劳务行政管理的需要,伪满于 1937 年 6 月进行
机构改革,以民生部取代民政部,并于部内社会司置辅导科,作为
"中央"劳务行政管理机构。根据《民生部分科规程》,辅导科"掌
左开事项:一、关于职业辅导事项;二、关于事业之救济及防止事
项;三、关于劳动动员事项;四、关于劳动者之需给调节事项;五、
关于劳动团体及劳动争议事项;六、关于劳动登录事项;七、关于
劳动者之保护及扶助事项;八、关于劳动之调查及统计事项"②。
1939 年 12 月,伪满颁布《国务院各部官制中修正之件》,提高劳务
行政管理机构的规格,将辅导科升格为劳务司,"下设劳务科、动
员科、辅导科"③。根据《国务院各部官制中修正之件》,劳务司

---

①《政府公报》第 1765 号。

②《满洲国政府公报》第 976 号。

③居之芬、庄建平主编:《日本掠夺华北强制劳工档案史料集》,第 111 页。

"掌管左开事项：一、关于劳动统制事项；关于劳动人之保护、辅导及养成事项；三、关于职能登录及劳动登录事项；四、关于职业介绍及职业辅导事项；五、关于劳动调查及劳动统计事项"①。

在地方，兴安省周边各省，根据 1937 年 12 月伪满颁布的《修正省官制之件》，在省公署内设民生厅主管劳务事项②。至于兴安省，《兴安各省公署官制》规定其省公署仅置总务、民政二厅，但均无劳务管理的职能③。直至 1940 年 4 月，伪满明令废止《兴安各省公署官制》，兴安省与其他省统一适用《省公署官制》④，才在省公署内设掌管劳务事项的民生厅。

关于兴安省内各旗县是否设有劳务行政管理机构，受资料所限不便妄断，但据 1941 年 3 月 10 日实施的《郭尔罗斯后旗分科规程》《龙江省各旗分科规程（修正）》，郭尔罗斯后旗、杜尔伯特旗、依克明安旗公署均设行政科主管劳务事项⑤。

3.劳务统制执行机构

伴随产业开发五年计划的实施，伪满洲国劳动力供需矛盾日趋严重，单凭劳务行政管理机关难以胜任异常繁重的劳动统制任务，因此有必要建立劳动统制事务执行机构，使劳务行政管理机关从繁杂的日常事务中解脱出来。为此，1937 年 12 月，伪满颁布《满洲劳工协会法》，授权满洲劳工协会"办理左列事业：一、国内劳动之募集、供给及输送之斡旋；二、国外劳动者之号招及输送之

---

①《政府公报》第 1713 号。

②《政府公报》第 1124 号。

③《政府公报》第 225 号。

④《政府公报》第 1803 号。

⑤《政府公报》第 2105、2187 号。

斡旋;三、入国劳动者之配给斡旋;四、劳动者之登录及劳动票之
发给;五、劳动者之训练及保护设施之经营;六、劳动市场之管理
经营及一般职业介绍;七、关于劳动之各种调查;八、其他由政府
特命事项"[1]。1938 年 1 月 9 日,财团法人满洲劳工协会成立[2]。
随之,兴安省及其周边各省,分别以日人省次长为支部长组建满
洲劳工协会支部,开展相应工作。如满洲劳工协会兴安东省支
部,根据《劳动统制法》确立的劳动统制协定制度,主持当地企业
签订了《兴安东省地区协定》。《协定》界定了工资的范围,明确了
用实物支给工资的价格计算,确定了协定工资的制订、变更程序,
还规定满洲劳工协会兴安东省支部对企业执行协定的检查权[3],
对于排除工人和企业主之间的争执、防止工人在企业间的无序转
移、谋求劳动生产率的提高均发挥了重要作用。

　　(二)劳动统制法律制度的内容

　　伪满"从 1937 年开始进入产业开发五年计划的执行阶段,劳
力的需求猛增。但由于同年七月的中国事变爆发后,华北劳动者
入国数急剧减少,导致了劳力的短缺。这种状态对实行产业开发
五年计划是令人忧虑的。因此决定解除中国劳动者的入国限制。
一方面积极对华北做工作,以期促进其劳动者的入国,另一方面,
为了确保扶植国内的劳动资源,实行必要的统制"[4]。为实现对
劳动力资源的统制,伪满先后颁布《国家总动员法》《劳动统制法》

---

①《政府公报》第 1113 号。
②居之芬、庄建平主编:《日本掠夺华北强制劳工档案史料集》,第 109 页。
③齐齐哈尔铁道局总务科资料股编:《兴安东省情况(秘)》,徐同功译,内蒙
　古地方志编纂委员会总编室编:《内蒙古史志资料选编》第五辑,第 124—
　125 页。
④〔日〕"满洲国"史编纂刊行会编:《满洲国史(分论)》(下),第 801 页。

《暂行劳动票发给规则》等法令,由此形成以《国家总动员法》为统率、以《劳动统制法》为核心的劳动统制法律体系。

1938年2月,伪满先于日本国内推出《国家总动员法》。该法第一条开宗明义规定,"本法当战时或事变,为使在国防上最有效的发挥国家之全力,统制运用人的及物的资源(包含资金)为目的"。依据该法,"政府当战时或事变,为国家总动员有必要时,得依敕令所定,使帝国人民从事政府指定之劳务";"关于从业人之使用、供用、雇人或解雇或劳务之对价或条件为必要之命令";"对于以供给劳动为目的之施设或企业为必要之命令";"关于为国家总动员所必要之技能人、劳动人、其他之劳务人之登录,对于劳务人及使用者为必要之命令"①。上述规定无疑成为这一时期伪满制订各项劳动统制法律制度的指导原则。

综合各项法令,该时期伪满在内蒙古东部实施的劳动统制法律制度的基本内容可概括为如下几个方面。

1. 劳动登记制度

1938年6月,民生部颁布《暂行劳动票发给规则》,凡"常时使用三十人以上之劳动者之工场、矿山、土木建筑业及交通通信业之经营者或管理者,为其使用之劳动者自雇佣之日起十日以内(除日工劳动者)应受劳动票之发给",并要求伐木夫、土石采取劳动者、采盐劳动者等27种日工劳动者应受劳动票之发给。《规则》授权满洲劳工协会办理劳动票发给业务,责成其发给劳动票时须作成劳动者之登录台账,备载"一、出生地或本籍;二、住址;三、性别;四、姓名;五、年龄;六、民族别、七、产业中分类;八、职业小分类;九、职能;十、现职;十一、劳动者(除日工劳动者)之雇主

---

① 《政府公报》第1167号。

姓名;十二、像片(不得已时以右食指之指纹);十三、十指指纹;十四、前各号所揭事项外特受指定之事项"①。作为劳动登记制度的组成部分,伪满民生部发布《关于实施十指指纹登录之件》,并在内蒙古东部之满洲里市、扎赉诺尔、海拉尔乡、索伦旗实施②,后又扩大到吐默特左中右三旗及兴安东省之喜扎嘎尔旗③。从上述内容不难看出,劳动登记制度使伪满政府得以全面掌握劳动力资源状况,为有效调节劳动力供需创造了条件。

　　《劳动统制法》颁布后,伪满民生、治安两部于1939年1月发布《劳动统制法施行规则》,对《暂行劳动票发给规则》的相关规定予以修正。除责成"常时使用三十人以上劳动人之森林采伐、工场、矿山、土木建筑业及交通通信业之管理人或经营人,为其使用之劳动人(除日工劳动人)应自雇佣之日起十日以内受劳动人之登录并劳动票之发给",还要求伐木夫、烧炭夫、采金工等38种劳动人"应自就劳之日起七日以内,受劳动人之登录并劳动票之发给"④。两相对照不难看出,《劳动统制法施行规则》关于劳动登记的规定出现了两个变化,一是增加了对森林采伐业管理人或经营人的劳动登记义务,二是劳动者个人登记的义务人由27种增为38种。1940年12月,伪满民生部、治安部修正《劳动统制法施行规则》,一方面要求"被林业、渔业、矿业、工业或交通业所雇佣之除日工劳动人以外之劳动人,应自就劳之初日起于十日以内受劳动人之登录并劳动票之发给。在日工劳动人,无论从事之产业

---

①《政府公报》第1249号。
②《政府公报》第1562号。
③《政府公报》第1804号。
④《政府公报》第1442号。

如何,就其全部适用前项之规定";另一方面责令"产业经营人,于常时雇佣十人以上之劳动人者",须依"规定对于劳动人为劳动人登录与劳动票之发给应为一切必要之手续"①。与前述《劳动统制法施行规则》相较,主要有如下变化:一是履行劳动登记义务的经营人范围扩大,由雇佣三十人以上的业主改为雇佣十人以上之业主;二是将所有种类的日工劳动人全部纳入劳动登记的范围。

就笔者目前掌握的资料看,内蒙古东部实施劳动登记的时间较晚,直到1940年5月,民生部、治安部发布联合部令,才将劳动登记制度实施范围扩至锦州省吐默特左、中、右三旗和兴安北省喜扎嘎尔旗②。同年9月,民生部、治安部将内蒙古东部实施劳动登记的区域调整为:兴安东省布特哈旗,兴安北省索伦旗、新巴尔虎右翼旗、新巴尔虎左翼旗、满洲里街、海拉尔市,兴安西省开鲁县,兴安南省科尔沁右翼前旗、通辽县③。

2.劳动统制协定制度

1938年12月,伪满公布《劳动统制法》,确立了劳动统制协定制度。该法明确规定:"使用或供给劳动人之事业人而由民生部大臣所定者,关于劳动人之使用或雇人或劳动之对价或条件,得经其认可缔结统制协定";"统制协定之变更、废止、加入及脱退,非经民生部大臣之认可,不生其效力";"事业人未经缔结统制协定而民生部大臣认为有必要时,对于该事业人之使用或雇人或劳动之对价或条件,得命缔结统制协定";"如事业人不从命令时,民生部大臣对于相关事项得为统制上必要之命令";"民生部大臣认

---

①《政府公报》第2005号。
②《政府公报》第1804号。
③《政府公报》第1924号。

为有必要时,得变更或废止统制协定",或对于未加入统制协定之
事业人命从其统制协定①。1940 年 8 月,伪满公布《劳动统制法
中修正之件》,扩大政府对劳动统制协定监督的权力。由于企业
间对劳力的争夺集中体现为劳动工资上的竞争,因此伪满劳动统
制协定制度的核心在于对工资的统制。相关资料显示,伪满劳动
统制协定制度在内蒙古东部地区得到切实实施。1940 年 5 月中
旬,兴安各省分别规定适正工资基准之协定,并皆于同年 8 月 1
日实施之,具体情况参见下表。

表 4.1　兴安各省协定工资基准　　　　单位:元

地区 等级	兴安南省	兴安东省	兴安北省
一级	1.00	1.15	1.30
二级	1.05	1.20	1.35
三级	1.10	1.25	1.40
四级		1.30	1.45

资料来源:〔日〕斋藤直基知编纂:《满洲产业经济大观》,第 165—
166 页。

3.斡旋募集制度

《劳动统制法》规定:"为行公共之事业有紧急不得已之情形
时,满洲劳工协会对于管辖该事业地之省长或新京特别市长,得
声请劳动人募集之斡旋。"省长受声请时,对于管内之市长、县长
或旗长得分派令应募集之劳动人之员数而命斡旋其募集。新京
特别市长受声请时或市长、县长或旗长受斡旋募集之命令时,得

①《政府公报》第 1396 号。

依民生部大臣之所定对于管内之劳动人命应募集。"因管内劳动人之不足或其他事由,管辖该事业地之省长或新京特别市长不能令所需劳动人应募集时,民生部大臣得依其声请对于事业地外之省长或新京特别市长分派令应募集之劳动人之员数而命斡旋其募集。"①《劳动统制法施行规则》进一步规定:使用或供给劳动人之事业人拟募集劳动人时,应将声请书经由管辖募集地之市长、县长或旗长提出于省长受其认可,拟变更已受认可之事项时亦同②。为提高斡旋募集的效率,1939 年 6 月,兴安西省发布《关于劳动统制法施行规则第八条劳动者募集认可委任县旗长之件》,授权县、旗长于"应对紧急不得已事业而声请劳动者募集认可时"代表省长予以认可,但应随时将所处理之事务呈报省长③。兴安东省、南省也做出大致相同的规定④。

三　"国民"皆劳体制时期的劳动统制法律制度

（一）劳动统制机构

该时期,适应劳务统制"由自治统制迈向行政的统制,并自募集统制转换为雇佣统制"⑤,劳务统制之行政管理机构及执行机构均发生重大变化。

1.劳务统制管理机构

1941 年 11 月,伪满公布《国务院各部官制中修正之件》,对民

①《政府公报》第 1396 号。
②《政府公报》第 1442 号。
③《政府公报》第 1547 号。
④《政府公报》第 1544、1552 号。
⑤〔日〕斋藤直基知编纂:《满洲产业经济大观》,第 167 页。

生部进行改革,劳务司"在以往的劳务、动员、辅导三个科的基础上增设了第二动员科、养成科、劳务管理官室、调查室的两科两室"①,并将劳务司的职能扩充为:"一、关于劳动统制事项;二、关于职能登录及劳动登录事项;三、关于劳动力之需给调整事项;四、关于劳动人之保护及管理事项;五、关于劳动人之养成及辅导事项;六、关于职业介绍及职业辅导事项;七、关于勤劳奉仕事项;八、关于劳动调查及劳动统计事项。"②从而强化了"中央"劳务行政管理机构。1942 年 10 月,伪满在民生部成立"国民"勤劳奉公局,劳务司掌管的勤劳奉仕事项移交该局③。1945 年 3 月,伪满"国民"勤劳奉公部成立,代替劳务司成为"中央"劳务行政管理机构,"掌理关于勤劳动员、勤劳管理、国民手帐及国民勤劳奉公事项"。伪满"国民"勤劳部置动员、整备二司,其中,动员司掌管关于勤劳动员事项、关于"国外"勤劳人之导入事项、关于勤劳人之作业、保健及生活之管理事项、关于技术人及技术工事项、关于职能登录事项、关于勤劳人之生活必需品事项,整备司掌理关于勤劳给源之调查及培养事项、关于"国民"手帐事项、关于勤劳人之工资及其他给与事项、关于勤劳人之救恤、援护及辅导事项④。

　　在地方,随着《国民勤劳奉公法》的实施,伪满政府于 1943 年 3 月颁布《省官制中修正之件》,兴安省及周边各省民生厅劳务管理职能中又增加了关于"国民"勤劳奉公事项⑤。1943 年 10 月,

---

①居之芬、庄建平主编:《日本掠夺华北强制劳工档案史料集》,第 206 页。
②《政府公报》第 2246 号。
③《政府公报》第 2529 号。
④《政府公报》第 3217 号。
⑤《政府公报》第 2648 号。

兴安总省成立,兴中、兴南、兴东、兴西地区"关于劳务及勤劳奉公事项"统归总省民生厅掌管,而兴北地区"关于劳务及勤劳奉公事项"则由兴安北省公署民生厅负责①。1944 年 4 月,民生部发布部令,于兴安总省科尔沁右翼前旗兴安街设立"国民"勤劳奉公队兴安总省地方干部炼成所②,培养当地基层"国民"勤劳奉公队干部。

2.劳务统制执行机构

由于《劳务新体制确立要纲》的出笼,原有的满洲劳工协会难以适应"国民皆劳"体制的要求,劳务统制执行机构的改革迫在眉睫。1941 年 10 月,伪满颁布《劳务兴国会法》,以劳务"兴国"会取代满洲劳工协会。依据《劳务兴国会法》,兴安省及周边各省相继成立本省劳务"兴国"会,并承担以下事务:"一、关于勤劳兴国精神之昂扬及事业体内勤劳兴国运动之振兴事项;二、关于劳动之地方统制规程之设定及其厉行指导事项;三、关于劳动人之募集、输送之斡旋事项;四、关于劳务职员及劳动人之教育训练事项;五、关于劳动人之福利厚生事项;六、关于劳动人生活必需品之配给斡旋事项;七、关于劳动科学之研究及科学的劳动管理之指导事项;八、由省长或满洲劳务兴国会特命或委任之事项;九、除前列各款外于会之目的达成上所必要之事项而经省长认可之事项。"③兴安总省成立后,兴安四省劳务"兴国"会解散,成立兴安总省劳务"兴国"会并于兴安北省设置支部④。

---

①《政府公报》第 2789 号。
②《政府公报》第 2946 号。
③《政府公报》第 2237 号。
④《政府公报》第 2872 号。

（二）劳动统制法律制度的内容

1941 年,伪满第二个产业开发五年计划即将开始,与第一个产业开发五年计划相较,其规模更为庞大。同时,苏德战争爆发后,关东军积极准备对苏作战,军事工程浩繁。由此,导致对劳动力的需求激增。"因此仅依靠从华北来满的劳动力是不够的。加之一九四〇年及一九四一年间由于华北治安不良、物价高涨等原因,来满苦力数量激减。在满洲,无论是在军工程方面、产业方面或农业方面劳动者不足的现象都很显著。"①在此背景下,1941 年9 月,伪满炮制了《劳务新体制确立要纲》,提出"推动举国勤劳运动""确立国内劳力自给体制""公正地分配劳动力""劳务统制应从自治之统制转变为行政之统制,由募集统制提高到雇佣统制"等要领②。在《要纲》指导下,伪满不仅重新制订了《劳动统制法》,而且还根据形势的变化先后出台了《国民勤劳奉公法》《学生勤劳奉公令》《劳动人紧急就劳规则》《国民手帐法》等法令,从而将劳动统制法律制度推向极致。

1. 劳动人募集地盘制度

太平洋战争爆发后,日本对满洲煤铁的需求激增,为保证重要煤铁企业所需的劳动力,民生部根据新《劳动统制法》于 1941年 12 月颁布《劳动人募集统制规则》。根据《规则》,凡"营林业、渔业、矿业、工业、土木建筑业或交通业者及以对此供给劳动人为业者(以下称为事业人)所行之劳动人之募集",须依左列区分受其认可:为十人以上之劳动人之募集,其募集地与就劳地属于同

①《武部六藏笔供中译文》,中央档案馆整理:《日本侵华战犯笔供》第 5 册,第 251 页。
②中央档案馆等编:《东北经济掠夺》,第 866 页。

一之市、县或旗时,为该市长、县长或旗长;其募集地与就劳地属
于同一之省时为该省长;其募集地与就劳地非属于同一之省时或
于"国外"行劳动人之募集时,为民生部大臣。但"民生部大臣对
于事业人,于指定特定之地域为劳动人募集地盘时,事业人不依
前项各款之区分,须受该市长、县长或旗长之认可"①。以此为依
据,1942 年 3 月,民生部发布训令《关于重要炭矿业铁矿业劳动人
募集地盘设定之件》,为重要炭矿业、铁矿业指定地盘,授予相关
企业具有排他性的劳动人募集权,其中部分企业或地盘涉及内蒙
古东部。此后,民生部于 1943、1944 年三次对企业的募集地盘进
行了调整,具体情况参见下表。

表 4.2　内蒙古东部重要炭矿业劳动人募集地盘

炭矿名	劳动人募集地盘		
	1942 年 3 月	1943 年 3 月	1944 年 1 月
满洲炭矿株式会社阜新矿业所	吐默特左旗、喀喇沁左旗、翁牛特右旗、翁牛特左旗	阜新市、吐默特左旗、喀喇沁左旗、翁牛特右旗、翁牛特左旗	阜新市、吐默特左旗、喀喇沁左旗、喀喇沁中旗、敖汉旗
满洲炭矿株式会社鹤岗矿业所	郭尔罗斯后旗	郭尔罗斯后旗	郭尔罗斯后旗
满洲炭矿株式会社北票矿业所	吐默特右旗、吐默特中旗、喀喇沁中旗、喀喇沁右旗、敖汉旗	吐默特右旗、吐默特中旗、喀喇沁中旗、喀喇沁右旗、敖汉旗	吐默特右旗、吐默特中旗、
密山炭矿株式会社	喀喇沁右旗、喀喇沁左旗	喀喇沁右旗	喀喇沁右旗

①《政府公报》第 2281 号。

炭矿名	劳动人募集地盘		
	1942 年 3 月	1943 年 3 月	1944 年 1 月
珲春炭矿株式会社	郭尔罗斯前旗	郭尔罗斯前旗	
扎赉炭矿株式会社	扎赉特旗、科尔沁右翼前旗、科尔沁右翼中旗、科尔沁右翼后旗、科尔沁左翼中旗、杜尔伯特旗	科尔沁右翼前旗、科尔沁右翼中旗、科尔沁左翼中旗、杜尔伯特旗	布特哈旗

资料来源：1.1942 年 3 月 30 日，民生部训令第六十一号《关于重要炭矿业铁矿业劳动人募集地盘设定之件》，《政府公报》第 2364 号；2.1943 年 3 月 18 日民生部布告第十二号《关于重要炭矿业铁矿业劳动人募集地盘设定之件中修正之件》，《政府公报》第 2639 号；3.1943 年 7 月 28 日民生部布告第三十号《重要炭矿业铁矿业劳动人募集地盘中修正之件》，《政府公报》第 2746 号；4.1944 年 1 月 18 日民生部训令第二十二号《关于国内劳动人募集地盘修正之件》，《政府公报》第 2895 号。

　　1944 年 12 月，伪满民生部发布训令《关于康德十二年度决战劳务动员实施要纲》，要求各省"重要产业所要之劳动力中依其性质特别需要熟练之程度者，始终依地盘工作之募集"，"依地盘工作之动员数，有必要时应与紧急供出动员数同一视之，而行对地盘市县旗的紧急供出割当数之调整，以资其确保"①，从而于事实上使劳动人募集地盘制度与紧急就劳制度合一。

――――――――――

①《政府公报》第 3160 号。

2. 紧急就劳制度①

1941 年伪满《劳动统制法》规定:"民生部大臣为遵行公共事业或国策事业中重要者有紧急必要时,得依其所定使人民从事其指定之劳动。"②据此,1942 年 2 月伪满民生部颁布部令《劳动人紧急就劳规则》。《规则》规定,关于公共事业或"国策"事业重要事项之遂行有紧急之必要时,办理该事业者(简称事业人)得向民生部大臣声请配置所需之劳动人。民生部大臣于受理声请时,认为有配置劳动人之必要时,命省长或新京特别市长供出所需之劳动人。省长受到供出命令时,须于市县旗之区域内规定供出劳动人之数,命该市长、县长或旗长供出之。市长、县长、旗长受到供出命令时,须就该区域内之居住者中指定就劳者命其就劳。"被命为就劳者(简称就劳义务人),对于该官公署之指示及从事劳动时对于该事业人之指示须服从之","不得为避免就劳而行逃亡,或潜匿,或伪装疾病,或为其他诈伪之行为。"无论何人"不得使他人为避免就劳而使其逃亡,或使其潜匿,或使其伪装疾病,或为其他诈伪之行为"③。

与斡旋募集制度相比,紧急就劳制度出现以下突出变化:1. 提出声请的主体由满洲劳工协会改为公共事业或"国策"事业办理者,减少了中间环节,提高了效率。2. 接受声请的主体由省长或新京特别市长改为民生部大臣,增强了劳力行政供出命令的效

---

① 关于紧急就劳,在各种文献中有不同叫法,也有称之为"紧急供出""行政供出"的。解学诗先生在《满铁与中国劳工》(社会科学文献出版社,2003 年)一书中是在同一意义上使用这三个概念的。

②《政府公报》第 2237 号。

③ 中央档案馆等编:《东北经济掠夺》,第 870—872 页。

力。3.地方行政长官不得以任何理由要求上级将劳力行政供出
负担转移给其他地方,确保了重要公共事业或"国策"事业对劳动
力的需求。

3."国民"勤劳奉公制度

1942年11月,伪满颁布《国民勤劳奉公法》。随后,伪满民生
部先后发布《国民勤劳奉公法施行规则》《国民勤劳奉公队员家族
生活扶助规程》《国民勤劳奉公职员及队员灾害扶助规则》等部
令,对《国民勤劳奉公法》的相关规定予以细化。根据《国民勤劳
奉公法》,除依《国兵法》所定现服兵役或终了兵役者及受"同盟
国"兵役法之适用者外,"帝国人民之男子依本法之所定有服国民
勤劳奉公之义务";"应服国民勤劳奉公之期间,自数年龄二十一
岁起至二十三岁之间,共为十二月以内。民生部大臣当战时或事
变之际认为有必要时,得对于前项之年龄于不超过一年、对于期
间于不超过十二月之限度内延长之"。伪满对"国民"勤劳奉公义
务人实施军事化管理,要求"国民勤劳奉公义务人依民生部大臣
之所定,使其入队于国民勤劳奉公队"。依照该法,"国民"勤劳奉
公义务人应"协力之事业如左:一、国防建设事业;二、铁道及道路
建设事业;三、治水、利水及造林事业;四、土地开发事业;五、重要
生产事业;六、农产物生产收获事业;七、灾害救护事业;八、其他
特由民生部大臣指定之事业"①。

1943年4月,伪满民生部发布部令《根据国民勤劳奉公法第
十一条第二项之规定民生部大臣权限委任之件》,授权兴安四省
省长自行决定组织该年度当地"国民"勤劳奉公队及其使用②。

①《政府公报》第2548号。
②《政府公报》第2660号。

据伪国民勤劳奉公局《康德十年度国民勤劳奉公实施要领》记载，该年度兴安四省均根据授权在本省进行了"国民"勤劳奉公动员，具体实施情况见下表。

表 4.3　"康德"十年兴安各省"国民"勤劳奉公动员情况

兴安南省	5034 人	2903 人
兴安东省	694 人	396 人
兴安北省	236 人	185 人

资料来源：李力：《伪满洲国的劳务管理机构与劳务政策研究》，吉林出版集团有限责任公司，2009 年，第 193 页。

4. 学生勤劳奉公制度

1942 年 12 月，伪满颁布敕令《学生勤劳奉公令》，对于大学在学之男生定课学生勤劳奉公，使其协力如下事业："一、国防建设事业；二、铁道及道路建设事业；三、治水、利水及造林事业；四、土地开发事业；五、重要生产事业；六、农产物生产收获事业；七、灾害救恤事业；八、其他特由民生部大臣指定之事业。""学生勤劳奉公之期间，每年在三十日以上四十五日以下由民生部大臣定之。"凡"无正当之事由未完了学生勤劳奉公之学生，大学之长不得为毕业之认定"①。

1944 年 12 月，伪满发布新的《学生勤劳奉公令》。同时，伪满国务院、文教部、民生部联合发布新的《学生勤劳奉公令施行规则》，使学生勤劳奉公制度呈现以下变化：1. 由文教部大臣取代民生部大臣管理学生勤劳奉公事务；2. 学生勤劳奉公由大学扩至高中，由男生波及女生；3. 延长学生勤劳奉公时间。新《学生勤劳奉

①《政府公报》第 2578 号。

公令施行规则》详细规定各校学生勤劳奉公期间,其中,兴安医学院,每年1月以上4月以内。兴安学院、"国民"高等学校,最高学年学生,每年2月以上12月以内;其他学生,每年4月以内。女子"国民"高等学校,修业年限4年者,最高学年学生每年2月以上12月以内,其他学生每年4月以内;修业年限3年以下者,每年4月以下①。据曾在王爷庙育成学院读书的张连学回忆:1945年,在日本人逼迫下,全校350名学生到兴安岭扒桦树皮,历时3个多月,每天必须完成100斤桦树皮的任务②。

5.强化劳动登记制度

随着新《劳动统制法》的颁布,1941年11月,伪满民生、治安两部共同发布《暂行劳动人登录规则》,以规范劳动人登录及劳动票之发给。《规则》于内蒙古东部的适用地域包括:锦州省吐默特左中右三旗,兴安北省之海拉尔市、索伦旗、满洲里市、新巴尔虎左翼旗、新巴尔虎右翼旗,兴安东省布特哈旗,兴安西省开鲁县,兴安南省喜扎嘎尔旗、科尔沁左翼前旗,通辽县。根据《规则》,上述地域内被林业、渔业、工业、土木建筑业、交通业所雇佣之劳动人,除技能人外,均须进行劳动登录。由于《劳工协会法》废止,劳动登录改由市长、县长或旗长行之。需要登录的事项涉及姓名、本籍或出生地、男女别、出生年月日、民族别或"国籍"、"入国"年月日、右食指指纹及十指指纹、雇佣主之姓名、营业所所在地及事业之种类等诸多内容③。

---

① 《政府公报》第3157号。
② 张连学:《少年时的一段苦难经历》,《哲里木盟文史资料》第四辑,第193—194页。
③ 《政府公报》第2250号。

　　1943 年 12 月,伪满颁布《国民手帐法》。该法要求居住于"帝国"领域内之"帝国"人民而合于左列各款之一者须受有"国民"手帐:"一、数年龄十五岁以上之男子而居住于国务总理大臣指定之地域者①;二、壮丁适龄者及受征集决定之处分尚未入营者;三、国民勤劳奉公服务义务人及依志愿服国民勤劳奉公者;四、依职能登录令之要登录人;五、被雇佣于由国务总理大臣指定之事业之劳动人;六、除前列各款外国务总理大臣所定者。""国民"手帐除贴附本人之相片外还记载左列事项:"一、本籍;二、居住之场所;三、籍贯;四、姓名;五、男女别;六、种族别;七、出生年月日;八、户长之姓名及与户长之关系;九、职业;十、兵役关系;十一、来满年月日;十二、来住年月日。"《国民手帐法》授权内蒙古东部市街村长掌管关于"国民"手帐之事务,并就关于"国民"手帐事务之监督做出如下规定:一、对于街村长掌管之事务,第一次为县长或旗长,第二次为兴安总省长或省长,第三次为"国务总理大臣",但在兴安北省公署管之辖区域内,第二次为兴安北省长,第三次为兴安总省长,第四次为"国务总理大臣";二、对于市长掌管之事务,第一次为兴安总省长,第二次为"国务总理大臣",但在兴安北省公署之管辖区域内,第一次为兴安北省长,第二次为兴安总省长,第三次为"国务总理大臣"②。随之,"国务院"发布院令《国民手帐法施行规则》,宣布废止《暂行劳动人登录规则》③,以"国民"

①根据《国民手帐法施行规则》,地域中涉及当时内蒙古东部的有:吉林省郭尔罗斯前旗,热河诸蒙旗,兴安总省之扎鲁特旗、醴泉县、科尔沁左翼中旗、奈曼旗、通辽县、开鲁县、阿鲁科尔沁旗、巴林左翼旗、巴林右翼旗、克什克腾旗、林西县。

②《政府公报》第 2866 号。

③《政府公报》第 2872 号。

手帐取代劳动票。《国民手帐法》的颁行有两点值得特别关注：第一，就法律位阶看，作为敕令的《国民手帐法》的法律效力远在《暂行劳动人登录规则》这个部令之上。第二，《国民手帐法》的适用对象涉及伪满全体臣民及在满"外国"劳工，而无论是《暂行劳动票发给规则》还是《暂行劳动人登录规则》，仅仅适用于"国"内外劳工。因此，《国民手帐法》在以法律强制实现"举国皆劳"体制的过程中发挥了重大作用。

6. 工资统制制度

早在 1938 年《劳动统制法》中，伪满就确立了劳动统制协定制度。但随着劳力短缺状况的不断加剧，企业间劳动力的抢夺渐趋激化，突出表现在工资水平的竞争上，企业间签署的协定成为具文。为维持劳工募集的秩序，保证重点企业对劳力的需要，必须加强政府对劳动工资的监管。1940 年 8 月，伪满公布《劳动统制法中修正之件》，授权"民生部大臣关于劳动之对价或条件得发必要之命令"①。1941 年新《劳动统制法》对此加以全盘继承。1942 年 4 月伪满民生部发布《工资统制规则》，就"工资之上限""工资总额之上限""给与规则"等问题做了详尽规定，同时还授权省长"认为工资统制上有必要时，指定雇佣主得命其变更作业等级或给与规则"，民生部大臣或省长还有权撤销关于工资的许可或认可②。为便于工资水平的确定，《规则》对不同就劳地的等级做了划分，其中内蒙古东部各地的等级划定如下表。

---

①《政府公报》第 1881 号。
②《政府公报》第 2364 号。

表 4.4　内蒙古东部各地就劳地等级

等级 省别	一级地	二级地	三级地	四级地	五级地
热河省	各蒙旗				
锦州省	各蒙旗				
吉林省		郭尔罗斯前旗			
滨江省			郭尔罗斯后旗		
龙江省			杜尔伯特旗	依克明安旗	
兴安西省		全区域			
兴安南省		通辽县、库伦旗、科尔沁左翼各旗	扎赉特旗、科尔沁右翼前旗	喜扎嘎尔旗	
兴安东省				布特哈旗、阿荣旗	莫力达瓦旗、巴彦旗
兴安北省					全区域

资料来源:1942 年 4 月 1 日伪满民生部令第十九号《工资统制规则》,《政府公报》第 2364 号。

1942 年 5 月 15 日,为防止农忙季节农业与工矿业争夺劳动力,伪满民生部发布《农业劳动工资临时措置规则》,明确规定:省长受民生部大臣之认可,得指定雇佣期间规定工资之上限,而雇佣主或劳动人不得以超过上限之工资缔结雇佣契约,或支给或领受超过上限之工资[①]。同日,伪满民生部通过指令批准了兴安南

①《政府公报》第 2398 号。

省九旗一县、郭尔罗斯后旗、阜新市、吐默特右旗、吐默特中旗、吐默特左旗、敖汉旗、喀喇沁右旗、翁牛特右旗、喀喇沁左旗、翁牛特左旗、郭尔罗斯前旗、杜尔伯特旗、依克明安旗的农业工资上限①。

四　伪满时期东部内蒙古劳动统制法律制度实施的后果

（一）满足日本"开发"资源及修建军事工程对劳力的需求

伪满实施的劳动统制法律制度,使殖民统治者在内蒙古东部进行的资源"开发"获得充足的廉价劳动力。特别是为了掠夺内蒙古东部的煤炭资源,殖民统治者将成千上万的劳工驱赶到煤矿供其役使。仅 1944 年,阜新炭矿即使用工人 54918 人,北票炭矿则使用了 14868 人②。在扎赉诺尔煤矿,随着产煤量的提高,使用的劳工也不断增加,1937 年为 1300 多人,1938 年增至 2100 多人,1943 年达 3274 人③。劳动统制制度的实施,也满足了关东军修建军事工程对劳动力的巨大需求。在海拉尔北山阵地施工现场,"山下劳工住的席棚子一眼望不到头,在山上干活的劳工少说也有二三千人"④。

（二）保证日资企业攫取超额利润

殖民统治者借助法律手段强制推行低工资政策,使广大工人的工资始终保持在较低水平上。据李玉生等人回忆:1940 年通辽

①《政府公报》第 2412、2413、2414、2415、2419 号。

②解学诗主编:《满铁史资料》第四卷煤铁篇第 2 分册,中华书局,1987 年,第813 页。

③李长春:《日伪对扎矿的掠夺与工人的反抗斗争》,《呼伦贝尔文史资料》第四辑,1988 年,第 74—76 页。

④张玉普口述:《海拉尔北山"万人坑"》,《呼伦贝尔文史资料》第四辑,第134—135 页。

车站装卸工一天的工资仅三角钱，"吃饭都不够"，"根本维持不了生活"①。低廉的用工成本，使日资企业掠夺内蒙古东部地区资源的同时，也获取了丰厚的利润。以设于喀喇沁中旗平泉街的大满矿业株式会社为例，据该公司的决算公告，第四期（自 1940 年12 月 1 日至 1941 年 9 月 30 日）当期利益金为 251121.56 元②，第五期（1941 年 10 月 1 日至 1942 年 3 月 30 日）为 102118.64 元③，第六期（1942 年 4 月 1 日至 1942 年 9 月 30 日）为 4158.11 元④。在一年零十个月的时间里，共获利 357398.31 元。设于满洲里市的兴安水产株式会社，垄断着达赉湖（即呼伦湖）丰富的渔业资源。据该会社 1941 年 3 月 31 日做出的第二期决算，当期利益金为9303.70 元⑤，而 1944 年 3 月 31 日做出第五期决算时，当期利益金为 1141678.86 元⑥。在三年时间内，公司利润增长近 122 倍。

（三）实现对东部内蒙古资源的掠夺

伪满时期，通过役使廉价劳工，殖民统治者对内蒙古东部资源进行疯狂掠取。以煤炭资源为例，扎赉诺尔煤矿自 1935 年被日伪接管直至日本投降被掠走煤炭 218.5 万吨⑦。位于吐默特右旗的北票煤矿，从 1933 年 2 月到 1945 年 8 月，日本侵略者攫夺煤

---

①雷明义：《铁路装卸工人的一次罢工斗争》，《哲里木盟文史资料》第四辑，第 245 页。

②《政府公报》第 2274 号。

③《政府公报》第 2442 号。

④《政府公报》第 2572 号。

⑤《政府公报》第 2155 号。

⑥《政府公报》第 3134 号。

⑦夏恩训、徐志红主编：《满洲里市志》，内蒙古人民出版社，1998 年，第443 页。

炭 8602631 吨①。吐默特左旗的阜新煤矿,在第一次产业开发五年计划期间,各年度的产煤量分别为:400810 吨、1360262 吨、2882718 吨、3689727 吨、4252050 吨②。另据《东北经济小丛书》记载,1942—1944 年,阜新煤矿产量为 3903408 吨、4296920 吨、4400000 吨③。据此,八年内日本从阜新掠夺的煤炭合计达25185895 吨。

(四)给东部内蒙古各族人民带来巨大灾难

日本帝国主义对东部内蒙古的所谓"开发",完全是以牺牲广大劳工的健康乃至生命为代价的,使内蒙古东部各族人民蒙受巨大灾难。

据亲历者回忆,伪满时期劳工的生活、劳动条件是相当恶劣的。扎赉诺尔煤矿"工人在井下干苦役不如牛马,穿的是更生布衣服,一、二、三班三人一双日本式后开门水袜子。吃的是不如猪狗食的又苦又涩的橡子面。住的是不能御风寒的双层铺工棚子,苍蝇、蚊子满屋飞,臭虫满床爬。盖的是麻袋、草袋、洋灰袋子。枕的是砖头,上下铺上下人"④。乌奴耳军事工程中,劳工的生活、劳动状况同样令人堪忧。"宿舍是用苇席在沟内的小山坡搭成 24 米多长、3 米宽、2 米左右高的马架式席棚。两头是门,中间走道,内设距地 15 公分高的对面板铺。一个席棚,容纳一个中队

---

① 朝阳市史志办公室编:《抗日战争时期朝阳市人口伤亡和财产损失调查》,第 81 页。
② 解学诗主编:《满铁史资料》第四卷煤铁篇第 2 分册,第 770 页。
③ 东北物资调节委员会研究组编:《东北经济小丛书·煤炭篇》,中国文化服务社,民国三十七年,第 24 页。
④ 李长春:《日伪对扎矿的掠夺与工人的反抗斗争》,《呼伦贝尔文史资料》第四辑,第 76—77 页。

的人员……夜间非常拥挤,臭气熏人,空气污浊得很。""劳工的一日三餐,每顿两小勺的小米、土豆稀粥。不但没有菜吃,而且连盐水也没有。这里的水是非常珍贵的,出去一公里左右用轱辘马拉水,水是浑浊的,还有虫子,就这样劳工也别想喝一滴水。人们日久也就习惯了,又因吃不着盐酱,喝的是能照见人的小米土豆粥,这样也就不想水喝了。""工地上只有几个日本医生,是为了防疫而安置的,捎带着给工人治疗。但是他们不懂华语,更不把工人当人看待。经他们检查,患病轻的说你没病,患病重的就认为是传染病,立即抬往隔离室。人到了隔离室,九死一生。隔离室也是对面炕,里面苍蝇扑面,几十个病人躺在炕上,根本没人管。病人想喝口凉水都没人递给。病重者,日本人马上就叫人抬出掩埋,恐怕得的是传染病。我们屯的董守珍就是带着活气被抬出去埋的。"①

　　劳工恶劣的生活、劳动条件在日本关东军宪兵队的诸多报告中也得到佐证。"由开鲁县供出到阿尔山方面从事铁道工程的劳工,返乡后向同乡泄露的言论:就劳地的食物非常恶劣,宿舍是大席棚。募集时说工资一天一元,回来后一算,干了三个月,工资仅仅三十多元,而且,就劳中工头监督很严,没有休息时间,就像牛马一样。""奈曼旗供出劳工返乡后的言论:A、伙食基本是苞米面,一次做出好多天的份,因锅小,常常做不熟,吃后拉肚子的人很多。并且没有蔬菜,缺乏营养……B、宿舍是铺着席子的小屋,一个炕睡60人,连地上都睡人,带毛皮去的人还可以对付,什么也没带的人就难了,有很多人患病了。""科尔沁右旗供出劳工返乡

① 狄玉林口述,彭文彬整理:《兴安北省乌奴耳的劳工被害写实》,何天义主编:《伪满劳工血泪史》,新华出版社,1995年,第488—489页。

后的言论:平常的伙食中约六成混有谷壳,饭菜粗劣,没有食欲,就劳很艰难,不断有病患出现。"热河省报告科尔沁左旗供出劳工返乡后的言论:"在黑河省红旗沟一带,劳工每天从日出到日落劳动,还要被监工殴打。"在黑河方面及双扬子就劳的翁牛特左旗及围场县劳工的言论:"吃饭一天三顿都是含草籽的米饭……在枕木上铺上草,铺着席子的房屋。因寒冷无法入睡,轮番烤火取暖。"在虎林县从事道路工程劳动的翁牛特左旗劳工的言论:"粮食极其粗劣,小米和高粱等都变成了黑色,估计都霉变了。"兴安西省阿鲁科尔沁旗供出劳工返乡后的言论:"食物就是苞米。患病者占1/4,对病人不进行诊断治疗。如果死了,不知运到什么地方。"开鲁、奈曼、查布杆庙、林东各地供出到满洲株式会社就劳的劳工返乡后的言论:"小米、苞米非常粗劣,副食全是腌制的。另外宿舍是用席子、帐篷等组成,没有火炕烟筒。因潮湿,不断有病人出现,也不断有死人。患病的人中,皮肤病患者较多。患者死亡后,就简单处理一下。就劳期间死亡6人。"①

　　恶劣的生活、劳动条件导致劳工大量死伤。在扎赉诺尔煤矿,病、冻、饿、累事故累累,死伤工人一日多一日,有的工棚住上百人,有时剩下几个人。工人被折磨死后,扔在西山坡上,"狼扯狗啃野鹰叼,白骨铺遍西山腰"。自1941年11月加纳金三郎接手煤矿不到四年的时间,大约每年有三百多人丧生②。在日伪统

①张玉彬、胥敏、权芳敏译:《日本关东军宪兵队奴役中国劳工档案选译（上）》,近代史资料编辑部编:《近代史资料》(总115),中国社会科学出版社,2007年,第193、197、214—215、216页。
②李长春:《日伪对扎矿的掠夺与工人的反抗斗争》,《呼伦贝尔文史资料》第四辑,第76—77页。

治北票煤矿的 12 年又 5 个月中,被摧残致死的 31200 多人(其中不包括伤残者及其家属),占进矿总人数的 552.2%,平均每生产 277 吨煤,就付出一名矿工的生命①。在北票的南山、城子地、台吉的南山、三宝的窑沟等地形成五处万人坑,1968 年矿务局仅在台吉南山不足 1.7 万平方米的范围内就挖出 6500 具尸体②。在各类军事工程中,劳工的伤亡同样严重。曾任伪满国务院总务厅长官的五部六藏供述:"在我的记忆中最悲惨的一件事情就是一九四三年在兴安岭的军事工程中,四万劳工中出现了约三千病死者的事情。"③

　　野蛮的劳动统制法律制度不仅造成惨重的人员伤亡,也导致当地农村的衰败。参加扎鲁特旗勤劳奉仕队的李万贵回忆:"当时的勤劳俸仕队员,95% 以上是农牧民。因为家里没有他人顶替,有的被迫结户,有的把租种的地退回,有的把耕种的地和放的牲畜转让给别人。这些人服役回来,由于前半年白干,后半年黄金季节的错过而造成无衣无食饥寒交迫的困境,有的投亲靠友,有的挨门乞讨,实在生活不下去的就外逃他乡。据我所知,1943 年冬,原四区就有 12 户全家外逃,必喜大队王国祥外逃至今下落不明。"④

---

① 陈树堂、高润甫、杨攸峰口述,王瑞林、李文桐整理:《日伪时期北票矿工的苦难生活》,何天义主编:《伪满劳工血泪史》,第 190—191 页。
② 陈树堂、高润甫、杨攸峰口述,王瑞林、李文桐整理:《日伪时期北票矿工的苦难生活》,何天义主编:《伪满劳工血泪史》,第 198 页。
③ 中央档案馆整理:《日本侵华战犯笔供》第 5 册,第 252 页。古海忠之关于 1943 年兴安岭军事工程死亡劳工人数的供述为 6000 人,见同书第 466 页。
④ 李万贵:《伪满的"勤劳俸仕"》,《哲里木盟文史资料》第四辑,第 138 页。

第三节　伪满时期东部内蒙古
的金融统制法律制度

一　"中央银行"制度

1932年6月,伪满洲国政府颁布《满洲中央银行法》,随后以该法为依据成立了"满洲中央银行",并在各地设立了分支行、办事处,其中在内蒙古东部设有12个支行。

表4.5　"满洲中央银行"内蒙古东部支行一览表

行名	开设时间	所在地名	备考
平泉支行	1933年4月2日	喀喇沁中旗平泉街	1933年9月1日由办事处升格
凌源支行	1933年3月23日	喀喇沁左旗凌源街	1933年9月1日由办事处升格
赤峰支行	1933年3月25日	翁牛特右旗赤峰街	1933年9月1日由办事处升格
朝阳支行	1933年3月10日	吐默特右旗朝阳街	1933年9月1日由办事处升格
北票支行	1935年4月1日	吐默特中旗北票街	1936年7月1日由办事处升格
海拉尔支行	1932年7月1日	海拉尔市新街	1933年4月15日由呼伦江字支行改称海拉尔支行
满洲里支行	1932年7月1日	满洲里市	1933年4月15日由满洲里江字支行改称满洲里支行

行名	开设时间	所在地名	备考
扎兰屯支行	1933 年 4 月 3 日	布特哈旗扎兰屯	1938 年 7 月 1 日由札兰屯支行改称扎兰屯支行
开鲁支行	1934 年 1 月 4 日	兴安西省开鲁县	1936 年 7 月 1 日由办事处升格
林西支行	1934 年 11 月 1 日	兴安西省林西县	1937 年 6 月 10 日由办事处升格
通辽支行	1932 年 7 月 1 日	兴安南省通辽县	1933 年 4 月 15 日由通辽奉字支行改称通辽支行
王爷庙支行	1935 年 9 月 2 日	科尔沁右翼前旗王爷庙街	1936 年 7 月 1 日由办事处升格

资料来源:〔日〕枥仓正一:《满洲中央银行十年史》,"满洲中央银行",1942 年,第 265—267 页。

　　根据《满洲中央银行法》,"满洲中央银行"的职能为"调剂国内通用货币之流通,保持其安定,统制金融"。为实现上述职能,该法规定"满洲中央银行"的营业范围为:"一、政府发行之票据、汇票及其他商业票据之贴现或收买;二、以金银块、外国通用货币为担保之放款;三、金银块、外国通用货币之买卖;四、各种存款及活存透支;五、代人保存金银块、外国通用货币、贵重品并各种证券类;六、以公债、证券、政府发行之票据及其他由政府保证之各种证券为担保之放款;七、有确实担保之放款;八、代素有交易之公司、银行或商人收取各种票据之款项;九、汇兑及押汇。除右列各项之外,营业便宜上得购入国债证券、地方债证券及其他政府所指定之确实有价证券。"法令授权"满洲中央银行依据《货币法》之规定制造并发行货币",办理"国库金"出纳事务,代办理地方团体公款事务①。

　　传统的央行有三大职能,即发行的银行、银行的银行和政府的银行。所谓发行的银行,是指国家赋予央行垄断货币发行的特权,使之成为国家唯一的货币发行机构。作为发行的银行,央行一方面要保持货币流通顺畅,另一方面要有效控制货币发行量、稳定币值。所谓银行的银行,是指央行的业务对象仅为商业银行和其他金融机构,通过存、贷等业务为其提供支持与服务并进行监管。作为银行的银行,央行要组织商业银行和其他金融机构间的清算,集中存款准备金,承担最后贷款人责任。所谓政府的银行,是指央行代表国家制订和执行货币政策,代为管理国家财政收支并为政府提供金融服务。作为政府的银行,央行代理国库,代理政府债券的发行,向政府融通资金,为国家持有和经营管理国际储备,制订和实施货币政策。但透过《满洲中央银行法》的相关规定,我们不难发现"满洲中央银行"更多体现的是发行的银行和政府的银行的职能。1942年伪满颁布新的《满洲中央银行法》,这两项职能得到进一步强化。新法明确"满洲中央银行为谋国家经济总力之适切发挥,以即应国家之政策而任通货之调节、金融之调整及信用制度之保持育成为目的","依法令之所定办理关于通货或金融之国家事务"。为确保伪满政府对"央行"的控制,新法对旧法"满洲中央银行为股份有限公司"的组织形式予以修正,规定"满洲中央银行之资本金一亿圆",而"政府应出资本金之全额"。为扩大向政府和掠夺满洲资源的各"国策"会社融通资金的规模,新法还规定"满洲中央银行得对政府不征取担保而为放款,满洲中央银行得经经济部大臣之认可对公共团体或其他信用确

①《满洲国政府公报》第13号。

实者不征取担保而为放款。满洲中央银行得为国债或经经济部大臣认可之债券之应募或承受"。此外,新法还授权"满洲中央银行为协力政府所行之金融统制而执行左列事业:一、关于金融之政府重要计划之参画;二、关于金融机关所行资金之吸收及运用之指导统制;三、关于由国外导入资金之统制;四、金融机关之整备促进及其机能之增进;五、金融事业与产业关系之紧密化之增进"①。

二　货币制度

伪满建立之初,东北地区货币种类繁多,沦陷前赤峰当地市场上流通的货币即包括银两、制钱、银元、铜元、官帖和私帖、热河兴业银行银元票等②。另据《满洲中央银行十年史》记载,旧兴安省内发行各种私帖 3000 元(原币)③。币制的混乱对于日本控制伪满金融命脉、掠夺当地资源构成极大障碍。为此,殖民统治者决定以法律手段强力实现币制统一。

1932 年 6 月,伪满颁布《货币法》,确认"货币之制造及发行之权属于政府而使满洲中央银行行之",规定"以纯银重量二三·九一瓦为价格之单位,定名曰圆","货币之计算以十进,每圆十分之一称为角,百分之一称为分,千分之一称为厘"。法定货币包括百元、十元、五元、一元、五角 5 种纸币,一角、五分 2 种白铜硬币,一分、五厘 2 种青铜硬币,共计 9 种④。为维护伪币权威,实现币制

---

① 《政府公报》第 2529 号。
② 张新民:《清末以来赤峰地区使用过的货币》,《赤峰市郊区文史资料选集》第二辑,第 79—80 页。
③ 〔日〕栃仓正一:《满洲中央银行十年史》,第 99 页。
④ 《满洲国政府公报》第 13 号。

统一,伪满政府于同月颁布《旧货币整理办法》。根据《办法》,"从来流通之左列纸币于本办法施行后满二年间,照一定之换算率与《货币法》所定之货币(以下单称新货币)有同一之效力,期间满了后失其效力:一、东三省官银号发行之兑换券(不含天津券);二、边业银行发行之兑换券(不含天津券);三、辽宁四行号联合发行准备库发行之兑换券;四、东三省官银号发行之汇兑券;五、公济平市钱号发行之铜元票;六、东三省官银号发行之哈尔滨大洋票;七、吉林永衡官银钱号发行之哈尔滨大洋票;八、黑龙江省官银号发行之哈尔滨大洋票;九、边业银行发行之哈尔滨大洋票;一〇、吉林永衡官银钱号发行之官帖;一一、吉林永衡官银钱号发行之小洋票;一二、吉林永衡官银钱号发行之大洋票;一三、黑龙江省官银钱号发行之官帖;一四、黑龙江省官银钱号发行之四厘债券;一五、黑龙江省官银钱号发行之大洋票"。"从来流通之奉天省十进铜元于本办法施行后满五年间与新货币一分青铜货币有同一效力,期间满了后失其效力。""中国银行及交通银行以其现在所已发行之哈大洋额为限度得通用之,但须准照政府之命令在本办法施行后五年以内收回之。"①随后,伪财政部以部令确定了新旧货币换算率②。1932年7月,伪满又颁布《取缔私帖及其他类似纸币之证券暂行办法》。《办法》规定:"私帖及其他类似纸币之证券,除依本办法外一切禁止其发行及流通。""向来流通之私帖及其他类似纸币之证券,其发行已得官厅之许可者,于本办法施行后三月以内限于再经政府之认可时,准其以现在流通额为限度在本办法施行后一年以内照常通用。"违反本办法而发行私帖或其

①《满洲国政府公报》第18号。
②《满洲国政府公报》第19号。

他类似纸币之证券或以之互相受授者,处以一万圆以下之罚金①。

　　依据上述法令,伪满迅速在兴安三分省内开展旧币回收工作。1933年2月下旬,伴随关东军发动"热河圣战",伪财政部派金融工作班、"满洲中央银行"派行员跟进,回收当地流通的汇兑券和辅币汇兑券。其兑换率按同年2月15日热河省政府委员之决定,沿袭汇兑券50元对现大洋1元的公定行情,定为国币1元兑换汇兑券50元,回收期限定为从3月20日起1个月,在承德、平泉、凌源、朝阳、赤峰、开鲁各地进行回收。热河票发行额在1933年3月20日为10803971元(原币额),实际回收额为7827251元,因毁损或交通不便无法回收的2976720元归于无效②。

　　由于以现大洋为本位订定存款贷款等契约者尚属不少,1935年5月,伪财政部发布布告声称:"政府今后对于此种行为更将严厉取缔决不宽贷。至于既订以现大洋为本位之契约,均应以国币支付之,而债权者对债务者亦不得要求支付现大洋,其以国币支付之比率,应以国币一圆对现大洋一圆为标准。"③

　　对于朝鲜银行金票、横滨正金银行钞票,伪满一直允许其与"国币"等值流通。直至1935年9月,"国币"实现与日元等值而加入日元集团,日、伪满政府才于同年11月4日发表声明,强调满洲币制要统一在"国币"之下,在"满洲国"境内的金票、钞票要停止发行、流通。伪满的币制统一至此最终完成。

　　伪满在确定新旧币兑换比率时,有意低估旧币价值,时任"满

────────────

①《满洲国政府公报》第21号。
②〔日〕枥仓正一:《满洲中央银行十年史》,第99页。
③《政府公报》第364号。

洲中央银行"总裁的荣厚也不得不承认:"各种旧纸币与新国币的换算比率,规定标准皆较市价略低。"①同时,在收兑旧币过程中,殖民统治者利用金票、钞票大肆掠夺各类物资。"日军占领开鲁后,日本驻军大量使用所谓日本纸币'金票'购买实物,并以大量'金票'去换开鲁当时流通的银子、大洋、铜子、制钱等硬通币。"当时流通的天津票、奉天大洋票被贬值,使开鲁县各界人民深受其害。伪满中央银行开鲁办事处于"1933 年 9 月 28 日发行纸币88170 元,9 月 30 日,以现金收买日本'金票'额达 9635 元。当时兰宽面布每尺价一角二分,棉花每斤价五角,高粱米每斤二分。换算一下,日军用一把废纸就能买高粱米 489150 斤或能买棉花19270 斤或兰宽面布 80029 尺。而奉天大洋票、天津票先是被贬值,而后便不流通,烂在开鲁民众手中。日本强盗以日本纸币换走的各种物资、银子、铜子、制钱等硬币的价值是无法计算的。"②由于兑换期过短,"偏远地区不少居民所持旧纸币因期限已过,无法兑换,变成了废纸"③。

　　币制统一中深受其害的各阶层民众通过各种方式进行抵制,或者"故步自封仍用旧纸币为本位"④,或者"把银元藏匿起来,或转移出境"⑤。由于各阶层民众的抵制,币制统一期限一延再延。

----

① 吉林省金融研究所:《伪满中央银行史料》,吉林人民出版社,1986 年,第123 页。

② 王广竣:《日本侵略者在开鲁实行的经济统治》,《哲里木盟文史资料》第四辑,第 146 页。

③ 沈元加:《伪满时期的赤峰工商业》,《红山文史》第二辑,第 59 页。

④《满洲国政府公报》第 86 号。

⑤ 张新民:《清末以来赤峰地区使用过的货币》,《赤峰市郊区文史资料选集》第二辑,第 81 页。

根据《旧货币整理办法》,对于东三省四行号旧纸币回收应于 1934年 6 月 31 日前完成,然而限期届满前,财政部被迫宣布:"将康德元年七月一日以后至康德二年六月三十日止定为兑换期间,在此期内特令满洲中央银行仍照从前之换算率兑换旧纸币。"①但至结束兑换日止,鉴于边远偏僻地区的政府各机关收入的税款尚有未能及时兑换者,遂又续办二个月的兑换,至 1935 年 8 月末日才结束②。《取缔私帖及其他类似纸币之证券暂行办法》公布后,伪满政府曾要求"不论任何情况都必须在大同三年二月末悉数回收"各类私帖③,然而回收工作进展异常缓慢。伪满成立前扎赉特旗中和地局发行的 2 万元流通券,截至 1933 年 7 月,仅仅收回2000 元,余额 18000 余元仍在流通④。事实上,各种私帖约 1600万元迟至 1934 年 6 月才整理竣事⑤。

三　黄金管制制度

根据伪满《货币法》,"满洲国中央银行对于纸币发行额,应保有合于三成以上之银块、金块、确实之外国通用货币或存储于外国银行之金银款项"⑥。为保证"满洲中央银行"手中掌握足够的黄金,1933 年 6 月,伪满公布《产金收买法》,命令产金业者将产金

---

① 《政府公报》第 68 号。
② 〔日〕枥仓正一:《满洲中央银行十年史》,第 95—96 页。
③ 〔日〕枥仓正一:《满洲中央银行十年史》,第 101 页。
④ 兴安总署训令第四七〇号,《满洲国政府公报》第 180 号;兴安总署咨第一三八号,《满洲国政府公报》第 222 号。
⑤ 东北物资调节委员会研究组:《东北经济小丛书·金融篇》,中国文化服务社,民国三十七年,第 137 页。
⑥ 《满洲国政府公报》第 13 号。

依财政部总长所定之收买价格卖与"满洲中央银行",违者处其所违反之产金价格二倍以下之罚金,实业部总长得命其产金事业停止或废止或撤销矿业权。同时,法令还要求"产金业者截至每月十五日为止,应将前月之产金额数呈报财政部总长",无正当理由不为呈报或为虚伪之呈报者,处1000元以下之罚金①。

　　1937年5月,伪满颁布新《产金收买法》,要求"采取砂金者及由金矿或其他之含金矿石精炼金者,应将其金于三月以内卖与满洲中央银行或财政部大臣指定之产金买入人",违者处1000元以下之罚金。对于产金买入人,法令则要求"将其买入砂金或生金于一月以内卖与满洲中央银行"。除"满洲中央银行"及产金买入人外,任何组织或个人均不得买入砂金或生金,违者"处相当于该行为之标的物之砂金或生金之价额三倍以下之罚金"。新《产金收买法》授权"财政部大臣认为有必要时,无论对于何人就本法施行上必要之事项得征取报告或令该管官吏寻问并检查帐簿及其他"。凡不为报告或为虚伪之报告,对于该管官吏之寻问不为答辩或为虚伪之答辩,或阻障其执行职务者,处500元以下之罚金②。为保证新《产金收买法》在蒙旗的实施,蒙政部会同财政部、实业部共同制订了《产金收买法施行规则》,就《产金收买法》实施中的相关问题予以补充③。同时,财政部指定兴安北省奇乾地方之产金收买人所在地为:奇乾、漠河、西口子、吉拉林、海拉尔④。

---

① 《满洲国政府公报》第145号。
② 《政府公报》第934号。
③ 《政府公报》第934号。
④ 《政府公报》第949号。

1939 年 12 月,伪满公布《产金收买法中修正之件》,扩大了主管部大臣的监管权力:"拟以买卖生金、金之合金或以金为主要材料之物为营业者,应依经济部大臣之所定受其许可";"经济部大臣认为有必要时,得发关于金之价格或金之使用限制或其他金之使用必要之命令。"同时,该法大幅提高对违法者的惩处力度:未将产金于三月内卖与"满洲中央银行"或产金买入人,非金买入人未经许可买入砂金或生金,产金买入人未将买入砂金或生金于一月以内卖与"满洲中央银行","处三年以下之徒刑或一万圆以下之罚金,但各该行为之标的物价格之三倍超过一万圆时,罚金为各该价格之三倍以下";违背经济部大臣所发关于金之价格或金之使用限制或其他金之使用必要之命令者,处 5000 元以下之罚金①。

通过《产金收买法》的实施,伪满从内蒙古东部攫取大量黄金。据《呼伦贝尔市抗日战争时期人口伤亡和财产损失课题调研报告》推算,伪满时期殖民统治者仅从该地区就掠走黄金 25 万两②。大量黄金流入"满洲中央银行",对于伪满前期稳定币值发挥了重大作用。以满洲里为例,1934—1936 年,1 斤面粉的价格分别为0.083 元、0.091 元、0.093 元③。

四　质业管制制度

1933 年 3 月,伪满政府公布《满洲国经济建设纲要》,就日本

①《政府公报》第 1701 号。
②呼伦贝尔市课题组编:《内蒙古抗战时期抗战时期人口伤亡和财产损失》(呼伦贝尔市卷),中共党史出版社,2010 年,第 61 页。
③田垠:《日本帝国主义侵略满洲里概况》,《满洲里文史资料选辑》第二辑,1986 年,第 59 页。

对满洲实施全面经济侵略画出路线图。针对金融领域,《纲要》提出"力图产业组合、金融组合等各种民众金融机关及一般金融机关之完备,以适当之扶助加以取缔之方法"①。循此思路,1936 年 11 月,伪满公布《质业取缔法》,以实现对典当行业的监管。根据该法,质业经营实行许可制,凡"欲经营质业者应拟定营业所及营业方法受警察官署长之许可,欲增设或移转营业所时亦同"。为防止当息过高从而带动产业开发融资成本上升,该法明确规定"质业人之贷与利率每月不得超过百分之四。省长认为有必要时,于前项之范围内得定贷与利率"。法令授权"警察官署长认为有必要时,得限于十日以内假领置质物,限于五日以内假领置帐簿";于"质业人有违反本法或根据本法所发命令或有害公益行为时,得命停止营业或撤销营业许可";"对于其管内之全部或一部地域内之质业人得命设立质业合伙"。此外,法令还赋予"警察官吏关于质物、帐簿及其他物件得为必要之检查或寻问"之权力。《质业取缔法》规定了严厉的罚则,"不受许可而经营质业者,处五百圆以下之罚金";不受许可而增设或移转营业所者,阻障警察官吏之职务执行或对其寻问不为答辩或为虚伪之陈述者,受营业停止处分于其停止中为营业者,处 300 元以下之罚金②。《质业取缔法》颁布后,民政部会同蒙政部制订了《质业取缔法施行规则》,就《质业取缔法》实施中的相关问题予以详尽规定,从而保证了该法的贯彻。

　　1937 年 11 月,日满签署《关于在满洲国治外法权之撤废及南满洲铁道附属地行政权之移让之满洲国与日本国间条约》。条约

①《满洲国政府公报》1933 年 3 月 1 日号外。
②《政府公报》第 799 号。

规定:"满洲国政府应对于条约未实施以前,日本国该管官宪依照日本国法令所为认可、许可、免许等之行政处分,认与满洲国该管官宪依照满洲国法令所为者同一效力。满洲国政府应对关于前项行政处分,满洲国法令与日本国法令间遇有其条件不同之处,设一定犹豫期间,令受该项行政处分者依照满洲国法令所定之条件。"①据此,同年 12 月,伪满颁布《质业取缔法中修正之件》,就《质业取缔法》第十条第一项"质业人之贷与利率每月不得超过百分之四"做出调整:"已受日本官宪之许可于康德四年十二月一日现营质业者,得于现在营业所之位置为营业时为限,不拘第十条第一项之限制,依左列区分定贷与利率:一、自康德四年十二月一日至康德五年十二月三十一日,每月百分之六;二、自康德六年一月一日至康德六年十二月三十一日,每月百分之五。"②此后,兴安东、西二省制订了《对于日本侧质业者质业取缔法中关于绝赎期限之件》,兴安南、北二省公布了《关于对日本侧质业者质业取缔法中绝赎期限之件》,就日本质业者的绝赎期限问题做出特殊规定。

五　民间融资管制制度

东北民间广泛存在各种类型的金融互助组织"合会"。所谓合会,"是由一群人组成的团体,该团体的成员每隔一定时间需要支付一定数额的资金以形成一笔基金,然后轮流将汇集起来的基金(全部或部分)交给团体中的某个成员使用,这一过程不断重

---

① 《政府公报》第 1080 号。
② 《政府公报》第 1102 号(别册)。

复,直到每个成员都得到这笔基金后,该团体宣告解散。"①在日本,合会被称为"无尽""无尽讲"或"讲",有营业性、非营利性两类,并采用不同法律制度予以规制,非营业性"无尽"适用《讲会取缔规则》,营利性"无尽"适用《无尽业法》。

合会这种民间金融为低收入的农民和小业主提供了更多的信贷机会,减轻了他们在无法获得正式金融机构融资的情况下对高利贷的倚赖程度。但与此同时,它也游离于正规金融之外,缺乏规范的组织形式,导致资金大量在体制外循环,无法有效监管。为规范民间融资活动,殖民统治者模仿日本国内立法,相继制订了《无尽业法》和《讲会取缔规则》。

1936年9月,伪满颁布规范营业性合会的《无尽业法》。该法首先对无尽业从立法上做了界定:"本法所称无尽业者,系指订定一定之股数及给付金额,使其于定期缴纳应缴款,每一股依抽签、投标或其他类似方法对于缴款人给付金钱而言,依类似无尽之方法给付金钱、有价证券或其他之财产者亦同。"根据该法,"无尽业非受财政部大臣之许可不得经营之",确立营业行政许可制。法令规定了无尽业的组织形式及资本金要求,"无尽业非资本金五万圆以上之股份有限公司不得经营之"。法令对无尽业营业范围及区域作了严格限制,"无尽公司不得经营他项业务","营业区域应于章程中记载之"。为保障无尽业资金用于产业开发,伪满政府对无尽业资金用途实行管制,要求"无尽公司除依左列方法外不得运用其营业上之资金:一、国债、地方债、依特别法令设立之法人之债券或股票及其他财政部大臣指定之有价证券;二、以前

①Shirley Ardener,*The Comparatives Study of Credit Associations*,Journal of the Royal Anthropological of Great Britain and Ireland,1964(94).

款之有价证券或不动产为担保之放款；三、对于缴款人以已缴金额为限度之放款；四、对于缴款人超过已缴金额以契约给付金额为限度之放款；五、向银行及金融合作社之存款或邮政储金。依前项第四款规定之放款总额不得超过缴纳资本金及诸准备金之总额"。此外，《无尽业法》还赋予主管机关广泛的监管权力，并对无尽业营业者的违法行为规定了罚则①。

由于非经营性合会具有显著地方特点，伪满政府并未出台统一监管法令，而是交由地方立法加以解决。1938 年 1 月，兴安南省颁布《讲会取缔规则》，就省内非经营性合会的运作予以规范。《规则》首先明确了适用对象，即"于本令所谓讲会系指，赖母子讲、无尽讲、购买会、讲等，不问其名称上如何，规定一定之份数及应给付之金额或有价物，使其定期酿出金品，而每一份依抽签、投票及其他类似之方法对于讲员为金钱或有价物之给付者，但不受《无尽业法》之适用者而言"。对于规模较小的讲会，由于其对整个金融秩序的影响微乎其微，同时也是出于减轻监管压力的考量，《规则》做出适用除外的规定，即"对于一公务所之公务员间、一会社之社员或事务员间、一商店之店员间或亲族间组织之讲会及份数二十份以内、一次酿出金品额五圆未满之讲会不适用本令"。为防止讲会规模过大，与产业开发争夺资金，《规则》规定："超过总金额二千圆或总金品时价二千圆、总份数一百、存续期间五年之讲会不得组织之。讲会之基础确实且公益上认为有必要时，不拘前项之限制得许可之。"根据《规则》，组织讲会亦实行行政许可制，凡欲组织讲会时，须以周旋人连署具左列各款之事项呈准事务所所在地之该管警察署长（在警察署未设置之旗管内时

---

① 《政府公报》第 741 号。

为旗长)之许可:"一、代表者及周旋人之本籍、住所、职业、姓名及生年月日;二、事务所所在地;三、讲员招募区域;四、讲会规约。"对于讲会运行所依据的规约,《规则》要求"讲会规约须规定左列各款之事项:一、讲会之名称及目的;二、讲会事务所所在地及开讲之场所;三、讲会之存续期间及开讲之期日;四、总份数、一回之给付金品额及一次之酿出金品额;五、酬出金品之缴入方法;六、抽签、投标及其他定给付顺位之方法;七、投标时之最低领取金品额;八、投标差额之处分方法;九、关于对周旋人对于讲员之责任事项;十、关于中签者对于其债务之保证或担保事项;十一、缺份或有不酬出金品者时之处理方法;十二、关于讲员之权利移转事项;十三、担保物件及讲金品之保管方法;十四、关于中签事项;十五、关于定额费用(周旋人之报酬或手数料、招募费、收金费、席资、消耗品及其他每回开讲所需之费用包含在内)事项;十六、如系以金钱以外之物为讲会时其计算方法;十七、关于会计报告事项;十八、关于解散及清算事项;十九、其他必要之事项"。为实现对讲会的有效监管,《规则》赋予监管机关较大权力:周旋人、讲会规约之变更,周旋人欲为其他讲会之周旋人,讲会之解散,皆须呈请警察署长之许可;警察署长得命周旋人之变更或追加,提出台账簿及其他书类或为临检,取消其许可或停止讲会及命其他必要之事项。此外,《规则》还要求讲会之周旋人:请准许可成立讲会时,"须具讲员之住所、职业、姓名及加入份数并初次开讲之日时及场所至开讲五日前呈报警察署长";合于左列各款之一时,"须于十日以内呈报警察署长:一、讲员发生异动时;二、休止开讲时;三、讲会满了时";须于开讲随时作制收支计算报告书,自开讲日起十五日以内呈报警察署长。对于"违反本令或基于本令之命令或处分者,处以拘留或科料"①,以保障《规则》的实施。

　　兴安总省成立后,于 1944 年 9 月颁布《讲会取缔规则》,在更大地域内对非经营合会进行监管。与兴安南省《讲会取缔规则》相较,兴安总省《讲会取缔规则》对讲会的监管更加细密。总省《规则》除规定讲会实行行政许可外,特别强调讲会的目的必须合法,即"讲会非以祭祀、慈善、救济等为目的不得组织之"。鉴于当时伪满大兴"国民"储蓄运动,为预防讲会对其可能产生的冲击,总省《规则》从诸多方面对讲会规模予以限制。"讲会不得超过左列之限制:一、一股给付金额或给付物之时价为二千圆;二、总股数为一百股;三、存续期间,关于商事者为五年,关于农事及其他者为十年。""讲会之区域除有特别事由之场合外,应于市、街、村之区域内定之。""投标时之最低落手金品额不得少于所定给付金品额之百分之九十。"总省《规则》就讲会干事的资格做了严格限制:"合于左列各款情形之一者不得为干事:一、法人及非讲员者;二、未成年者、禁治产者、准禁治产者或受破产之宣告而未复权者;三、犯赌博或财产权之罪处罚金以上之刑罚之终了后未经过五年者;四、依经济事犯受处罚者;五、无一定之职业者。"同时,总省《规则》也大大加重了干事的法律责任,"干事不问以何种名义,不得兼任其他讲会之干事";"干事违反本令或规约或依故意、过失对讲员所加之损害应各自连带负其责。前项之责任虽系已退任之干事,退任后二年间仍存续之",而且"干事对从事讲会事务者违反本令时,不得以非出于自己之指挥而免其责"②。

---

① 《政府公报》第 1139 号。
② 《政府公报》第 3109 号。

六　农村金融管制制度

由金融合作社、农事合作社到兴农合作社再到兴农金库,伪满对农村金融的控制不断强化。

"满洲国人口的 80% 为农民。在这以农业为基本产业的国家里,可以说农业的健全、发达构成满洲国的经济基础。"①为了从金融方面控制农业,1934 年 9 月,伪满颁布《金融合作社法》。根据该法,"金融合作社为社团法人,对于社员放款以供社员经济之发达为目的"。"金融合作社办理左开业务:一、对于社员贷放其经济发达上必要之资金;二、收受社员之存款;三、约定于一定之日期支给社员一定之金额而迄至该日期以定期或分数次收存款项。金融合作社得经财政部大臣之认可收受社员以外者之存款或为社员以外者办理前项第三款之业务。金融合作社其区域包含财政部大臣所指定之市街地者,得经财政部大臣之认可为第一项第一款所载之资金办理票据贴现。"为协调各地金融合作社间的关系,法令规定设立"以金融合作社为会员专谋增进会员业务上之利益为目的之社团法人"——金融合作社联合会,其功能在于:"一、对于会员放款;二、对于会员办理票据贴现;三、收受会员存款;四、对于会员予以业务上之指导及便利;五、谋会员之互相联络、养成会员之职员及其他增进会员共同之利益。""联合会经财政部大臣之认可得设置支部",作为联合会派出机构就近指导各省金融合作社的业务②。《金融合作社法》颁布后,内蒙古东部各省陆续设立了一批金融合作社。据《满洲国现势》(1940 年版)

---

① 〔日〕"满洲国"史编纂刊行会编:《满洲国史(分论)》(下),第 223 页。
②《政府公报》第 164 号。

记载,截止到 1939 年 12 月末,兴安东省建立金融合作社 1 个,社员 322 人;兴安南省为 5 个金融合作社,社员 12638 人;兴安西省设金融合作社 2 个,社员 1913 人①。《金融合作社法》实施过程中暴露出诸多问题,突出表现为广大劳动农民得不到实惠。一方面,《金融合作社法》要求"社员须出资一股以上",数量庞大的贫农因而被拒之门外;另一方面,由于金融合作社的贷款业务奉行收回第一主义,放款几乎全是担保贷款,没有抵押能力的贫苦农民无法获得贷款支持,而地主富农则将低息贷到的借款高利转贷给贫农而从中渔利。由于存在上述弊端,加之第一个产业开发五年计划大纲要求对"与军需有关的农业资源,采取一切办法,竭力谋求增产"②,仅仅停留在单纯金融控制上的金融合作社无力担此重任,需要有一个综合统制农村各项事业的组织。

　　1937 年 6 月,伪满公布《农事合作社设立要纲》,确定"农事合作社的事业内容是:(1)农产品的检查、贮藏、搬运、调整、加工及销售;(2)经营农业仓库;(3)经营农产品交易市场;(4)设置各种公用设备;(5)必要物品的收购、加工、生产及分配;(6)接受储蓄,流通资金;(7)筹划其他为达成合作社目的而必须的设施"③。随后,兴安各省相继设立农事合作社。

①《满洲农村的相互合作运动》,王贵勤译,《伪皇宫陈列馆年鉴》(1989 年),第 222 页。

②中央档案馆等编:《东北经济掠夺》,第 227 页。

③〔日〕片桐裕子:《满洲国的合作社改革》,刘玉洪、谢霆福、王治祥主编:《农村金融史料(资料翻译)》第二辑,长春地方志编纂委员会,1990 年,第 144 页。

表 4.6　兴安四省农事合作社一览表

省别	1938 年	1939 年	未受"国库"补助之合作社	总计
兴安西省	2		2	4
兴安南省	2			2
兴安东省	1		3	4
兴安北省	1	1		2
合计	6	1	5	12

　　资料来源:《奉天省农事合作社志》(1942 年版),转引自李澍田:《中国东北农业史》,吉林文史出版社,1993 年,第 557 页。

　　农事合作社实行综合性经营,不仅从事农业资金融通,而且涉足农产品的收购、贮运、加工、销售及农民生产、生活资料的采购供应,在金融业务方面与金融合作社存在诸多不同。放款对象方面,"农事合作社的贷款对象为小农、贫农、佃农"[1],而非地主、富农。贷款担保方面,农事合作社通过对农户信用的考查,简便资金贷放途径[2],不刻意要求抵押物件。资金使用方面,金融合作社多用于春耕贷款,而农事合作社则宽泛得多。"金融合作社的产业团体贷款,大部分是供给农事合作社主要农产物上市调节、特用作物的耕作及肥料、药剂、食品及其他生活必需品的购入所需资金……同时观察满洲中央银行贷给农事合作社的长期资金(仓库、检查、交易场、公用设施资金及农具、役畜、种苗购买资金)及短期资金(大豆、小麦上市资金及肥料购买资金等)的情况,

　　———————————

①满洲调查机关联合会:《农业金融调查报告》,刘玉洪、谢霆福、王治祥主编:《农村金融史料(资料翻译)》第二辑,第 42 页。
②〔日〕"满洲国"史编纂刊行会编:《满洲国史(分论)》(下),第 236—237 页。

也大概可以看出农事合作社的金融活动情况"①。

　　金融合作社、农事合作社"都自成一体地与农民接触,造成许多麻烦,而且两种势力的对立在许多方面都明显地暴露出来。因此,从有利于农村指导的角度考虑,把两个合作社有机地联系起来是十分必要的"②。1939年9月,伪满公布《金融、农事两合作社统合要纲》,次年3月颁布《兴农合作社法》。兴农合作社之区域原则上依市、县或旗之区域,社员大体上以在其区域内营独立生计之农民为限。在社员资格问题上,《兴农合作社法》遵循农事合作社的做法,规定"合作社之社员不出资",纠正了金融合作社之弊端。该法确认"合作社于其目的达成上为社员执行左列业务:一、关于农事之共励业务;二、关于农事及生活上所需资金之贷放及贮金之收受业务;三、关于生产物之共同贩卖业务;四、关于农事及生活上所需物之共同购买业务;五、关于农事及生活上所需施设之共同利用业务;六、除前列各款外经主管部大臣认可之业务"。"合作社得经主管部大臣之认可,对非社员者贷放资金并收受贮金",并"代理他法人业务或为其媒介"。《兴农合作社法》规定,"依本法所设立之社团为兴农合作社(以下简称合作社)、兴农合作社联合会(以下简称联合会)及兴农合作社中央会(以下简称"中央"会)","合作社、联合会及中央会为法人"。由此,兴农合作社系统形成三级法人结构,即兴农合作社之上设有联合会及"中央"会两级监督指导机构。"联合会之区域依省之区域","区域内之合作社为联合会之会员"。联合会"执行左列业

---

①满洲调查机关联合会:《农业金融调查报告》,刘玉洪、谢霆福、王治祥主编《农村金融史料(资料翻译)》第二辑,第42页。

②《满洲农村的相互合作运动》,《伪皇宫陈列馆年鉴》(1989年),第222页。

务：一、关于会员之指导及便宜之供与业务；二、关于会员所执行业务之居间或经办业务；三、关于中央会所执行金融业务之代理业务；四、关于会员职员之训练业务；五、受中央会委托之业务；六、除前列各款外经主管部大臣认可之业务"。"中央"会则以合作社及联合会为会员，除"经主管部大臣之认可由非会员者收受存款"外，"执行左列业务：一、关于会员之指导及便宜之供与业务；二、关于对会员之资金贷放及其存款之收受业务；三、关于会员职员之养成及训练业务；四、关于合作社及联合会之发达上必要之研究及调查业务；五、特由主管部大臣所命之业务；六、除前列各款外经主管部大臣认可之业务"①。《兴农合作社法》实施后，在日伪强力推动下，东蒙古东部旗县纷纷成立兴农合作社，据《内蒙古金融志（上）》记载，仅兴安4省即成立兴农合作社25个②。由于兴农合作社的迅猛扩张，伪满对农村金融的控制能力显著提高。1939年末，伪满在今通辽地区设立的5个金融合作社贷款及贴现合计为252406.25元；而至1941年底，兴农合作社增至8个，发放贷款3981371.60元③。

　　兴农合作社的"主要业务限于农耕运转资金等短期小额金融，顾及不到对改土造田、兴修水利或农业经营役畜化、机械化等的提供长期资金"④。然而，太平洋战争爆发后日本对农产的需求激增，农业开发增产成为伪满的最高目标，兴农合作社显然难

①《政府公报》第1774号。
②内蒙古金融志编纂委员会编：《内蒙古金融志（上）》，内蒙古人民出版社，2007年，第391、415、435—436、439页。
③内蒙古金融志编纂委员会编：《内蒙古金融志（上）》，第410—412、416页。
④〔日〕"满洲国"史编纂刊行会编：《满洲国史（分论）》（上），第777页。

以完成这一艰巨任务。于是,殖民统治者提出"为开发农业及使农业金融圆滑起见,要考虑设立农业特殊金融机关"①。根据这一设想,1943 年 8 月,伪满颁布了《兴农金库法》。依据《兴农金库法》,"兴农金库执行左列业务:一、关于农业之生产及施设上必要资金之贷放;二、对于兴农合作社之贷放;三、农业生产物之交易上必要资金之贷放或票据之贴现;四、与前列各款有关系之押汇及票据之收取;五、存款或定期积金之收受;六、汇兑;七、前列各款业务附随之业务。兴农金库得经经济部大臣之认可,为与兴农业务有关系之会社之株式或社债之应募或承受"②。通过这一规定,兴农金库主要从事农业"开发"长期大额资金的融通,兴农合作社则继续对农民进行短期小额贷款,二者之间在业务上形成互补。《兴农金库法》实施后,伪满在各地设立兴农金库支店或营业所,其中在内蒙古东部设立了赤峰、林西、通辽、海拉尔、满洲里、扎兰屯、兴安、开鲁八个支店③。由于《兴农金库法》规定,"兴农金库之资本金为五千万圆","得以已缴出资金额之十倍为限发行债券",从而使兴农金库融资能力剧增。

七　强制储蓄制度

早在 1935 年 10 月,伪满国务院即发布《官吏义务储金规程》,要求"凡国家职员领月俸五十圆以上者,应照本规程之所定

---

①《满洲国基本国策大纲》,中央档案馆等编:《东北经济掠夺》,第 69 页。

②《政府公报》第 2744 号。

③内蒙古金融志编纂委员会编:《内蒙古金融志(上)》,第 407、408、434、439 页;《开鲁新报》1943 年 9 月 10 日(三)。

行义务储金"①。1937年，随着产业开发五年计划的实施，庞大的
资金需求远远超出伪满财力。为筹措巨额资金，殖民统治者提出
"必须督励各种金融机关使其吸收民间资金"②，"国民"储蓄运动
由此普遍展开。

　　在"国民"储蓄运动中，领导机构不断强化。1938年9月，协
和会于"中央"本部设立"国民"储蓄联络委员会。随后，地方各级
协和会纷纷于本部成立"国民"储蓄联络委员会。太平洋战争爆
发后，伪满增加战时紧急物资生产并扩大对日支援，所需资金一
增再增。为刷新"国民"储蓄运动领导机构，以筹集更多资金，伪
经济部下发《国民储蓄实践委员会组织纲要》，在各级"国民"储蓄
联络委员会中设立"国民"储蓄实践委员会作为执行机构，并于
"国民"储蓄实践委员会下设事务局处理日常事务③。关于各级
"国民"储蓄实践委员会间的工作关系，当时的《开鲁新报》有详细
记载：为完成8万元公债发行任务，"开催国民储蓄兴安西省实践
委员会议，而行检讨对各旗县之分配额，当实施本消化运动时，各
行政官署为主体，直接担当公债之分配，俟本省实践委员会事务
局与省公署连络决定后，将各旗县所分配之公债额数向旗县实践
委员会事务局通知，并向中央实践委员会行以报告。我省之办理
店则为开鲁中银支店及林西兴农金库支店而行办理省下各旗县
之公债购买事项。各旗县实践委员会事务局于消化运动实施期
间终了后，须在十日以内将十月末日当时之消化实绩，向中央实

---

①《政府公报》第480号。

②《伪满洲中央银行总裁田中铁三郎在经理会议上的演说要旨》，吉林省金
　融研究所：《伪满洲中央银行史料》，第213页。

③吉林省金融研究所：《伪满洲中央银行史料》，第348—352页。

践委员会事务局及省实践委员会事务局报告之"①。1943年以后,随着日本在太平洋战场上接连失利,对"满洲国"物资要求日益加大,伪满为生产紧急物资所需资金成倍增长,殖民统治者对"国民"储蓄运动的操控也更加严厉。1944年,伪满在行政中枢"国务院"总务厅内设"储蓄奖励本部",作为"国民"储蓄运动最高领导机构,同时在伪经济部金融司内设储蓄事务局,直接听命于储蓄奖励本部。随之,省、市、县、旗也做了相应调整。

　　"国民"储蓄运动具有极大广泛性,从城市殃及农村,由官吏波及全民。强制储蓄的对象最初仅限于官吏,但随着储蓄目标年年提高,为保证完成储蓄任务,伪满不断扩大强制储蓄的适用对象。1940年,根据"中央""国民"储蓄实践委员会指示,"满洲中央银行"发布《职员义务储金规程》,要求本行职员参加义务储金,应储之金额于发薪时扣除后存入该行②。随后,强制储蓄的适用范围又扩展至企业、团体。1940年11月,伪满"对各官公署、公司、并各团体期待于本年度末发给奖金时购买奖金用公债"③。1941年11月,伪满"在发放本年度下半期奖金时,决定对政府、公司、各种团体仍对奖金之一部分以公债发给"④。1942年6月,伪满颁布《国民储蓄会法》,其适用对象包括:"一、于官公署、学校、事务所、营业所、工场、事业场或准此者之勤务者;二、于新京特别市、市、街或村之一部而系经济部大臣所定之区域内居住者;三、

---

①《开鲁新报》1943年九9月17日(三),《通辽地区伪满档案汇集》65-1-30。

②吉林省金融研究所:《伪满洲中央银行史料》,第289。

③《为办理出售各官公署、公司、团体之康德七年下半期奖金用公债由》,吉林省金融研究所:《伪满洲中央银行史料》,第281页。

④《为函知出售康德八年下半期奖金用公债办法由》,吉林省金融研究所:《伪满洲中央银行史料》,第283页。

同业者组织之团体之构成员；四、除前列各款所载者外由经济部大臣所定者。"①于是，储蓄成为全民法定义务。为便于对各类储蓄会进行有效监管，兴安省及其周边各省相继颁布省令，将省长依《国民储蓄会法》行使的权力委任于市县旗长，如兴安东省《依据国民储蓄会法第六条第二项之规定将属于省长之权限令旗长行使之件》、兴安西省《基于国民储蓄会法第六条第二项之规定省长权限委任之件》、兴安北省《依国民储蓄会法第六条第二项之规定将属于省长之权限之事项使市长或旗长行使之件》等。

　　在强制储蓄的手段方面，殖民统治者也是无所不用其极。1941 年 4 月，伪满公布《关于株式会社大兴公司经营之有奖储蓄业之件》，授权"大兴公司得依本法经营有奖储蓄业"②，利用人们投机心理大肆揽储。但随着储蓄目标的不断增大，有奖储蓄难以奏效。于是，在 1943 年完成 16 亿元储蓄任务过程中，"预定收买农村之农产物约百分之十五即壹亿元之价款，透过兴农合作社之组织，而努力吸收之。复使登记之鸦片及吗啡鬼，组织国民储蓄会，以管烟所及配给所为单位，各所长为会长，瘾者为会员，储蓄目标额定为每人每月拾元"③。为完成 1944 年 30 亿元储蓄目标，"满洲中央银行"资金部于 1943 年 12 月致函各分支行：凡价格超过 3000 元之土地建筑物转让，卖出人须将五成价金购买国债或储蓄，并"于储蓄后三年内，不得转让该国债或存款，不得支取存款或将国债及存款提供担保。又于本期间内，如国债被偿还时，必须立即购买相当于该价款之国债"。"土地建筑物卖出人，不取

---

①《政府公报》第 2417 号。
②《政府公报》第 2079 号。
③吉林省金融研究所：《伪满洲中央银行史料》，第 358 页。

得法定额之国债或不参加存储时,将处以一万元以上之罚款。"①
1944 年 4 月,经济部、交通部公布《必胜储蓄票规则》。为保证完
成必胜储蓄票发售任务,伪满政府发布《必胜储蓄票发行纲要》,
对娱乐、餐饮、洗浴、购物等项目的消费者搭售储蓄票②。

　　由于内蒙古东部经济落后,以农牧业为主,故广大农牧民在
"国民"储蓄运动中受害尤深。一方面,殖民统治者以远远低于生
产成本的所谓"公定价"强购农畜产品;另一方面,又在廉价收购
"出荷"粮畜的同时,对农牧民施行强制储蓄存款,使其承受了双
重剥削。在奈曼旗,兴农合作社收购"出荷粮"时,径直将粮款的
20％—30％作为储蓄强制扣留,其余的才是农民真正拿到手的
钱。仅 1941 年,兴农合作社通过各种方法强制农民存款金额即
达 33653.19 元③。

八　伪满时期东部内蒙古金融统制法律制度的后果

（一）便于日本掠取物资

　　在伪满洲国统治下的内蒙古东部,日本殖民统治者为了获取
各类农畜产品,不断强化对农村金融的统制。特别是太平洋战争
爆发后,日本对粮食的需要日益增加。为此,殖民统治者除大力
培植兴农合作社外,又设立八个兴农金库支店,从而以金融的手
段控制了粮谷的生产和流通,也实现了扩大对日支援的目的。伪
满洲国政府对兴安省的农产物"出荷"分派量,在 1942 年为

---

①吉林省金融研究所:《伪满洲中央银行史料》,第 352—353 页。
②吉林省金融研究所:《伪满洲中央银行史料》,第 355—356 页。
③梁凤云:《奈曼兴农合作社》,《奈曼旗文史资料》第三辑,1989 年,第 49 页。

378080 吨,至 1944 年则增加到 455000 吨①。

　　(二)保障资源"开发"所需资金

　　伪满实施的产业开发计划所需资金甚巨,为防止资金流入不急需事业,殖民统治者极力推行低利息政策。在内蒙古东部地区,伪满洲国政府通过扶持官办当铺的办法实现其政策目标。据大兴公司计划科调查,1935 年 3 月末,兴安省大兴当铺仅 2 家,典当余额也只有 126510.40 元;而私人当铺为 15 家,典当余额 178692.60 元②,大兴当的典当额占典当额总数的 41.45%。而到 1943 年 4 月末,兴安省大兴当发展为 6 家,贷出余额高达 1413150.30 元,而私当减为 12 家,贷出余额为 1171798.30 元③,大兴当贷出余额占贷出余额总数的 54.7%,增长了 13.25 个百分点。随着实力的不断扩充,大兴当依托其官办、资金实力雄厚的优势,在利率上尽量地降低。1934 年的当铺利率是月息 3 分,1937 年降到 2 分 5 厘,1939 年又降到 2 分④。除金融政策的间接手段外,伪满洲国政府还使用强制储蓄的直接办法为产业开发筹措资金。在日本殖民统治者的逼迫下,内蒙古东部历年的储蓄额不断攀升。1939 年兴安四省的储蓄分配额为 50 万元⑤,而至

---

①中央档案馆等编:《东北经济掠夺》,第 590、592 页。

②刘玉洪、谢霆福、王治祥主编:《农村金融史料(资料翻译)》第二辑,第 81 页。

③刘玉洪、谢霆福、王治祥主编:《农村金融史料(资料翻译)》第二辑,第 102 页。

④苏利德:《内蒙古金融机构沿革　公元 1012 年—1949 年》,远方出版社,2003 年,第 341 页。

⑤内蒙古金融志编纂委员会编:《内蒙古金融志(上)》,第 382 页。

1944 年,仅开鲁一县担当之储蓄目标额即高达 347.4 万元①。

（三）导致恶性通货膨胀

日本殖民统治者在制订《满洲中央银行法》时,就将伪满央行定位为"政府的银行",这种畸形的制度设计使"满洲中央银行"沦为政府的附庸,成为日本侵略者推进经济统制政策的工具。伪满《货币法》要求"满洲国中央银行对于纸币发行额,应保有合于三成以上之银块、金块、确实之外国通用货币或存储于外国银行之金银款项";对于扣除前述"准备额所余之发行额,应保有公债证书、政府所发行或保证之票据及其他确实之证券或商业票据"②。但这一发行准备的限制实际上形同虚设。1937 年后产业开发五年计划、五年开拓计划及北边振兴计划的实施,对资金的需求不断扩大,"满洲中央银行"在殖民统治者的授意下大幅度增加货币发行量。1942 年后,随着侵略战争的扩大,为筹措巨额战争经费,殖民统治者更是指使"满洲中央银行"无限发行纸币。内蒙古东部设立的"满洲中央银行"支行,透过办理贷款业务,发行出海量纸币,推动当地物价一路飙升。在林西县,一尺白布 1935 年仅需0.05 元,1942 年已经涨到 4 元,1943 年又涨到 20 元,至 1945 年 2月竟高达 90 元③。

---

①《开鲁新报》1944 年 6 月 2 日（一）,《通辽地区伪满档案汇集》65-1-31。
②《满洲国政府公报》第 13 号。
③王玉成整理:《解放前的林西商业》,《林西文史选》第一辑,第 73 页。

第五章　伪满时期东部内蒙古的刑事法律制度

第一节　伪满时期东部内蒙古刑事法制概况

一　伪满时期东部内蒙古的刑事立法

伪满时期,日本殖民统治者操纵傀儡政权制订了一大批刑事法令并在内蒙古东部实施。通过对这些刑事法令的梳理不难看出,伪满时期东蒙古刑事法律制度的形成和发展基本上是围绕着殖民统治者在不同时期的需要而展开的。

(一)创建时期(伪满成立—改行"帝制")

伪满成立之初无力制订系统的刑法典。鉴于国民政府刑法典"原来就是以日本学者为顾问,以日本法为母法制订的……不会对日本人的权益有多大的影响"①,伪满洲国政府决定继续援用 1928 年《中华民国刑法》;同时,针对兴安省内的蒙古人则继续

①〔日〕"满洲国"史编纂刊行会编:《满洲国史(分论)》(上),东北沦陷十四年史吉林编写组译,1990 年,第 594 页。

沿用前清《理藩院则例》。于是,在内蒙古东部形成二元刑事法律制度,即在刑事司法中奉行属人主义原则,兴安省诸蒙旗依据《理藩院则例》处理蒙民间的刑事案件,县治则根据 1928 年《中华民国刑法》办理汉民间及蒙汉交涉的刑事案件。

在援用以往法律的同时,伪满洲国政府还制订了一系列刑事特别法令。治安方面,伪满洲国政府制订《暂行惩治叛徒法》《暂行惩治盗匪法》《治安警察法》,打击锋芒直指反满抗日的政治团体和武装力量;财政方面,为聚敛钱财以构建伪政权的物质基础,伪满洲国政府颁布《暂行鸦片收买法》《鸦片法》,实行鸦片专卖制度;金融方面,伪满洲国政府实施《货币法》《产金收买法》《禁止金出口法》等法令,以实现币制统一和币值稳定。

(二)整顿时期(改行"帝制"—"七七"事变)

如上所述,伪满成立后一度援用 1928 年《中华民国刑法》。然而,"为使满洲国成为完全的独立国,所有的法规都要在其主权下制订出来,不能容许长期援用旧政权时期的法规"①。于是,伪满司法部招聘东京地方裁判所判事城富次任参事官,聘请日本刑法学博士泉二新熊任顾问,专门负责刑法的制订工作。1937 年 1 月,伪满洲国政府公布《刑法》。此后,兴安省诸蒙旗也统一适用伪满《刑法》,《理藩院则例》在内蒙古东部退出历史舞台。

鉴于"满洲国建立前关于产业制度多模仿外国,不仅不适于新国家的国情,且带有排他的色彩。日本人在满洲的产业活动全然得不到保护"②,为适应日人在满产业活动的需要,伪满洲国政府制订《意匠法》,保护日企的工业所有权;制订《矿业法》,为日本

---

① 〔日〕"满洲国"史编纂刊行会编:《满洲国史(分论)》(上),第 599 页。
② 〔日〕"满洲国"史编纂刊行会编:《满洲国史(总论)》,第 497—498 页。

掠夺资源张目；制订《商租权整理法》，确认日本臣民在满之土地权利；制订《贸易紧急统制法》《保税法》，使日货畅通无阻；制订《煤油类专卖法》《火柴专卖法》《酒精专卖法》，进一步扩大专卖范围，使日企凭借专卖许可大发横财；制订《中央批发市场法》《家畜交易市场法》，使日企根据政府指定排他性垄断市场。

（三）繁荣时期（"七七"事变—太平洋战争爆发）

随着殖民统治秩序的稳固，"满洲国"从 1937 年开始实施产业开发五年计划。为推进该计划，伪满在经济上强化统制，不仅制订《重要产业统制法》《国家总动员法》这两个经济统制的纲领性法律文件，还制订了《贸易统制法》《劳动统制法》《毛皮皮革类统制法》《主要粮谷统制法》《物价及物资统制法》等各个领域的统制法令。

（四）战争时期（太平洋战争爆发—日本无条件投降）

太平洋战争爆发后，经历短暂的辉煌，日军即连连失利，日本对"满洲国"的军需与其他物资要求日益加大。"为确保这些重要物资的增产，只好进行人的、物的资源总动员，同时，不得不加紧对物资的生产和配给、运输及资金、劳务等各部门的经济统制。"①为此，伪满洲国政府实施更加严格的战时经济统制，并通过一系列法令将统制措施加以落实，举其大要有：《产业统制法》《国民勤劳奉公法》《物品贩卖业统制法》《矿业统制法》《金属类回收法》《国民手帐法》《农产物管理法》等。

这里需要说明的是，上述伪满时期在内蒙古东部实施的法令，除《暂行惩治叛徒法》、《暂行惩治盗匪法》、伪满洲国《刑法》等少数法律文件外，绝大多数法令本身并非刑事法律，但违反有关

---

① 〔日〕"满洲国"史编纂刊行会编：《满洲国史（总论）》，第 754 页。

规定同样要承担刑事责任,因而属于广义刑法的范畴,在维护日本对内蒙古东部殖民统治方面的作用缺不容小觑。同时,还需要说明的是,伪满各级治蒙机关也制订了诸多规定刑罚的非刑事法令,关于这一问题将在下文阐述,这里不再赘述。

二　伪满时期东部内蒙古刑事法律体系

从刑法学理论上讲,刑法有广义和狭义之分。狭义刑法指系统规定犯罪、刑事责任和刑罚的规范性文件,即刑法典;而广义刑法是指一切规定犯罪、刑事责任和刑罚的法律规范的总和,它不仅仅指刑法典,还包括单行刑法以及附属刑法。其中,所谓单行刑法即刑法典之外颁行的针对特定犯罪的刑事法律,而附属刑法则是指非刑事法律中规定了刑事责任的条款。与广义刑法、狭义刑法相联系,刑法还可以分为普通刑法与特别刑法。普通刑法是指具有普遍效力的刑法,实际上即指刑法典;特别刑法是指仅适用于特定的人、时、地、事(犯罪)的刑法,也就是指单行刑法和附属刑法。以现代刑法理论的角度看,伪满时期内蒙古东部刑事法律的体系由普通刑法、特别刑法两部分组成。

(一)伪满时期东部内蒙古实施的普通刑法

伪满成立后,一度沿用 1928 年《中华民国刑法》。这部刑法典分《总则》《分则》两编。其中,《总则》编设法例、文例、时例、刑事责任及刑之减免、未遂罪、共犯、刑名、累犯、合并论罪、刑之斟酌、加减刑、缓刑、假释、时效 14 章,针对各类犯罪的共性问题做了原则性规定;《分则》编针对内乱罪、外患罪、妨害"国交"罪、渎职罪等 34 类犯罪分章予以具体规定①。

---

① 参见蔡鸿源主编:《民国法规集成》第 65 册,第 259—277 页。

1937年，伪满洲国政府公布《刑法》，"自康德四年四月一日施行"，从而结束了刑事法律领域沿用国民政府刑法典的局面。伪满《刑法》由亦《总则》《分则》两编构成。《总则》编包括法例、犯罪、未遂犯及预备犯、共犯、刑、累犯、竞合犯、刑之适用、刑之执行犹豫、假释放、刑之时效、期间计12章，《分则》编包括对"帝室"罪、内乱罪、背叛罪、危害"国交"罪等计39章①。由于伪满《刑法》是以1928年《中华民国刑法》为基础制订的，除部分内容有所增损外，大体是1928年民国刑法的翻版。

（二）伪满时期东部内蒙古实施的特别刑法

伪满时期内蒙古东部实施的单行刑法主要有伪满洲国政府制订的《暂行惩治叛徒法》《暂行惩治盗匪法》《军刑法》《防卫法》《治安维持法》《国防保安法》《保安矫正法》《思想矫正法》《时局特别刑法》等。另外，伪满《刑法》生效前，兴安省内蒙旗曾援用《理藩院则例》处理纯系原有旗民的刑事案件。

相对于单行刑法，伪满时期内蒙古东部实施的附属刑法十分庞杂。从法律渊源上看，既有"皇帝"公布的敕令、"国务院"公布的院令，也有"国务院"各部颁布的部令、兴安省及锦、热等周边各省颁布的省令，甚至还有旗县发布的旗令、县令；从内容上看则涉及经济、社会生活的方方面面。

三　伪满时期东部内蒙古的刑罚体系

伪满《刑法》施行前，兴安省刑事司法中同时援用1928年民国刑法和前清《理藩院则例》，导致刑罚体系上呈二元并立的局面。1928年民国刑法确定的刑罚体系分主刑与从刑，主刑包括死

---

① 参见《政府公报》第833号。

刑、无期徒刑、有期徒刑、拘役、罚金五个刑种,从刑则包括褫夺公权、没收两个刑种①。《理藩院则例》规定的刑罚为死刑、流刑、鞭刑、科罚、枷号、刺字。死刑有斩立决、绞立决、斩监候、绞监候之别,流放地点依罪行轻重有远近之分,鞭刑亦因罪之大小各有等差。科罚分籍没产蓄、罚俸、罚畜三种形式,罚俸适用于王公,罚畜一般适用于无俸官员和平民。枷号是一种附加刑,可独立适用于轻微犯罪,亦可附加于流刑、鞭刑适用。由于时过境迁,《理藩院则例》设定的很多刑罚已无从适用,在兴安省刑事司法中造成极大混乱。1934年,兴安北分省公署在处理一起蒙民杀人案件时对于如何处刑难以决断,呈请伪司法部给予指示。伪司法部回复:"《理藩院则例》对于现时之社会事情虽已多不适合,然遽拟制订新刑法典以代此适用亦非易事,仍须暂照该则例妥为办理,惟适用之际,例如以牲畜供为赎收之规定,因与大同元年三月九日教令第三号第一条之规定相反,应毋援用,而其结果在边陲之地,倘拟执行徒刑而无监狱之设施时,即将犯人押送就近监狱执行徒刑为要。"②头痛医头脚痛医脚的办法并不能从根本上解决问题,二元刑罚体系造成的混乱依然如故。直至1937年伪满颁行《刑法》,内蒙古东部刑罚体系二元并存的局面才得以终结。

　　根据"满洲国"《刑法》,伪满刑罚体系也由主刑和从刑两部分构成。主刑由重至轻包括死刑、徒刑、禁锢、罚金、拘留、科料六个刑种,从刑包括没收和毁灭效用两个刑种。主刑中,"死刑于监狱内绞首执行之";"徒刑为无期及有期,有期徒刑为一月以上十五年以下,但有特别规定者,其长期得至二十年","徒刑拘置于徒刑

①蔡鸿源主编:《民国法规集成》第65册,第261页。
②《政府公报》第85号。

监,使服定役";"禁锢为无期及有期,有期禁锢为一月以上十五年
以下,但有特别规定者,其长期得至二十年","禁锢拘置于禁锢
监";"罚金为二十圆以上";"拘留为一日以上六十日以下","拘置
于拘留场,但依特别规定得使服作业";"科料为五角以上五十圆
以下"。从刑中,没收适用于"供犯罪用或拟供犯罪用之物"及"由
犯罪所生或因犯罪所得之物";至于"由伪造通货、有价证券、文书
或印文之罪所生者,虽不没收时毁灭其效用"。根据伪满《刑法》,
"从刑虽对于犯人不为主刑之宣告或追诉时仍得科之"①。

四　伪满时期东部内蒙古的罪名体系

由于前清《理藩院则例》和 1928 年民国刑法同时被援用,伪
满《刑法》施行前,内蒙古东部刑事司法中不同时代的罪名同时并
存,既有诸如"致死家奴属下人等""奴杀家主""王等奸平人之妻"
等前资本主义时代的罪名,也有诸如"危害外国代表""滥用检察
职权""违背灾害必需品契约""伪造商标商号""泄漏工商秘密"等
具有近代资本主义色彩的罪名。1937 年,随着伪满《刑法》的实
施,内蒙古东部刑事司法中适用的罪名实现了统一。

1937 年 3 月,伪满司法部发布《关于罪名表示规程修正之
件》,将伪满《刑法》分则 39 类犯罪的 247 个具体罪名予以规范,
并训令兴安各省公署审判庭、检察署:"自《刑法》施行之日起于起
诉书、审判书、统计表、诸帐簿等拟表示罪名时,应依本规程办理
为要","并转饬所属各县、旗司法机关一体遵照。"②

---

① 《政府公报》第 833 号。
② 《政府公报》第 901 号。

表 5.1　伪满《刑法》罪名一览表

章别	具体罪名	罪名数量
第 1 章　对"帝室"罪	大逆、大不敬、侵入"帝宫"	3
第 2 章　内乱罪	内乱、意图内乱团结、预谋内乱、帮助内乱	4
第 3 章　背叛罪	招致外患、抗敌"帝国"、强付军用施设、交付军用物、损坏军用设施、间谍、泄漏军机、利敌、预谋背叛、侵害"国防"机密、预备侵害"国防"机密	11
第 4 章　危害"国交"罪	危害"外国"元首、诽毁"外国"元首、危害"外国"使节、诽毁"外国"使节、侮辱"外国"旗章、私战、预谋私战、违背中立	8
第 5 章　渎职罪	滥用职权、渎职捕禁、渎职凌暴、辱职、泄漏公务机密、收贿、受托收贿、加重收贿、准收贿、赠贿、加重赠贿	11
第 6 章　妨害公务罪	妨害公务、聚众妨害公务、侵害封印标示、侵害公用物、阻障公务	5
第 7 章　脱逃及藏匿罪	脱逃、加重脱逃、聚众加重脱逃、盗放囚人、加重盗放囚人、聚众加重盗放囚人、渎职放囚、过失致逃、庇护脱逃、隐藏罪囚	10
第 8 章　伪证及湮灭证凭罪	伪证、伪鉴伪译、加重伪证伪鉴伪译、湮灭证凭、隐藏证人、加重湮灭证凭隐藏证人	6
第 9 章　诬告罪	诬告、加重诬告	2
第 10 章　危害公安罪	骚扰、聚众谋乱、犯罪团结、煽动犯罪、扰乱金融、加重扰乱金融	6
第 11 章　危险物罪	使用爆发物、预谋使用爆发物、准放火、漏遮气体、准失火、过失漏遮气体、加重过失漏遮气体	7

章别		具体罪名	罪名数量
第 12 章	放火及决水罪	重放火、轻放火、重决水、轻决水、放火致死、决水致死、妨害镇火防水、预备放火决水、失火、过失决水、加重失火、加重过失溢水、妨害水利	13
第 13 章	妨害交通罪	坏塞通路、危害船车交通、致船车毁覆、毁覆船车、毁覆船车致死、过失危害船车、加重过失危害船车	7
第 14 章	污毒饮料水罪	污秽饮料水、施毒饮料水、污秽水道净水、施毒水道净水、施毒水道致死、施毒水道杀人、损坏水道施设	7
第 15 章	伪造通货罪	伪造变造通货、行使交付输入不正通货、收得不正通货、转交不正通货、预备伪造变造通货	5
第 16 章	伪造有价证券罪	伪造变造有价证券、有价证券虚伪记入、准伪造有价证券、行使交付输入不正有价证券、伪造变造印纸邮便证票、行使交付输入不正印纸邮便证票、再使行交付已使用印纸邮便证票、预备伪造有价证券	8
第 17 章	伪造文书罪	伪造变造"帝"文书、伪造变造公文书、准伪造公文书、作成虚伪公文书、变造自发公文书、使作不实公正证书、使作不实证明书、伪造变造私文书、准伪造私文书、变造自发私文书、作成虚伪私文书、行使伪造"帝"文书公文书私文书	12
第 18 章	伪造印文罪	伪造冒用"御玺""国玺""御名"、行使不正"御玺""国玺""御名"、伪造冒用公印章记号印文署名记名、行使不正公印文署名记名、伪造冒用私印章记号印文署名记名、行使不正私印文署名记名	6

章别	具体罪名	罪名数量
第 19 章　亵渎礼拜处所及坟墓罪	亵渎礼拜所、妨害祀典、亵渎尸体、亵渎坟墓、掘墓亵渎尸体	5
第 20 章　风纪罪	通奸、重婚、近亲相奸、图利诱奸、贩卖猥亵物、输入猥亵物、公然猥亵	7
第 21 章　赌博罪	赌博、常习赌博、私设赌场、结合赌徒、发卖私彩票、媒介私彩票、授受私彩票	7
第 22 章　杀人罪	杀人、加重杀人、尊属杀、婴儿杀、受贿杀人、帮助自杀、预备杀人	7
第 23 章　伤害及暴行罪	伤害、伤害致死、伤害尊属、伤害尊属致死、暴行、过失伤害、加重过失伤害、过失致死、加重过失致死	9
第 24 章　堕胎罪	堕胎、受托堕胎、常业堕胎、业务上堕胎、堕胎致死伤、加重堕胎、加重堕胎致死	7
第 25 章　遗弃罪	遗弃、加重遗弃、虐待	3
第 26 章　私捕及私禁罪	私捕、私禁、捕禁施暴	3
第 27 章　略取及诱拐罪	略诱、猥亵略诱、图利略诱、"国外"略诱、"国外"移送、收受被略诱者、隐藏被略诱者	7
第 28 章　奸淫罪	强奸、准强奸、强奸致死伤、强奸杀人、强制猥亵、准强制猥亵、猥亵致死伤、诈欺奸、胁迫奸	9
第 29 章　胁迫及强制罪	胁迫、强制	2

续表

章别	具体罪名	罪名数量
第 30 章　侵入住居罪	侵害住居、加重侵害住居	2
第 31 章　毁损名誉罪	毁损名誉、加重毁损名誉、毁损死者名誉、侮辱	4
第 32 章　妨害信用及业务罪	毁损信用、妨害业务	2
第 33 章　害秘密罪	开拆书信、泄漏秘密、泄漏企业秘密	3
第 34 章　窃盗罪	窃盗、加重窃盗、窃用利益、准窃盗	4
第 35 章　强盗及勒赎罪	强盗、常习强盗、准强盗、事后强盗、强盗伤人、强盗致死、强盗杀人、强盗放火、强盗强奸、强盗放火致死、强盗强奸致死、勒赎、勒赎致死伤、勒赎强奸、勒赎杀人、预备强盗、预备勒赎	17
第 36 章　诈欺及恐吓罪	诈欺、恐吓、准诈欺恐吓	3
第 37 章　侵占及背任罪	侵占、加重侵占、背任、侵占脱离占有物	4
第 38 章　赃物罪	收受赃物、运搬寄藏故买牙保赃物	2
第 39 章　损坏罪	毁损物件、加重损毁、毁损界标、准毁损、隐匿财产	5
合计		247

资料来源:《关于罪名表示规程修正之件》,伪满洲国《政府公报》第 901 号。

如果仅从表象观察，此前内蒙古东部刑事司法中援用的 1928 年民国刑法共有 337 个罪名①，而伪满《刑法》仅有 247 个，减少了 90 个罪名。但伪满在《刑法》之外又颁布了数量惊人的特别法，对特别法犯罪多"将'违反'之两字记于其上以为罪名"②，诸如"违反《军机保护法》""违反《治安维持法》""违反《国防保安法》""违反《国防资源秘密保护法》"等等不一而足，实际罪名数量远在 1928 年民国刑法之上，从一个侧面反映了伪满时期内蒙古东部刑事法律制度的野蛮与残酷。

第二节　伪满时期东部内蒙古
刑事法制的主要内容

内蒙古东部地区实施的伪满《刑法》，就其内容而言基本上是 1928 年民国《刑法》的复制，对该问题前人已有较多研究，这里不再用过多笔墨复述，笔者拟着重从特别刑法的角度，包括单行刑法和附属刑法两个方面，阐述伪满时期东部内蒙古刑事法律制度的主要内容。

一　伪满时期东部内蒙古实施的单行刑法

伪满时期，在内蒙古东部实施的单行刑法数量较多，这里仅就其中几个具有代表性的法令予以简要介绍。

伪满建立伊始，为迅速扑灭风起云涌的反满抗日活动，即于 1932 年 9 月公布《暂行惩治叛徒法》和《暂行惩治盗匪法》。《暂行

---

① 伪满司法部《罪名表示规程》，《政府公报》第 513 号。
② 《政府公报》第 901 号。

惩治叛徒法》规定了七种严重威胁日本殖民统治秩序的政治性犯罪。前五种犯罪均以"紊乱国宪及危害或变乱国家存立之基础"为目的,其中,组织结社者、首魁死刑,"干部及其他指导者死刑或无期徒刑","参与谋议或加入结社者无期徒刑或十年以上之有期徒刑";"为骚扰、杀人、袭击、放火、胁迫及其他不法之行为者,处死刑或无期徒刑或十年以上之有期徒刑";进行宣传者,"不问用出版、通信及任何方法","处十年以上之有期徒刑";"勾结外国或外国人者,处死刑或无期徒刑或十年以上之有期徒刑";"煽惑军警者,处死刑或无期徒刑或十年以上之有期徒刑"。凡意图使犯前五种罪"而为煽动者,准照各本条处断之";"供与金品及其他财产上之利益或藏匿犯人者及其他有帮助犯罪之行为者,处无期徒刑或十年以上之有期徒刑"。同时,该法还规定,意图犯前五种罪而"作预备或阴谋者,处无期徒刑或三年以上之有期徒刑"[1],将惩罚的对象由行为扩及思想。《暂行惩治盗匪法》将打击锋芒直指各种武装抗日力量,称"意图以强暴或胁迫手段强取他人财物而聚众或结伙者为盗匪。盗匪依左列各款分别处断:一、首魁或参与谋议或指挥众多者,死刑或无期徒刑;二、其他者,无期徒刑或十年以上之有期徒刑。帮助盗匪者,以正犯论;只为盗匪执役或附和随行者,七年以下之有期徒刑"。尤为残酷的是,该法赋予剿讨抗日武装的军警生杀予夺的大权,即"军队当剿讨肃清成股盗匪时,除得临阵格杀外,得由该军队司令官依其裁量斟酌措置","高级警察官所指挥之警察队当剿讨成股盗匪时,除得临阵格杀外,当场拿获盗匪事态急迫有不能犹豫之情形时,得由该高

级警察官依其裁量斟酌措置"①。《暂行惩治盗匪法》实施后，1934 年 7 月伪司法部发布训令，就该法在适用中出现的问题予以澄清，并责成兴安各分省公署"嗣后自应依据本部上开解释处理事务以免诸误"②。

　　"七七"事变后，华北风云告急，与苏联的关系趋于紧张，作为"国土"防御对策，1937 年 12 月伪满洲国政府公布《军机保护法》，将"作战、用兵、动员及其他军事或国防上需机密之事项或图书物件"纳入军事上之机密，凡探知、收集、泄漏军事上之机密者均予以重惩③。翌年 3 月，伪满洲国政府又颁布《防卫法》，以"防止敌人的各种攻击，特别是空袭造成的危害"④。该法规定：防卫司令官"于防卫地境内，为即应于军所行之防空或警备而使军以外之人为消防、防毒、避难、救护、其他之防护、灯火管制及关于此等所必要之监视、通信警报等一般的防空，并交通线、其他之重要施设、资源之掩护、警戒等一般的警备所必要之事项"；犯违反上述防卫司令官命令或处分者，"处十年以下之徒刑或五千圆以下之罚金"，过失违反者"处一年以下之徒刑或五百圆以下之罚金"，"以利敌之目的犯前项之罪者，处死刑或无期徒刑"。"公务员或参与警护计划之设定者泄漏警护计划中之秘密事项时，处六年以下之徒刑或二千圆以下之罚金。"被命警护计划之设定者、被命设备或资材之整备或被命其供用者、被命从事警护之实施者，无故不从防卫司令官之命令，"处一年以下之徒刑、五百圆以下之罚

---

①《满洲国政府公报》第 44 号。
②《政府公报》第 114 号。
③《政府公报》第 2524 号。
④〔日〕"满洲国"史编纂刊行会编：《满洲国史（总论）》，第 536 页。

金、拘留或科料"。拒绝提供相关资料或提出虚伪之资料或阻障
该管官吏进入检查者,"处五百圆以下之罚金、拘留或科料"。当
警护之训练或查阅不从警护计划设定人或该管指挥官之命令者,
"处拘留或科料"①。

太平洋战争爆发后,关东军大量兵力被抽调到南线,镇压抗
日武装的军力下降;同时,抗联的斗争虽转入低潮但仍顽强坚持,
而八路军在热河开展的游击战迅速兴起,伪满的治安形势不容乐
观。出于巩固治安的需要,1941 年 12 月伪满洲国政府公布《治安
维持法》。该法"是归纳整理《暂行惩治叛徒法》和《暂行惩治盗匪
法》的内容而成的"②。根据该法,"以变革国体为目的结成团体
者或参与团体之谋议或为指导或其他掌理团体之要务者,处死刑
或无期徒刑。知情而参加前项之团体者,或为遂行团体之目的之
行为者,处死刑或无期或十年以上之徒刑";"以强暴或胁迫、强取
财物、杀人、放火或依其他凶恶之手段紊乱安宁秩序为目的结成
团体者,或参与团体之谋议或为指导或其他掌理团体之要务者,
处死刑或无期或十年以上之徒刑。知情而参加前项之团体者,或
为遂行团体之目的之行为者,处死刑或无期或六年以上之徒刑";
"以流布否定国体或者冒渎建国神庙或帝室尊严之事项为目的结
成团体者,或参与团体之谋议或为指导或其他掌理团体之要务
者,处死刑或无期或六年以上之徒刑。知情而参加前项之团体或
为遂行团体之目的之行为者,处死刑或无期或三年以上之徒刑"。
此外,该法还以上述三种犯罪为中心,将与之关联的"暴动、放火、
杀人、强盗或其他加害于公安、生命、身体或财产"、协议、煽动、宣

①《政府公报》第 1176 号。
②〔日〕"满洲国"史编纂刊行会编:《满洲国史(分论)》(上),第 643 页。

传、"供与金品或其他财产上之利益或为其他要约或期约或以其他方法与以便利"等行为认定为犯罪,均可处以死刑①。鉴于治安形势依然严峻,《暂行惩治叛徒法》和《暂行惩治盗匪法》虽被废止,但"《暂行惩治盗匪法》第七条及第八条暂时仍有其效力"②,军警"临阵格杀"和"斟酌处置"的权力得以保留。

"进入 1944 年,太平洋战争日趋激烈,满洲国也进入美军飞机轰炸的范围,即将成为战场,有必要整顿与此相适应的司法态势。"③为此,1944 年 6 月,伪满洲国政府公布《时局特别刑法》。该法设总则、渎职罪、妨害职务罪、关于公安罪等共 14 章,计 74 条,规定了五十多种"犯罪",其主旨就是对"战时下的犯罪"加重惩治。至此,作为普通法的伪满《刑法》被完全搁置。

二　伪满时期东部内蒙古实施的附属刑法

相比于单行刑法,伪满时期内蒙古东部施行的附属刑法数量更为庞大,上自元首的敕令下至县、旗公署的县令、旗令,殖民统治者以不同的法律形式制订了大量的附属刑法,涉及经济社会生活的各个方面,对于维持日本在内蒙古东部的殖民统治发挥了重要作用。由于篇幅所限,下面仅围绕伪满兴安总署(后称蒙政部)及兴安各省公署颁布的法令加以扼要阐释。

治安管理方面,为防止火药、枪支流入抗日武装,伪满洲国政府颁布《火药类取缔法》《火药类原料取缔法》《枪炮取缔法》。随之,民政部会同蒙政部相继发布《火药类取缔法施行规则》《烟火

---

①《政府公报》第 2293 号。
②《政府公报》第 2293 号。
③〔日〕"满洲国"史编纂刊行会编:《满洲国史(分论)》(上),第 645 页。

爆竹取缔规则》《火药类原料取缔法施行规则》《枪炮取缔法施行规则》等四个联合部令。《火药类取缔法》对火药的贩卖、输出入、让与及受让、管理与持有及使用、贮藏与收容、试验等做了详尽规定,违反者或"处六月以下之有期徒刑或二百圆以下之罚金",或"处三月以下之有期徒刑或一百圆以下之罚金",或"处拘役或五十元以下之罚金"①。《烟火爆竹取缔规则》确立烟火爆竹之制造营业、输出入、贩卖营业、让与及受让、使用的许可制度,并根据违法情节将处罚分为四个等级:"六月以下之有期徒刑或二百圆以下之罚金""三月以下之有期徒刑或一百圆以下之罚金""拘役或一百圆以下之罚金""拘役或五十圆以下之罚金"②。《火药类原料取缔法施行规则》就火药原料之制造、贩卖、输出入、让与或受让设定行为规范,并对违反者分别处"六月以下之有期徒刑或三百圆以下之罚金""二月未满之拘役或一百圆未满之罚金"③。《枪炮取缔法施行规则》规定,枪炮之制造、修缮、贩卖、输出入、让与及受让、持有、搬运均实行许可制度,违反相关规定者分别处"六月以下之有期徒刑或二百圆以下之罚金","三月以下之有期徒刑或一百圆以下之罚金""拘役或五十圆以下之罚金"④。兴安北省毗连苏联及蒙古,属于伪满《国境地带法》设定的"于国防及治安上应特加取缔"之地域⑤。为此,1936 年 12 月民政部会同蒙政部制订《国境地带法施行规则》,就"国境"地带居住证明书、旅

---

① 《政府公报》第 493 号。
② 《政府公报》第 493 号。
③ 《政府公报》第 493 号。
④ 《政府公报》第 675 号。
⑤ 《政府公报》第 829 号。

行许可书、移住许可书的申领、遗失或毁损、更换、缴还等事宜做
了详细规定,并对违反者"处以拘役或科以二十圆以下之罚金"①。

　　劳务统制方面,伪满初期为防止抗日分子的渗透,限制输入
华北劳工。为贯彻日本殖民统治者的意旨,兴安总署于 1934 年 3
月公布《暂行外国人居留证明书发给规则》《暂行外国人滞留呈报
规则》。前者规定:凡欲居住兴安省内之"外国人",当居留之日起
在二十日以内,应向该管警察官署长呈请发给居留证明书或临时
居留证明书;请领证明书所涉事项有变更时,须具明事由于其变
更后五日以内呈请更换证明书;证明书之有效期间满限后仍欲继
续居留者,须于满限后五日以内呈请更换;证明书遗失或损毁时
须立即呈报原发给之警察官署请求再发给。违反上述规定者,
"处以六十日以下之拘留或五十圆以下之罚金"②。后者规定:
"凡留宿外国人者,于二十四点钟内须具左开事项呈报该管警察
官署,已报事项有变更时亦同:一、姓名;二、国籍;三、职业;四、年
龄;五、住所;六、前留宿地;七、滞留之目的;八、到着年月日;九、
随伴家族及随从者之国籍、姓名、年龄;十、去向地及出发预定时
日;十一、旅券、国籍证明书、护照、居留证明书之有无。依照前项
所呈报之外国人如已离其寄宿家时,于二十四点钟内须将其年月
日时及迁移处所或旅行地呈报该管警察官署";"为居住外国人所
缔结贷家或贷间之契约者"应当依前述规定,"自有约日起一星期
内须呈报该管警察官署"。而"滞留外国人有警察官吏之要求时,
须将旅券、国籍证明书及其他足以证明身家之书类呈示之"。"违

----

① 《政府公报》1936 年 12 月 28 日号外。
② 《政府公报》第 10 号。

反本令规定之义务者,处三十日拘留或二十圆以下之罚金。"①伪满后期,随着对"国内"劳动力统制的不断强化,兴安北省于1940年8月颁布《关于在海拉尔市之日工劳动者之雇用及集合之件》,命令"于海拉尔市之日工劳动者,禁止于劳动市场外以雇用及求职为目的之集合","违反本令而雇用者,处三百圆以下之罚金、拘留或科料","违反本令而集合者,处拘留或科料"②。

　　物资统制方面,随着侵略战争的扩大,日本对各类物资的需求不断增加,"关于紧急送出特定产品的要求屡至频来"③。为保障对日物资供给,兴安各省公署在日本殖民统治者的指使下,制订了一系列有关物资统制的省令。在畜牧业居主导地位的兴安北省,省公署于1939年6月制订《关于家畜移出取缔之件》,明令"将本省产牛、马移出于省外者,须受省长之许可,违反本令者处三百圆以下之罚金、拘留或科料"④。1940年8月,兴安北省公署复公布《暂行家畜买卖规则》《羊毛类统制取缔规则》。前者规定:"于本省内购买家畜,除兴安北省家畜买卖组合员外不得为之","兴安北省家畜购买组合员拟于本省各旗管内购买家畜者,应于该年度起始受该管旗长之许可","于海拉尔市及满洲里街之家畜买卖,须于市长及街长指定之场所为之",违反者"处三百圆以下之罚金、拘留或科料"⑤。后者宣布:除满洲羊毛同业会外,"欲买卖本省产羊毛类并向省外运输者,应受省长之许可","欲营羊毛

---

①《政府公报》第10号。
②《政府公报》第1932号。
③〔日〕"满洲国"史编纂刊行会编:《满洲国史(总论)》,第771页。
④《政府公报》第1636号。
⑤《政府公报》第1936号。

加工业者,应受所在市、街、旗长之许可",违者"处三百圆以下之罚金、拘留或科料"①。1941 年 11 月,兴安北省公署又颁布《食肉及肉加工品省外移出取缔规则》,凡食肉及肉加工品欲向省外移出者应呈省长许可,"违反本令者,处三百圆以下之罚金或拘留或科料"②。1942 年 3 月,兴安北省公署发布《家畜需给调整规则》取代前述《暂行家畜买卖规则》。《家畜需给调整规则》规定:家畜之收买、配给"非满洲畜产株式会社不得为之";"收买价格须按省长之规定","配给价格应依兴农部大臣之所定";收买须在兴农合作社经营之搜牲场进行,满畜收买的家畜之输送须由其委托并经省长认可的输送人进行,违反相关规定者"处三百圆以下之罚金、拘留或科料"③。在农作物重要产区兴安西省,省公署于 1939 年 9 月公布《小麦粉贩卖业营业许可规则》,要求拟营小麦粉贩卖业者须呈请县旗长受许可,受营业许可者须即时将营业状况报告县旗长并接受有关监督检查,违者或科以"三百圆以下之罚金或拘留、科料",或处以"五十圆以下之罚金或拘留、科料"④。1941 年 12 月,兴安西省公署又颁布《瓜子生产集货统制规则》,从栽培、交易场所、收购主体、价格、运输等各个方面进行统制,对违法者处"三百圆以下之罚金或拘留或科料"⑤。除农畜产品之外,兴安各省还针对其他物资实施统制。1941 年兴安东省《关于薪碳省外移出限制之件》,对违法者"处二百圆以下之罚金、拘留或科料"⑥,

---

①《政府公报》第 1940 号。
②《政府公报》第 2302 号。
③《政府公报》第 2389 号。
④《政府公报》第 1634 号。
⑤《政府公报》第 2289 号。
⑥《政府公报》第 2277 号。

同年兴安北省《关于汽水啤酒之空瓶往省外搬出禁止之件》,对违法者"处三百圆以下之罚金、拘留或科料"①,1943年兴安西省《关于限制鸡卵向省外运出之件》,对违法者"处三百圆以下之罚金或拘留或科料"②。

　　家畜传染病对于畜牧业发展构成致命威胁,也妨碍日本殖民统治者掠夺内蒙古东部畜产资源计划的实现。为此,1936年8月蒙政部发布《家畜传染病预防规则》,对传染病发现报告、患病家畜尸体处理、畜舍及相关物品的消毒、病畜扑杀、疫病隔离等均有细致规定,"违反本令或基于本令之命令者,处二十圆以下之罚金"③。1941年11月,为预防口蹄疫疫情扩散,兴安北省公署公布《关于依家畜传染病预防法第十四条之规定关于家畜移动禁止之件》,禁止向东新巴旗、西新巴旗及满洲里市内"移入及由该地区移出家畜并运搬出入其尸体或有传染病毒之虞之物品","违反本令者,处二百圆以下之罚金或拘留或科料"④。

　　市场规制方面,伪满洲国施行营业许可制度,尤其全面抗战爆发后,又将其与物资统制紧密结合起来,以实现对各类物资的攫取。蒙政部及兴安各省公署积极贯彻营业许可制度,针对行业特点制订了相关法令。伪满洲国政府颁布《家畜交易市场法》《屠宰场法》后,蒙政部不仅制订了《屠宰场法施行规则》,还会同实业部、军政部联合发布《家畜交易市场法施行规则》。在兴安地区,各省公署也制订了一批有关营业许可的省令,诸如兴安东省《杂

①《政府公报》第2195号。
②《政府公报》第2733号。
③《政府公报》第732号。
④《政府公报》第2302号。

业取缔规则》,兴安西省《食肉营业取缔规则准则》,兴安南省《胶皮鞋贩卖营业许可规则》,兴安北省《清凉饮料水营业取缔规则施行细则》,兴安总省《牛乳取缔规则施行细则》等,这些法令无一不是靠刑罚手段保障其实施的。如兴安南省《胶皮鞋贩卖营业许可规则》明确规定:欲为胶皮鞋贩卖营业者须呈请该管旗县长受其许可,营业者须将经营情况即时呈报该管旗县长并接受该管官吏之检查,"旗县长对于营业者得命令取缔上必要之事项","违反本令或根据本令之命令者,处罚金、拘留或科料"①。

　　计量标准的统一对于日本殖民统治者实施经济掠夺具有重大意义。为此,1935 年 9 月,伪满蒙政部、实业部依据敕令《计量法》联合发布《计量法施行细则》,要求计量器制造者、修理者或贩卖者于经营状况发生变动时申请蒙政部大臣之认可,并须将每年营业实况据实呈报蒙政部大臣,违者"处以百圆以下之罚金"。《细则》规定,计量器营业者之法定代理人变更或其姓名变更时须即时呈报蒙政部大臣,违者"处以五十圆以下之罚金"。依照《细则》,计量器营业者变更姓名、名称、商号或死亡时须即时呈报蒙政部大臣,计量器使用者须依法使用计量器,违者"处二十五圆以下之罚金"②。

　　金融统制方面,伪满不仅设立"满洲中央银行",控制伪满洲国的金融命脉,而且对各种民间融资加以控制,施行严格的许可制度。1936 年 12 月,蒙政部联合民政部根据伪满《质业取缔法》制订《质业取缔法施行规则》,详细规定了质业营业许可证的申领程序及质业营业行为规范,对违反规则者"处三十日以下之拘役

---

①《政府公报》第 1801 号。
②《政府公报》第 443 号。

或三十圆以下之罚金"①。在地方,兴安南省及兴安总省相继颁布《讲会取缔规则》,对于"违反本令或基于本令之命令或处分者,处以拘留或科料"②。

文化统制方面,为在内蒙古东部营造有利于殖民统治的舆论氛围,1934 年 6 月兴安总署会同民政部共同制订《电影片取缔规则》。《规则》要求制作、配给影片营业人必须遵守"本令或依本令所发之命令",对于取缔官员的监查不得拒绝、规避。凡违反上述规定者,根据情节处以"二月未满之拘役或一百圆以下之罚金""三十日以内之拘役或五十元以下之罚金"③。

为了笼络内蒙古东部的蒙古人,关东军在对蒙政策中确定了指导蒙古人的方针,其中一个重要方面是"生活方式沿袭其现在的状态,稳步地建立文化设施"。为此,要"保护畜牧","讲求普及卫生思想和医疗方法","教育要从一般的普及开始"④。同时,由于日本殖民统治者的严密控制,从蒙政部到兴安各省公署,虽然安置了较多蒙系官吏,然而他们手中并没有多少实权,只能在日本人允许的范围内做一些有利于蒙古民族的事情。因此,蒙政部和"地方行政机关执行对蒙古人的政策时,花费最大力量的是振兴畜产、普及教育和改善卫生"⑤。就笔者目前掌握的资料看,有关医疗卫生管理方面的部令或省令数量相当多。伪满洲国政府公布《医师法》《汉医法》《齿科医师法》后,蒙政部联合民政部及时

①《政府公报》第 812 号。
②《政府公报》第 1139 号、第 3109 号。
③《政府公报》第 82 号。
④〔日〕"满洲国"史编纂刊行会编:《满洲国史(分论)》(下),第 966 页。
⑤《五部六藏罪行笔供》,中央档案馆整理:《日本侵华战犯笔供》第 5 册,第 250 页。

制订了《医师法施行规则》《汉医法施行规则》《齿科医师法施行规则》《镶牙营业取缔规则》。在兴安地区,兴安各省公署制订了兴安南省《疗术行为取缔规则》、兴安东省《看护妇规则施行细则》、兴安西省《医师法施行细则》、兴安北省《清洁方法》等12部省令。上述法令都包含了刑罚的内容,如兴安南省《看护妇规则施行细则》即对违反者规定了"拘留或科料"之刑罚①。

　　矿产管理方面,为掠夺东北丰富的矿产资源,1935年8月1日伪满洲国政府公布《矿业法》。与此同时,实业部联合蒙政部发布《矿业法施行细则》,以保障日本掠夺矿产资源的意图在内蒙古东部得以实现。根据《细则》,矿业权主体发生变动须呈报矿业监督署长;矿业权者或租矿权者须即时将开办事业或休业情况向矿业监督署长呈报,须将矿业薄等文件备置于矿业事务所并及时呈送矿业明细书等文件,违者处50元以下之罚款②。

　　交通管理方面,1934年6月兴安总署制订《兴安省汽车取缔规则》,就车辆的构造装置、检查、使用限制和驾驶人员的"司机免许"和"就业免许"予以规范,并根据危害的轻重将处罚区分为"三个月以下之有期徒刑或百圆以下之罚金或拘役""一个月未满之拘役或五十圆未满之罚金"两个层次③。1937年5月,蒙政部又会同民政部发布《交通取缔规则》,针对交通信号之指示标示、道路通行遵守事项、道路之禁止事项等做出明确规定,并要求相关人员服从警察署长或警察官吏之命令,违者"处三十日以下之拘

---

①《政府公报》第1706号。
②《政府公报》第417号。
③《政府公报》第89号。

留或三十圆以下之科料"①。此外,兴安各省公署也根据当地具体情况制订了有关交通运输管理的省令,主要有兴安南省《乘用马车人力车取缔规则》《载货车取缔规则》,兴安东省《乘用马车并同营业取缔规则》,兴安西省《载货车取缔规则》,以及兴安东、南、西三省公署分别制订的《自转车取缔规则》,分别针对乘用马车、人力车、载货车、自转车参与交通的行为规范予以明确,均规定对违法者处"十五日以下之拘留或十五圆以下之科料"②。

　　生态保护方面,为贯彻伪满的《鸟兽保护法》,蒙政部会同实业部、民政部共同制订《鸟兽保护法施行规则》,不仅明确了允许、限制、禁止狩猎的鸟兽种类,而且就猎区和禁猎区的设定、各级行政机关的职责、狩猎行为规范等予以详细规定,违反者"处二十圆以下之罚金"③。为防止火灾、保护草场、森林,兴安东、北两省公署制订了《林野放火取缔规则》,前者对违法放火者处"三十日以下之拘留或三十圆以下之科料"④,后者则"处六十日以下之拘留或三百圆以下之罚金"⑤。兴安南省制订的《林野取缔规则》,除规范放火行为外,还对"树木之采伐、开垦或土石、柴草、其他副产物之采取或采掘"加以限制,对"窃取林野产物者,处三百圆以下之罚金",对其他违法行为"处三十日以下之拘留或三十圆以下之科料"⑥。

---

①《政府公报》第 937 号。
②《政府公报》第 1666 号、第 1688 号、第 1791 号、第 2357 号、第 1741 号、第 1767 号、第 1781 号。
③《政府公报》第 827 号。
④《政府公报》第 1548 号。
⑤《政府公报》第 1804 号。
⑥《政府公报》第 1620 号。

此外,为了规范募捐行为,1937年1月伪满蒙政部、民政部颁布联合部令《募捐取缔规则》,规定:"不受许可而为募捐者,处以拘役或百圆以下之罚金";"违反本规则或基于本规则之命令或处分者",或"于本规则所规定之帐簿、书类为虚伪之记载或为虚伪之呈报者","处以拘役或五十圆以下之罚金"①。

第三节　伪满时期东部内蒙古刑事法制的特点

一　刑罚野蛮残酷

伪满洲国在内蒙古实施的刑事法律制度,将维护日本侵略者在当地的殖民统治秩序为最高任务,因此必然要以最残酷的手段镇压当地人民的反抗。

笔者掌握的资料显示,伪满时期内蒙古东部发生的诸多惨案无不与军警滥用"临阵格杀"和"斟酌处置"的权力有关。1935年7月,周荣久率领"抗日救国军"攻克八仙筒,打死奈曼旗公署日本参事官山守荣治和指导官中根长一,并将活捉的属官佐佐木正太郎、盐务局长木村等三名日本官吏处决。周荣久的队伍撤出八仙筒后,日本侵略者疯狂反扑,对奈曼旗蒙汉各族人民进行血腥镇压。"在县公署任财务科长和副官的王宪中、王允中兄弟二人被怀疑为内应无辜被杀;王宪中的二叔王景和也被怀疑,闻讯后跑了。于是,哈沙巴村的一个与王景和同名者被抓,当即被杀害。

---

① 《政府公报》第855号。

在此期间被乱枪打伤、乱捕者甚多。"①

　　1940 年 11 月,抗联第三路军十二支队夜袭肇源城,攻占郭尔罗斯后旗公署,击毙旗公署副参事官东荣作以下 10 名日本官吏。在日伪军警的疯狂报复中,大批群众因所谓"通匪"被戕害。1941 年 1 月 9 日,日伪军警将 19 名被捕群众"扔进了三站李家围子东的大江冰窟窿里了,连被抓去凿冰眼的一对渔民夫妇最后也被用刺刀塞进冰洞里"。3 月 24 日,日伪军警又将讨伐中捕获的 42 名无辜群众"集体枪杀在西门外去往代路胡同半道的大坑里,有的没被枪打死,就被浇上汽油用火烧,其状惨不忍睹"②。滥施酷刑的情况在日本战犯的供述更是比比皆是。曾任赤峰宪兵分队长的小林喜一供认:"1935 年 8 月,宪兵逮捕了 4 名中国人,同时警察又送来 1 名,我命令部下铃木曹长、渡边军曹等 4 人,用军刀将这 5 人砍杀在赤峰北方 1 公里处的小河边。同年 10 月,铃木曹长根据密告在赤峰南 5 公里的小林中,逮捕了 1 名反满抗日的中国人,11 月份宪兵又逮捕了 1 名,日军讨伐队又转来了 2 名,对这 4 名中国爱国者,我命令部下铃木曹长、米本军曹、下本军曹 3 人,用军刀砍死于北方小河旁。1936 年 6 月,宪兵和警察根据密探报告,捕来了 3 名中国人。7 月,宪兵又在赤峰附近的村庄逮捕了 3 名,警察送来了 1 名。对这 7 名中国爱国者,我均以违犯伪满治安维持法的罪名,命令部下将其砍杀。后 9 月份,宪兵和乌丹城警察在乌丹城东方的村庄中捕来了 4 名中国人,我以违犯治安维

①张斌:《周荣久与"八仙筒事件"》,《哲里木盟文史资料》第四辑,第 108—109 页。
②赵衷:《东北抗联夜袭肇源城前后——回忆我在 1940 年的经历与见闻》,孙邦主编:《日伪暴行》,吉林人民出版社,1993 年,第 385 页。

持法的罪名,命令部下将其 3 名砍杀,1 名送满铁医院作解剖试
验。1936 年 10 月,宪兵配合铁路防护队又逮捕了 2 名中国抗日
爱国者,我均以前述罪名命令部下用手枪打死。"①曾任海拉尔宪
兵队长的志村行雄对自己的暴行也供认不讳:"一九四四年六月
左右,札赉诺尔分遣队发现企图破坏札赉诺尔煤矿及同发电所的
案件,逮捕了四、五名,一部分按特别输送处理了";"一九四五年
三月时,海拉尔宪兵分队逮捕了延安派来的共产党员一名,按特
殊输送手续处理了";"一九四五年四月,三河宪兵分遣队逮捕了
共产党三名,按特殊输送处理了";"一九四五年七月初,满洲里宪
兵分队破获了驻满洲里苏联领事馆的密探中国人一名,受领事馆
员之命对驻满洲里日军放火的案件,将该人按特殊输送手续处
理了。"②

二 罚金刑广泛使用

伪满时期,内蒙古东部实施的各种刑事法令中广泛使用罚金
刑。伪满《刑法》分则 39 章中,除第一章对"帝室"罪、第二章内乱
罪、第八章伪证及湮灭证凭罪、第九章诬告罪、第二十二章杀人
罪、第二十六章私捕及私禁罪、第二十八章奸淫罪、第三十五章强
盗及勒赎罪 8 章外,其余 31 章均有关于罚金刑的规定。如第四
章危害"国交"罪规定:"以对外国加侮辱之目的损坏供其公用之
国旗或其他国章或以其他方法侮辱之者,处五年以下之徒刑或禁

---

① 中央档案馆、中国第二历史档案馆、吉林省社会科学院编:《伪满宪警统
治》,中华书局,1993 年,第 206 页。
② 《志村行雄笔供》,中央档案馆整理:《日本侵华战犯笔供》第 10 册,第
478—480 页。

锢或一千圆以下罚金。"第十五章伪造通货罪规定："收受货币纸币或银行券后知其伪造或变造而行使之或以行使之目的交付于人者,处三年以下徒刑或一千圆以下罚金。"第二十三章伤害及暴行罪规定："伤害人者,处十年以下徒刑或三千圆以下罚金。"第三十九章损坏罪规定："损坏或毁弃他人之物或以其他方法害其效用者,处三年以下徒刑或一千圆以下罚金。损坏他人建造物、船舰或航空机者,处七年以下徒刑或三千圆以下罚金。"①伪满的特别刑法中也大量使用罚金刑。伪满《国境取缔法》规定："在由间岛省珲春县庆兴桥(不包含庆兴桥)起经牡丹江省、东安省、三江省、黑河省及兴安北省至兴安南省喜扎嘎尔旗之国境,其出入非受治安部大臣之许可不得为之",违者"处五年以下之徒刑或五千圆以下之罚金"②。伪满蒙政部、民政部会同制订的《质业取缔法施行规则》规定,对于不遵本法相关要求者"处三十日以下之拘役或三十圆以下之罚金"③。兴安西省《小麦粉贩卖许可规则》对违反相关规定者,可根据情节轻重"科以三百圆以下之罚金或拘留、科料"或"科以五十圆以下之罚金或拘留、科料"④。

　　伪满之所以广泛使用罚金刑,主要原因在司法经费严重不足。据《兴安西省林西县情况》记载,林西县看守所1934年经费为3936元,收容55人,一人一日伙食费仅8分钱⑤。成书于1935年的《宁城县志》记载,该县看守所"规模狭小,一切都因陋就

---

①《政府公报》第833号。
②《政府公报》第2524号。
③《政府公报》第812号。
④《政府公报》第1634号。
⑤〔日〕竹村茂昭、铃木长一郎:《兴安西省林西县情况》,徐同功译,《内蒙古史志资料选编》第五辑,第238、241页。

简。所内设所长一名、书记一名、看守五名、夫役一名,监房共九
间,民事管束、女监、病监各一间,看守及厨房共六间。虽系新建
筑,但房屋狭隘,弗能容纳多人。又因经费不足,囚犯亦无何等工
作,惟每星期下午一点施行教诲用资感化"①。在阿荣旗,监狱仅
有主任看守 1 人、看守 2 人、杂役 3 人,1935 年连同上年末在监者
在内入监 49 人,出监 43 人,年末在监者为 6 人,而该年度刑务费
支出仅 513.28 元②。实际上,司法经费拮据的局面是与伪满洲国
相始终的。据 1941—1943 年担任伪满司法部参事官的中井久二
供述:"当时各主要监狱处于拘禁过剩的状态,而要求建筑新监狱
或全面地增筑监房,但因资金与资材关系,伪满洲国总务厅预算
当局根本不能够批准此要求。"③正是迫于财政上的巨大压力,伪
满对尚未严重威胁其统治秩序的普通犯罪广泛采用罚金刑。
1935 年 7 月,伪满司法部训令各级法院、检察厅及兴安各省公署
审判庭、检察署:"晚近随充实司法警察制度致检举犯罪率激增,
因此现在已决、未决之在监者亦急激增加,然以经费及其他关系,
既未能因应得宜扩张收容施设,倘仍依现存设备其收容余裕又终
不可期,因而在监者之激增随在,酿成破狱逃脱等之重大不祥事
件,然增设监狱旦暮难成,而事态紧急尤毫不容缓。故见将来关
于处理刑事案件应切实遵照左记事项办理……检察官收到刑事
案件卷宗及被告一件送致时勿滥用羁押,尤以认为处拘役或罚金
为已足或行缓刑之宣告为相当时,应以确实之保证释放被告,除

---

① 宁城县地方志办公室编:《宁城县史料》第一辑,第 62 页。

② 阿荣旗旗志办公室编:《阿荣旗历史资料丛稿》第一辑,第 71—73 页。

③《中井久二笔供》,中央档案馆整理:《日本侵华战犯笔供》第 6 册,第
　257 页。

有不得已情形外应留意勿滥用羁押。"①

　　同时,广泛采用罚金刑有利于维护日本的殖民统治秩序。伪满司法部在前述训令中指出:"短期自由刑之执行不但不适合达成改过迁善之目的,且犯罪一般预防之效果亦甚稀薄,故应于可及的范围务代短期自由刑而科以罚金刑,或于宣告短期自由刑情形时亦须酌情活用缓刑规定,而注意避免由执行所发生诸般弊害。"②正是考虑到自由刑执行过程中犯人的交叉感染,鉴于触犯附属刑法的行为多为轻罪,为有效维护日本的殖民统治秩序,伪满有必要尽可能广泛地采用罚金刑,以避免这些轻罪罪犯受到重罪罪犯尤其是政治犯的影响。

三　刑罚设定随意

　　相对于民事制裁、行政制裁,刑罚是一种最严厉的强制措施。出于对公民权利的保护,刑罚只能由"法律"设定成为近代文明国家的通例,但伪满统治下的内蒙古东部,日本殖民统治者将其变成例外。

　　伪满时期,各级各类法令均可设定刑罚。蒙政部、民政部联合发布的《烟火爆竹取缔规则》规定:"未受制造营业之许可者,以制造营业为目的而制造烟火或爆竹时,处六月以下之有期徒刑或二百圆以下之罚金。"③兴安东省《兽肉贩卖营业取缔规则》则规定:"违反本规则或根据本规则所发之命令及处分者,处以二十圆

---

① 《政府公报》第 421 号。
② 《政府公报》第 421 号。
③ 《政府公报》第 493 号。

以下之罚金或二十日以内之拘役。"①

　　1937年6月,伪满洲国政府公布《违令罚基准法》,规范各级各类法令的刑罚设定权。根据该法,"应附于敕令之罚则,以一年以下之徒刑或禁锢、五百圆以下之罚金、拘留或科料为限";"应附于院令及部令之罚则,以六月以下之徒刑或禁锢、三百圆以下之罚金、拘留或科料为限";"应附于省令、特别市令及首都警察厅令之罚则,以三百圆以下之罚金、拘留或者科料为限";"应附于县令、旗令、市令、市政管理处令及警察厅令之罚则,以二百圆以下之罚金、拘留或科料为限"②。由于该法的规定过于笼统,仅仅规定各级法令刑罚设定上一个大致的范围,刑罚设定的随意性并未因此而所有改善,法制的统一性受到冲击。兴安北省《林野放火取缔规则》规定:"违反本规则或基于本规则之命令而私行放火者,处六十日以下之拘留或三百圆以下之罚金。"③同样的行为根据兴安东省《林野放火取缔规则》,则"处罚三十日以下之拘留或三十圆以下之科料"④。兴安西省和兴安南省《畜犬取缔规则》均规定:"有违反本令或依据本令所发之命令者,处三十日以内之拘留或三十圆以下之科料。"⑤兴安北省《畜犬取缔规则》却规定:"违反本令或基于本令所发之命令,处以拘留或科料。"⑥此外,兴安东省和兴安南省的《冰果营业取缔规则》均规定:"违反本令或

---

①《政府公报》第739号。
②《政府公报》第975号。
③《政府公报》第1804号。
④《政府公报》第1548号。
⑤《政府公报》第1172号、第1541号。
⑥《政府公报》第1451号。

基于本令之处分者,处以拘留或科料。"①兴安南省《胶皮鞋贩卖营业许可规则》规定:"违反本令或根据本令之命令者,处罚金、拘留或科料。"②在上述兴安各省省令所设定的刑罚中,罚金刑根据《违令罚基准法》的授权为 300 元以下,而拘留和科料两种刑罚根据伪满《刑法》分别为"一日以上六十日以下""五角以上五十圆以下"③。由于法令设定刑罚的幅度过大,给执法者留有极大自由裁量权,为各种枉法行为大开方便之门。

四　附属刑法数量浩繁

伪满时期,在内蒙古东部实施的大量非刑事法令中均含有刑罚的规定,其数量之多令人叹为观止,以"法繁如秋荼,而网密如凝脂"来形容似不为过。根据笔者的不完全统计,兴安总署及蒙政部制订了 23 件附属刑法,兴安各省及兴安总省制订有 54 件附属刑法,两者合计高达 77 件。由于这些附属刑法多设有拘留或科料,而伪满《刑法》规定"仅定拘留或科料之罪为违警罪"④,《违警罪即决法》又授权"为警察总监、警察厅长、县警务局长、旗警务科长、警察署长及海上警察队长之警察官,得对于其所属官署管辖区域内犯违警罪者以即决处分科刑。前项所列者有故障时,得由代理其职务之警察官代行前项之处分"⑤,于是出罪入罪皆任由警察官独断,伪满《人权保障法》所宣称的"满洲国人民有受法

---

①《政府公报》第 1323 号、第 1592 号。
②《政府公报》第 1801 号。
③《政府公报》第 833 号。
④《政府公报》第 833 号。
⑤《政府公报》第 975 号。

律所定法官审判之权利"①荡然无存。在伪满刑法罗网笼罩下的内蒙古东部，"惴惴焉如芒在背，人人畏之者，乃法外之法也，如国事犯、思想犯、经济犯及其他一切奇刑苛法"②。

从刑法学理论上讲，附属刑法的立法模式有独立型和依附型两种。依附型立法是指在非刑事法律中规定的刑法条款必须依附于刑法典才得以存在的刑事立法模式。依附型立法模式又可分为以下几种情况：一是原则性规定，即只是概括地说明违反非刑事法律的行为，在什么情况下要追究刑事责任；二是援引式规定，即详细阐明违反非刑事法律的行为，在什么情况下依照刑法典或者单行刑法的某一条或者某一罪名进行处罚；三是比照式规定，即在非刑事法律中类推规定某一违法行为比照刑法典或者相关单行刑法的某一条文或者某一罪名进行处罚。而独立型立法模式则是在非刑事法律中使用独立规定罪状和刑罚的条文，这种条文与刑法典的分则部分是平行的，既不需要根据分则的条文加以定罪量刑，也不需要援引或者比照分则的条文，基本上只是接受刑法典总则的拘束。由于伪满洲国政府颁布了《违令罚基准法》，允许不同层级的行政法令设定刑罚，因此其附属刑法显然同属独立型立法模式。

单纯从立法技术上看，伪满时期东部内蒙古附属刑法的广泛适用也是弊端丛生，突出表现为严重动摇了刑法典的核心地位。在近代的成文法中，刑法典是广义刑法的核心，是刑法规范的最主要、最基本的表现形式，而附属刑法从功能上看，只能是随着情

---

①《满洲国政府公报》第1号。
②赵文郁：《目击日伪倒台和忆述沦亡处境》，《赤峰市郊区文史资料选集》第二辑，第29页。

势的变化对刑法典做必要的修改与补充。因此,为维护刑法典的稳定性,附属刑法的数量不宜过多。但从伪满时期内蒙古东部刑事立法的实际来看,日本殖民统治者为维护其自身利益,滥用立法权,制订了数量十分庞大的附属刑法,使附属刑法成为广义刑法的主体。

五　以"蒙汉合治"取代"蒙汉分治"

伪满时期,内蒙古东部的刑事法制经历了一个由"蒙汉分治"到"蒙汉合治"的一元化过程。

伪满建立伊始,即颁布《暂行援用从前法令之件》,宣布"从前施行之法令限于与建国主旨、国情及法令不相抵触之条项一律援用之"[1]。于是,前清的《理藩院则例》及1928年《中华民国刑法》在东蒙古地区得以继续适用。其中,蒙民之间的案件适用《理藩院则例》,而蒙汉交涉案件或汉民之间的案件则适用1928年《中华民国刑法》。不过,由于时代变迁,《理藩院则例》早已不适应现实情况。1933年6月6日,兴安南分省长业喜海顺呈请兴安总署,建议对于蒙古应制订单行刑法,其基本设想是:"刑法总则应适用之,以合于国家普通法律原则;刑法分则,因犯罪科罚蒙古具有种种特殊情形,故必另定单行法。"[2]由于当时的伪满洲国无暇开展大规模立法活动,兴安总署仅仅以"一俟制订兴安省单行法的时候应予参照"作为答复[3]。

1933年10月,伪满洲国政府公布《兴安省处理司法事务暂行

---

[1]《满洲国政府公报》第1号。
[2]《满洲国政府公报》第147号。
[3]《满洲国政府公报》第147号。

办法》,用法令的形式肯定了在刑事法律适用上的"蒙汉分治"的现状,即:"关于兴安省内民事诉讼、刑事诉讼及其他司法事务所应适用之实体法规及程序法规,依照左开各款办理:一、关于纯系原有旗民案件,则应适用前清《理藩院则例》《番例条款》及其他从前关于纯系原有旗民案件所颁布之成文法及习惯法而与建国主旨、国情及法令不相抵触者;二、关于原有旗民与其他民人双方关系案件及纯系原有旗民以外之案件,如在旗公署或县公署则应准用属于民政部总长管理之县长兼理司法事务时所适用之法令,如在分省公署则应准用高等法院所适用之法令。"①就司法实践来看,伪满更为重视适用于蒙汉交涉或汉族之间案件的《中华民国刑法》。为保障其正确实施,1935 年 11 月,伪满司法部发布《罪名表示规程》,并训令兴安各省公署审判庭、检察署:"嗣后凡起诉、判决、统计及其他应表示罪名时均须依据本规程","并转饬所属职员及各机关一体遵照。"②与此同时,适用于蒙民的《理藩院则例》由于年代久远在司法实践中问题丛生,令司法机关无所适从。

为配合欺世盗名的撤销治外法权,"使满洲国成为完全的独立国,所有的法规都要在其主权下制订出来。不能容许长期援用旧政权的法规"③,伪满启动包括刑法典在内的大规模立法活动。1937 年 1 月 4 日,伪满洲国政府公布《刑法》。随后,"康德四年三月八日以敕令第二十三号公布的刑事诉讼法("康德"四年六月一日实施),以及康德四年九月一日公布的《兴安各省审判署暂行条例》,废止了《兴安省处理司法事务暂行办法》,蒙古固有的法规便

---

① 《满洲国政府公报》第 230 号。
② 《政府公报》第 513 号。
③ 〔日〕"满洲国"史编纂刊行会编:《满洲国史(分论)》(上),第 599 页。

全被排除,已完全都不再适用了"①。

　　上述所谓刑事法律制度一元化是仅就普通刑法而言的,实际上在14年的殖民统治中,伪满洲国还制订了《暂行惩治叛徒法》《暂行惩治盗匪法》《鸦片法》《矿业法》等数量庞杂的单行刑法和附属刑法,这些法令是统一适用于包括内蒙古东部在内的伪满全境的。

---

① 财团法人善邻协会调查部编:《蒙古大观》,改造社,1938年,第257页。

第六章 伪满时期东部内蒙古的司法制度

第一节 伪满时期东部内蒙古的司法体系

一 伪满时期东部内蒙古的普通司法机关

伪满初期援用国民政府的司法体制,但在审判与检察职能的关系上,将审检合一改为审检分立,于最高法院、高等、地方三级法院之外并立同级检察厅。1932 年 3 月 29 日,伪满司法部发布训令,要求"所有从前各级法院检察处着自奉到通令之日起,凡某省区高等法院检察处改称某省区高等检察厅,某地方法院检察处改称某地方检察厅,其分院检察处亦同样照改,至首席检察官名称通改称厅长"①。但当时内蒙古东部没有正规的司法机关,仅存在所谓"变则司法机关",包括:依据 1917 年《县司法公署组织章程》设立的"县司法公署",根据 1917 年《修正知事兼理司法事务暂行条例》设置的"兼理司法县公署",按照 1930 年《热河省各

①《满洲国政府公报》第 7 号。

县承审处暂行规程》开设的"承审处",基于依据前清《理藩院则例》审理民刑案件的旗公署。其中,县司法公署和承审处更接近正规的司法机关,审判事务由审判官或承审官负责,县长仅负责检察事务;兼理司法县公署的审判、检察事务全部由县长负责,承审员在县长领导下处理审判事务;旗公署则由旗长全权处理检察、审判事务。

(一)兴安省的普通司法机关

为规范兴安省司法事务,将其纳入"国家"统一司法体制,1933 年("大同"二年)10 月,伪满洲国政府公布教令第 81 号《兴安省处理司法事务暂行办法》。根据该《办法》,"兴安省内民事诉讼、刑事诉讼及其他司法事务暂行依照左开办法办理之:一、地方法院所应办之司法事务,令县公署或旗公署兼理之;二、高等法院所应办之司法事务,令各分省公署兼理之;三、最高法院所应办之司法事务,由最高法院行之"。由是,在兴安省内形成最高法院、最高检察厅—分省公署—旗、县公署的三级司法体系。《办法》规定:"由县公署或旗公署审判诉讼时,审判官为一人,以县长或旗长充之";凡由分省公署审判诉讼时,以分省长、分省公署理事官及具有推事资格的事务官各一人构成合议庭,"分省长执行庭长职务,理事官及事务官执行推事职务,另以兴安警察局警正一人令其执行检察官职务"①。此后,兴安各分省均按照《办法》要求设立各级兼理司法机关。以兴安东分省公署兼理司法高等法庭为例,"所有人员,除遵照大同二年教令第八十一号,以职署理事官总务厅长巴金保荐任推事,并执行推事职务之事务官讷谟图,系已由司法部、钧署任派,其余检查官、书记官等,均以职署属官、

①《满洲国政府公报》第 230 号。

警察局警正兼充,不支俸给。此外并采用书记长一名,书记二名,承发吏一名,法警二名,庭丁二名,杂役一名"①。与传统的盟旗司法体制相比,行政长官虽然仍旧兼理司法,但毕竟在分省公署这一层面,审判与控诉的职能有了初步的分离,多少是一种进步。

　　1936 年 1 月,伪满公布《法院组织法》,从此结束了沿用国民政府司法体制的局面。同年 5 月,伪满颁布《关于法院之设立及管辖区域并检察厅设立之件》,按照《法院组织法》的规定构建四级司法系统,即最高法院—高等法院—地方法院—区法院及其对置的检察厅。其中,在内蒙古东部仅设立了海拉尔区法院及区检察厅、满洲里区法院及区检察厅,前者管辖区域为海拉尔乡、海拉尔旧市街,后者管辖区域为满洲里市,海拉尔、满洲里区法院隶属于齐齐哈尔地方法院,两地之区检察厅隶属于齐齐哈尔地方检察厅②。其他地方则继续保留原有的"变则司法机关"。

　　1937 年 9 月,伪满洲国政府公布《暂行兴安各省审判署条例》和《关于法院之设立及管辖区域并检察厅设立之件中修正之件》,兴安省司法体制发生重大变化。《暂行兴安各省审判署条例》首先剥夺了兴安各省公署的司法权,仅规定"兴安各省之旗或县置审判署","管辖属于区法院及地方法院管辖之民事刑事之诉讼事件、非讼事件并其他之事件,但属于区法院管辖事件之第二审不在此限"。关于审判署的组成人员及其职责,《条例》规定:"审判署置审判员及书记员","审判员以旗长或县长充之","行审判官应为之职务","书记员行执行官、书记官及送达吏应为之职务。"

----

① 兴安东分省公署呈第 27 号《呈为具报职署兼理司法高等法庭成立日期暨组织情形谨请鉴核事》,《政府公报》第 29 号。
② 《政府公报》第 650 号。

为减少行政长官兼理司法带来的弊端，《条例》授权"司法部大臣认为有必要者，得于审判署置承审员使其行审判员之职务"，"承审员为荐任或委任，由司法部大臣派之"。根据《条例》，伪满洲国政府在兴安省内建立了 22 个审判署，分别是：兴安南省之科尔沁右翼后旗、科尔沁右翼中旗、科尔沁左翼前旗、科尔沁左翼后旗、科尔沁左翼中旗、扎赉特旗、库伦旗审判署，兴安西省之扎鲁特旗、奈曼旗、阿鲁科尔沁旗、巴林左翼旗、巴林右翼旗、克什克腾旗、林西县审判署，兴安东省之阿荣旗、喜扎嘎尔旗、莫力达瓦旗、巴彦旗审判署，兴安北省之新巴尔虎左翼旗、陈巴尔虎旗、额尔克纳左翼旗、额尔克纳右翼旗审判署。基于《法院组织法》审检分立的原则，《条例》规定设立与审判署并行的检察署，置检察员及书记员。"检察员行检察官应为之职务，书记员行书记官应为之职务。检察员以司法部大臣所指定之司法警察官充之。"①

　　与此同时，伪满洲国政府通过《关于法院之设立及管辖区域并检察厅设立之件中修正之件》，对兴安省传统司法机关进行改组，设立了一批正规司法机关。其中，在兴安南省设有通辽地方法院、检察厅，下设通辽区法院、检察厅和王爷庙区法院、检察厅，前者辖区为通辽县，后者辖区为科尔沁右翼前旗；在兴安西省设有开鲁地方法院、检察厅，同时设置开鲁区法院、检察厅，管辖开鲁县司法事务；在兴安东省设有扎兰屯地方法院、检察厅，并开设扎兰屯区法院、检察厅，管辖布特哈旗司法事务；在兴安北省设有海拉尔地方法院、检察厅，下辖海拉尔、满洲里区法院及区检察厅，并将索伦旗划入海拉尔区法院、检察厅辖区，将新巴尔虎右翼

---

①《政府公报》第 1029 号。

旗划入满洲里区法院、检察厅辖区①。

　　为了彻底将兴安省司法纳入"国家"统一司法体制,《暂行兴安各省审判署条例》规定:"对于审判署就属于区法院管辖事件所为裁判之控诉或抗告,由地方法院管辖之;对于就属于地方法院管辖事件所为裁判之控诉或抗告,由高等法院管辖之。对于审判署就属于区法院管辖事件所为判决之上告,由高等法院管辖之;对于就属于地方法院管辖事件所为判决之上告,由最高法院管辖之。"而"对于检察署就属于区检察厅管辖事件所为不起诉处分之抗诉,由地方检察厅掌管之;对于就属于地方检察厅管辖事件所为不起诉处分之抗诉,由高等检察厅掌管之。就对于检察署所为处分之即时抗告或准于抗告之不服声明之管辖依前项之例"②。

表 6.1　伪满兴安省司法机关系统(1937 年 9 月)

最高法院 最高检察厅	齐齐哈尔高等法院 齐齐哈尔高等检察厅	海拉尔地方法院 海拉尔地方检察厅	海拉尔区法院 海拉尔区检察厅
			满洲里区法院 满洲里区检察厅
			新巴尔虎左翼旗审判署 新巴尔虎左翼旗检察署
			陈巴尔虎旗审判署 陈巴尔虎旗检察署
			额尔克纳左翼旗审判署 额尔克纳左翼旗检察署
			额尔克纳右翼旗审判署 额尔克纳右翼旗检察署

①《政府公报》第 1029 号。
②《政府公报》第 1029 号。

续表

			扎兰屯区法院 扎兰屯区检察厅
	齐齐哈尔高等法院 齐齐哈尔高等检察厅	扎兰屯地方法院 扎兰屯地方检察厅	阿荣旗审判署 阿荣旗检察署
			喜扎嘎尔旗审判署 喜扎嘎尔旗检察署
			莫力达瓦旗审判署 莫力达瓦旗检察署
			巴彦旗审判署 巴彦旗检察署
最高法院 最高检察厅	奉天高等法院 奉天高等检察厅	通辽地方法院 通辽地方检察厅	通辽区法院 通辽区检察厅
			王爷庙区法院 王爷庙区检察厅
			科尔沁右翼后旗审判署 科尔沁右翼后旗检察署
			科尔沁右翼中旗审判署 科尔沁右翼中旗检察署
			科尔沁左翼前旗审判署 科尔沁左翼前旗检察署
			科尔沁左翼后旗审判署 科尔沁左翼后旗检察署
			科尔沁左翼中旗审判署 科尔沁左翼中旗检察署
			扎赉特旗审判署 扎赉特旗检察署
			库伦旗审判署 库伦旗检察署

续表

			开鲁区法院 开鲁区检察厅
		开鲁地方法院 开鲁地方检察厅	扎鲁特旗审判署 扎鲁特旗检察署
			奈曼旗审判署 奈曼旗检察署
			阿鲁科尔沁旗审判署 阿鲁科尔沁旗检察署
			巴林左翼旗审判署 巴林左翼旗检察署
			巴林右翼旗审判署 巴林右翼旗检察署
			林西县审判署 林西县检察署
			克什克腾旗审判署 克什克腾旗检察署

资料来源:伪满洲国《政府公报》第 1029 号。

此后,伪满洲国政府在兴安省司法机关正规化方面几乎无所作为。1939 年 8 月,伪满撤销科尔沁右翼后旗审判署及检察署,将该旗划入王爷庙区法院及检察厅辖区;同时,废除陈巴尔虎旗审判署及检察署,将陈旗划入海拉尔区法院及检察厅辖区①。1940 年 8 月,伪满又撤销新巴尔虎左翼旗审判署及检察署,将该旗划入满洲里区法院及检察厅辖区②。由于仅将上述三旗改归正规法院、检察厅辖区,而非将其审判署、检察署改组为正规的区法院、区检察厅,象征意义远大于实际意义。1941 年 10 月,由于

---

① 《政府公报》第 1611 号。
② 《政府公报》第 1905 号。

兴安东、南两省行政区划调整,伪满洲国政府将喜扎嘎尔旗审判署及检察署划入通辽地方法院及检察厅辖内①。1943 年 12 月,因王爷庙街更名兴安街,伪满将王爷庙区法院、区检察厅更名为兴安区法院、区检察厅②。1944 年 5 月,伪满洲国政府撤销林西县审判署及检察署,设立林西区法院及检察厅③。

（二）锦热蒙地的普通司法机关

在锦热蒙地,由于旗县并存体制的存在,1940 年以前的伪满法律始终未明确蒙旗的司法管辖权。在司法实践中,旗县实行属人原则,即旗管蒙民之间的民事案件和刑事案件,县管汉民之间及蒙汉交涉的民刑案件,旗在司法方面从属于县。根据 1936 年 5 月伪满洲国政府公布的《关于法院之设立及管辖区域并检察厅设立之件》,锦热蒙地的司法系统为最高法院、最高检察厅—高等法院、高等检察厅—地方法院、地方检察厅—县承审处四级。

表 6.2　伪满锦热蒙地司法体系(1936 年 5 月)

最高法院 最高检察厅	锦州高等法院 锦州高等检察厅	锦州地方法院 锦州地方检察厅	朝阳县承审处
			阜新县承审处
		承德地方法院 承德地方检察厅	平泉县承审处
			凌源县承审处
			赤峰县承审处
			宁城县承审处
			建平县承审处
			凌南县承审处

资料来源:伪满洲国《政府公报》第 650 号。

---

①《政府公报》第 2225 号。
②《政府公报》第 2867 号。
③《政府公报》第 2965 号。

1937 年 2 月,伪满洲国政府颁布《关于热河省及锦州省内县之废置分合之件》,废止凌南、凌源、平泉三县,设置建昌、新惠、乌丹三县。随后,1937 年 3 月,伪满洲国政府对锦热蒙地司法机关做了相应整顿。

表 6.3　伪满锦热蒙地司法体系(1937 年 3 月)

最高法院 最高检察厅	锦州高等法院 锦州高等检察厅	锦州地方法院 锦州地方检察厅	朝阳县承审处
			阜新县承审处
		承德地方法院 承德地方检察厅	建昌县承审处
			赤峰县承审处
			乌丹县承审处
			宁城县承审处
			建平县承审处
			新惠县承审处

资料来源:伪满洲国《政府公报》第 882 号。

1937 年 9 月,伪满洲国政府发布《关于法院之设立及管辖区域并检察厅设立之件中修正之件》,开始在锦热蒙地推行司法机关正规化,废止朝阳、阜新、赤峰、乌丹四个县承审处,改设朝阳、阜新、赤峰三所区法院及三所区检察厅,并设立赤峰地方法院及检察厅①。

①《政府公报》第 1029 号。

表 6.4　伪满锦热蒙地司法体系(1937 年 9 月)

最高法院 最高检察厅	高等法院 高等检察厅	地方法院 地方检察厅	区法院 区检察厅	管辖区域
	锦州高等法院 锦州高等检察厅	锦州地方法院 锦州地方检察厅	朝阳区法院 朝阳区检察厅	朝阳县
		黑山地方法院 黑山地方检察厅	阜新区法院 阜新区检察厅	阜新县
		承德地方法院 承德地方检察厅	建昌县承审处 建昌县	
		赤峰地方法院 赤峰地方检察厅	赤峰区法院 赤峰区检察厅	赤峰县、 乌丹县
			宁城县承审处	宁城县
			建平县承审处	建平县
			新惠县承审处	新惠县

资料来源:伪满洲国《政府公报》第 1029 号。

　　1938 年 8 月,伪满洲国政府撤销宁城、建昌、建平、新惠四个承审处,改设宁城、建昌、凌源、建平四所区法院及四所区检察厅。

表6.5　伪满锦热蒙地司法体系(1938年8月)

高等法院 高等检察厅	地方法院 地方检检察厅	区法院 区检察厅	管辖区域
锦州高等法院 锦州高等检察厅	锦州地方法院 锦州地方检察厅	朝阳区法院 朝阳区检察厅	朝阳县
	黑山地方法院 黑山地方检察厅	阜新区法院 阜新区检察厅	阜新县
	承德地方法院 承德地方检察厅	承德区法院 承德区检察厅	承德县、滦平县、建平县中茅沟村、五家村
		宁城区法院 宁城区检察厅	宁城县
		凌源区法院 凌源区检察厅	建昌县中凌源街及大城子村等31村
		建昌区法院 建昌区检察厅	建昌县(除去凌源区法院及检察厅之管辖区域)
	赤峰地方法院 赤峰地方检察厅	赤峰区法院 赤峰区检察厅	赤峰县、乌丹县、建平县中喀喇沁村等16村
		建平区法院 建平区检察厅	新惠县、建平县(除去承德、赤峰区法院及检察厅之管辖区域)

资料来源:伪满洲国《政府公报》第1315号。

　　1939年12月,伪满洲国政府颁布《关于废除热河省及锦州省内县之件》,实行废县存旗,废除与喀喇沁左旗、喀喇沁中旗、喀喇沁右旗、翁牛特左旗、翁牛特右旗、敖汉旗、吐默特左旗、吐默特右旗平行的建昌县、宁城县、建平县、乌丹县、赤峰县、新惠县、阜新县、朝阳县,增设吐默特中旗和阜新市,为结束旗县属人司法管理体制扫清障碍。1940 年 2 月,伪满洲国政府发布《康德三年敕令第六十八号关于法院之设立及管辖区域并检察厅设立之件中修正之件》,对锦热蒙地司法体系做出相应调整。

表 6.6　伪满锦热蒙地司法体系(1940 年 2 月)

高等法院 高等检察厅	地方法院 地方检察厅	区法院 区检察厅	管辖区域
锦州高等法院 锦州高等检察厅	锦州地方法院 锦州地方检察厅	朝阳区法院 朝阳区检察厅	吐默特右旗、吐默特中旗
	黑山地方法院 黑山地方检察厅	阜新区法院 阜新区检察厅	吐默特左旗、阜新市
	承德地方法院 承德地方检察厅	承德区法院 承德区检察厅	承德县、滦平县、喀喇沁右旗中茅沟村、五家村
		宁城区法院 宁城区检察厅	喀喇沁中旗
		凌源区法院 凌源区检察厅	喀喇沁左旗中凌源街及大城子村等 31 村
		建昌区法院 建昌区检察厅	喀喇沁左旗(除去凌源区法院之管辖区域)
	赤峰地方法院 赤峰地方检察厅	赤峰区法院 赤峰区检察厅	翁牛特右旗、翁牛特左旗、喀喇沁右旗中喀喇沁村等 16 村
		建平区法院 建平区检察厅	喀喇沁右旗(除去承德区法院及赤峰区法院之管辖区域)、敖汉旗

资料来源:伪满洲国《政府公报》第 1745 号。

1940 年 8 月，伪满洲国政府公布《康德三年敕令第六十八号关于法院之设立及管辖区域并检察厅设立之件中修正之件》，在锦热蒙地增设新惠区法院及区检察厅，分别隶属于赤峰地方法院、地方检察厅，管辖敖汉旗司法案件；把原隶属承德地方法院、检察厅的宁城、凌源、建昌三所区法院及三所区检察厅划归赤峰地方法院、地方检察厅，并将宁城区法院、区检察厅更名为平泉区法院、区检察厅；对承德、赤峰区法院及检察厅的管辖区域进行了调整。

表 6.7　伪满锦热蒙地司法体系(1940 年 8 月)

高等法院 高等检察厅	地方法院 地方检察厅	区法院 区检察厅	管辖区域
锦州高等法院 锦州高等检察厅	锦州地方法院 锦州地方检察厅	朝阳区法院 朝阳区检察厅	吐默特右旗、吐默特中旗
	黑山地方法院 黑山地方检察厅	阜新区法院 阜新区检察厅	吐默特左旗、阜新市
	承德地方法院 承德地方检察厅	承德区法院 承德区检察厅	承德县、滦平县、喀喇沁右旗中七家村、登上村、五家村
	赤峰地方法院 赤峰地方检察厅	赤峰区法院 赤峰区检察厅	翁牛特右旗、翁牛特左旗、喀喇沁右旗中喀喇沁村等 9 村
		平泉区法院 平泉区检察厅	喀喇沁中旗
		凌源区法院 凌源区检察厅	喀喇沁左旗中凌源街及大城子村等 31 村

续表

高等法院 高等检察厅	地方法院 地方检察厅	区法院 区检察厅	管辖区域
锦州高等法院 锦州高等检察厅	赤峰地方法院 赤峰地方检察厅	建昌区法院 建昌区检察厅	喀喇沁左旗（除去凌源区法院之管辖区域）
		建平区法院 建平区检察厅	喀喇沁右旗（除去承德区法院及赤峰区法院之管辖区域）
		新惠区法院 新惠区检察厅	敖汉旗

资料来源：伪满洲国《政府公报》第 1905 号。

　　1944 年 3 月，伪满洲国政府决定，将建平区法院及区检察厅由喀喇沁右旗建平街迁至该旗黑水村①。1944 年 9 月，伪满洲国政府又在吐默特中旗北票街设北票区法院及区检察厅，分别隶属于锦州地方法院、地方检察厅，管辖吐默特中旗司法事务，朝阳区法院、区检察厅管辖区域调整为吐默特右旗②。1945 年 7 月，伪满洲国政府复将平泉、凌源、建昌三所区法院及三所区检察厅由赤峰地方法院、检察厅划归承德地方法院、地方检察厅，并对凌源区法院、区检察厅辖区进行局部调整③。

①《政府公报》第 2626 号。
②《政府公报》第 3091 号。
③《政府公报》第 3332 号。

表 6.8　伪满锦热蒙地司法体系(1945 年 7 月)

高等法院 高等检察厅	地方法院 地方检察厅	区法院 区检察厅	管辖区域
锦州高等法院 锦州高等检察厅	锦州地方法院 锦州地方检察厅	北票区法院 北票区检察厅	吐默特中旗
	黑山地方法院 黑山地方检察厅	阜新区法院 阜新区检察厅	吐默特左旗、阜新市
	承德地方法院 承德地方检察厅	承德区法院 承德区检察厅	承德县、滦平县、喀喇沁右旗中七家村、登上村、五家村
		平泉区法院 平泉区检察厅	喀喇沁中旗
		凌源区法院 凌源区检察厅	喀喇沁左旗中凌源街及佛爷洞村等 21 村
		建昌区法院 建昌区检察厅	喀喇沁左旗,但除去凌源区法院之管辖区域赤峰区法院
	赤峰地方法院 赤峰地方检察厅	赤峰区检察厅	翁牛特右旗、翁牛特左旗、喀喇沁右旗中喀喇沁村等 9 村
		建平区法院 建平区检察厅	喀喇沁右旗,但除去承德区法院及赤峰区法院之管辖区域
		新惠区法院 新惠区检察厅	敖汉旗

资料来源:伪满洲国《政府公报》第 3332 号。

（三）省外四旗的普通司法机关

与兴安省及锦热蒙旗相比，省外四旗司法机关正规化完成得最早也最彻底。1936 年 5 月伪满公布《关于法院之设立及管辖区域并检察厅设立之件》时，省外四旗的司法事务尚由旗公署兼理①。但至 1937 年 9 月，伪满洲国政府即设立泰康区法院、区检察厅，隶属于齐齐哈尔地方法院、地方检察厅，管辖杜尔伯特旗和泰康县司法事务；并设置克山区法院、区检察厅，隶属于克山地方法院、地方检察厅，管辖依克明安旗、克山县、德都县、依安县的司法事务②。1938 年 8 月，伪满洲国政府开设扶余区法院、区检察厅，隶属于新京地方法院、地方检察厅，管辖郭尔罗斯前旗和扶余县司法事务；又添设肇源区法院、区检察厅，隶属于哈尔滨地方法院、地方检察厅，管辖郭尔罗斯后旗司法事务③。至此，省外四旗全部实现司法机关正规化。此后，省外四旗司法机关未再发生大的变化，仅于 1939 年 6 月，将依克明安旗由克山区法院、检察厅划归齐齐哈尔区法院、检察厅④。

这里需要说明的是，正规司法机关设立前，伪满省外四旗公署是否拥有独立的司法管辖权尚需存疑。由于晚清以来的移民垦荒，省外四旗出现旗县并存的情况，同一地域内既有管理蒙人的蒙旗，也有管理汉人的县治。1934 年 12 月 1 日，伪满《吉林省郭尔罗斯前旗等四旗施行旗制之件》生效，旗县划定区域各自管理域内人民，省外四旗设置的旗公署应当有权审理境内民刑各

①《政府公报》第 650 号。
②《政府公报》第 1029 号。
③《政府公报》第 1315 号。
④《政府公报》第 1537 号。

案,这在 1936 年 5 月伪满《关于法院之设立及管辖区域并检察厅设立之件》中也得到印证。该法明确规定了省外四旗公署与上级法院的隶属关系,即:郭尔罗斯前旗公署隶属于新京地方法院,郭尔罗斯后旗公署隶属于哈尔滨地方法院,杜尔伯特旗、依克明安旗公署隶属于齐齐哈尔地方法院①。但是,1937 年 9 月伪满公布《关于法院之设立及管辖区域并检察厅设立之件中修正之件》,决定设置泰康、克山两所区法院及检察厅时,其附则却明确规定:泰康兼理司法县公署未办结事务由泰康区法院、齐齐哈尔地方法院及其对置检察厅办结;克山、德都、依安三个兼理司法县公署未办结事务由克山区法院、克山地方法院及其对置检察厅办结,并未提及杜尔伯特、依克明安二旗公署②。1938 年 8 月,伪满设置扶余、肇源两所区法院及检察厅时,其公布的《关于法院之设立及管辖区域并检察厅设立之件中修正之件》同样规定:扶余县司法公署未办结事务由扶余区法院、新京地方法院及其对置检察厅办结,也未提及郭尔罗斯前后二旗公署原未办结事务如何处理③。由此来看,伪满洲国政府似乎又不承认省外四旗公署的司法管辖权。由于资料所限,笔者目前对这种前后矛盾的规定还无法做出解释。

二　伪满时期东部内蒙古的特别司法机关

除普通司法机关外,在伪满统治下的内蒙古东部尚存在大量特别司法机关,主要包括军法会审、宪兵队、保安局、警察机关、税

---

①《政府公报》第 650 号。
②《政府公报》第 1029 号
③《政府公报》第 1315 号。

务机关、专卖机关等。

（一）军法会审

1937 年 12 月,伪满洲国政府颁布《军审判法》,将涉及军事利益的犯罪交由军法会审处理。根据该法,军法会审包括高等军法会审、"中央"军法会审、地方军法会审、防卫地军法会审、临时军法会审。其中,"高等军法会审、中央军法会审及地方军法会审常设之";"防卫地军法会审于实施防卫之际,因必要在防卫地境之部队或管辖防卫地境之部队特设之";"临时军法会审于战时、事变之际,因必要在特设或分驻之部队特设之"①。依照《军审判法》,兴安地区成立了以兴安各省警备司令官为长官的地方军法会审。1938 年,兴安四省警备军司令部整合为兴安军管区司令部;1940 年,又撤销兴安军管区,分设第九、十军管区,前者辖兴安南、西二省,后者辖兴安北、东二省,军法会审机关也进行了相应调整。

军法会审裁判权涉及范围十分广泛,不仅对军人、从部队者、军用船之船员及俘虏的犯罪有裁判权,而且对非上述人员但与上述人员共同犯罪,或其犯罪与上述人员所犯之罪于事实关系有关联者也行使裁判权,甚至"于战时、事变之际,为保持军之安宁有必要时",还得对其他人员之犯罪行使裁判权②。由于《军审判法》任意扩大军法会审管辖权,使殖民统治者得以随心所欲地残害内蒙古东部各族人民。扎赉诺尔煤矿汽车队维修工王兴武,仅仅因不满车队负责人日本人平野的辱骂而动手与其厮打,便被第十军

①《政府公报》第 1112 号。
②《政府公报》第 1112 号。

管区军法会审判处无期徒刑①。

（二）宪兵队

为维持日本在内蒙古东部的殖民统治，关东军在多地设立宪兵队或宪兵分队，截至 1944 年 5 月共设立两个宪兵队、九个宪兵分队。

表 6.9　关东军宪兵队在内蒙古东部的组织

宪兵队	宪兵分队	宪兵队	宪兵分队	宪兵队	宪兵分队
四平宪兵队	通辽分队	锦州宪兵队	阜新分队	海拉尔宪兵队	海拉尔分队
承德宪兵队	平泉分队	阿尔山宪兵队	阿尔山分队		满洲里分队
	赤峰分队		兴安分队		博克图分队

资料来源：中央档案馆等编：《伪满宪警统治》，第 37—39 页。

关于宪兵队在刑事诉讼中的职能，伪满《刑事诉讼法》仅规定，"宪兵之军官、准尉官及军士，为检察官之辅佐，应从其指挥为司法警察官搜查犯罪"；非现行犯之事件，限于宪兵军官"得拘引或拘置被疑人"；"宪兵上等兵，应受检察官或司法警察官之命令，为司法警察吏而为搜查之补助"②。也就是说，宪兵队之军官、准尉官及军士只是作为司法警察官，在检察官指挥下搜查犯罪，拘引或拘置犯罪嫌疑人；宪兵上等兵则只能作为司法警察吏，在检察官或司法警察官指挥下从事搜查犯罪的具体事务。总之，法律并未赋予宪兵队提起公诉及判决的权力。但由于关东军是"满洲国"的太上皇，宪兵队得以肆无忌惮地干预检察和审判活动。

---

①王兴武口述，李树发整理：《回忆在海拉尔日本宪兵队的痛苦遭遇》，《海拉尔文史资料》第五辑，1995 年，第 49—54 页。

②《政府公报》1937 年 3 月 8 日号外。

1936 年 7 月,关东军司令官植田谦吉命令关东宪兵队司令官东条英机:"对认定为是共匪或匪贼的共产党有关人员,仍如过去按照军事行动处以严重处分","对不宜处以严重处分的共产党有关人员,原则上要送交军法会审处理。"①据时任赤峰宪兵分队长的小林喜一供述,在此令发布后不到半年的时间内,该宪兵分队"严重处分"的中国人即达 13 人②。1938 年 1 月,关东宪兵司令部又下发《关于特别输送的通牒》,允许宪兵对逮捕的犯人,可以不经审讯而直接送到 731 部队,作为细菌化学试验的材料③。通牒发布后,内蒙古东部各地宪兵队大规模、有组织地开展"特别输送"。中华人民共和国最高人民法院特别军事法庭在沈阳审判日本战犯时,行村志雄当庭承认:"任海拉尔宪兵队长期间,非法逮捕了中国抗日救国人员进行严刑拷打后,送给石井细菌部队,将他们残酷地杀掉了。"④1940 年 5 月,关东宪兵司令部警务部长斋藤美夫在宪兵队长联席会议上发布《战时有害分子处理要纲》,要求"各宪兵队制订本辖区的《战时有害分子名簿》,要通过调查,把那些曾在苏联居住过的人、与苏联有联系的人、爱国意识强烈的人、有抗日言论及行动的人和反日分子都列入这个《名簿》。《名簿》分为甲、乙、丙三种。对甲种人,只要战争一开始就立即逮捕,处以死刑;对乙种人,情节严重者由宪兵队直接处死;对丙种人,要

---

① 中央档案馆等编:《伪满宪警统治》,第 153 页。

② 《小林喜一笔供》,中央档案馆整理:《日本侵华战犯笔供》第 10 册,第 512—514 页。

③ 施玉森:《日本侵略中国东北与伪满傀儡政府机构》,雏忠会馆,2004 年,第 176—177 页。

④ 王战平主编:《最高人民法院特别军事法庭审判日本战犯纪实》,人民法院出版社,1991 年,第 159 页。

严密监视,防止外逃"①。正是根据该《要纲》,苏联对日宣战后,海拉尔宪兵队、特务机关及兴安北省警务厅特务分室,逮捕 18 名苏联侨民中的苏共嫌疑要人,连同特务分室监狱在押苏侨 90 余人,全部用战刀砍杀②。

（三）保安局

为准备对苏侵略战争,关东军必须大力开展防谍、谍报工作,于是指使伪满政府于 1937 年 12 月颁布《保安局官制》,在"中央"设保安局,在各省设地方保安局。保安局及地方保安局名义上是伪满中央及各省政府的行政部门,"保安局属于治安部大臣之管理,掌关于国境警察及其他之保安警察由治安部大臣所指定之事项",地方保安局"隶属于省长,掌关于省内之前项所载事项"③。但实际上,保安局"是根据关东军司令官对伪满洲国政府的要求而设置的,根据同伪政府的协定,在关东军司令部参谋长的指挥下,以第二课的现役军官任中央保安局的专职参与官;各地方保安局则由当地的特务机关长任其参与,分别对保安局的业务进行全面的指挥和监督"④。

在关东军的支持下,保安局及地方保安局滥用侦查、逮捕、审讯等手段,广泛涉足司法领域。1939 年,"中央"保安局长官甚至向地方保安局长发出训令:"关于外谍（"外国"的情报人员）,地方

---

① 《斋藤美夫亲笔写下的自供状》,袁秋白、杨瑰珍编译:《罪恶的自供状:新中国对日本战犯的历史审判》,解放军出版社,2000 年,第 103 页。
② 魏寿山:《日伪宪警在海拉尔市对苏联侨民进行集体屠杀见闻片段》,《海拉尔文史资料》第四辑,1992 年,第 53 页。
③ 《政府公报》第 1125 号。
④ 中央档案馆等编:《伪满宪警统治》,第 679—680 页。

保安局长认为有必要时,可以不经过审判直接处决。"①根据该训令,内蒙古东部各省的地方保安局,在防谍的名义下残酷镇压蒙汉各族人民。1941 年,白永胜因涉嫌反满抗日遭兴安东省特务分室逮捕,并被在监房勒死②;1945 年,张林标等五名抗日志士被兴安总省特务分室秘密杀害③。

（四）警察机关

伪满《违警罪即决法》授权"为警察总监、警察厅长、县警务局长、旗警务科长、警察署长及海上警察队长之警察官,得对于其所属官署管辖区域内犯违警罪者以即决处分科刑。前项所列者有故障时,得由代理其职务之警察官代行前项之处分"④。据此,内蒙古东部各级警察机关获得对违警罪的审判权。虽然该法也规定"受即决处分者得向管辖为处分之官署所在地之区法院请求正式裁判",但慑于伪警淫威,加之民众普遍缺乏法律知识,请求正式裁判能否实现是值得怀疑的,至少在笔者所掌握的资料中尚从未发现有关请求正式裁判的记载。

除上述四个机关外,其他行政机关也或多或少在行使司法权力。伪满《租税犯处罚法》规定:"关于租税犯之案件,应按本法所定,由管辖其犯罪地之税捐局长即决之。"⑤伪满《关于处理专卖法

---

① 中央档案馆等编:《伪满宪警统治》,第 672 页。

② 苍书勋:《有关白永胜自取惨死片段见闻》,《海拉尔文史资料》第一辑,1984 年,第 22—23 页。

③ 杨德田:《通辽沦陷时期的国民党地下组织》,《哲里木盟文史资料》第四辑,第 204—205 页。

④《政府公报》第 975 号。

⑤《政府公报》第 656 号。

令违反事件之件》,也授予专卖署长或专卖局长即决处分的权力①。根据这两个法令,伪满在内蒙古东部设立的税务、专卖机关的首长得以涉足司法。

三　伪满时期东部内蒙古殖民司法体系的特点

（一）日系司法官掌控司法组织

在伪满洲国治下的内蒙古东部,殖民统治者为操控司法普遍在法院、检察厅实行日人次长制。1937 年 12 月 1 日,伪满洲国政府任命了一批内蒙古东部各地方法院及检察厅审判官及检察官,其中:大撅信隆任通辽地方法院次长兼开鲁地方法院次长,平田进任通辽地方检察厅次长兼开鲁地方检察厅次长,牧野三好任扎兰屯地方法院次长兼海拉尔地方法院次长,东喜代松任扎兰屯地方检察厅次长兼海拉尔地方检察厅次长,中井久二任赤峰地方法院次长,中岛撤夫任赤峰地方检察厅次长②。次长一职不仅清一色是日人,而且往往一人身兼数职。次长名义上虽是副职,却在事实上掌握着各该司法机关的实权。

在兴安省,伪满洲国政府于未设法院和检察厅的旗县设立审判署和检察署。这些非正式司法机关中,日人同样占据支配地位。虽然《暂行兴安各省审判署条例》规定,审判署置审判员,以旗长或县长充之,行审判官应为之职务③,但由于各旗设日系参事官,各县置日系副县长,名为辅佐旗县长,实为旗县太上皇,旗县长的审判权被日人剥夺殆尽。曾任阿鲁科尔

---

①《政府公报》第 1182 号。
②《政府公报》第 1116 号。
③《政府公报》第 1029 号。

沁旗参事官的岛村三郎供述:"因蒙古地带旧封建制度的习
惯,所以伪满洲国给与旗长以裁判权,旗审判庭长是旗长,参
事官不管傀儡旗长在不在,就批准裁判书。"①关于检察署的组
织,《暂行兴安各省审判署条例》规定:检察署置检察员,以司法部
大臣所指定之司法警察官充之,行检察官应为之职务②。基于这
一规定,伪满洲国政府在兴安四省设立 22 个旗县检察署的同时
任命了各检察署检察员,全部系由伪司法部大臣从各旗县日系
司法警察官中指定。

表 6.10　伪满兴安各省检察署检察员(1937 年 9 月)

姓氏	警衔	职务	所在省份
宫田增一	巡官	科尔沁右翼后旗检察署检察员	
西野忠治	警佐	科尔沁右翼中旗检察署检察员	
滨口铁藏	警佐	科尔沁左翼前旗检察署检察员	
泽田石岩三郎	警佐	科尔沁左翼后旗检察署检察员	兴安南省
折田美佐树	警佐	科尔沁左翼中旗检察署检察员	
长谷部要作	警佐	扎赉特旗检察署检察员	
草野德久	巡官	库伦旗检察署检察员	

---

①《岛村三郎笔供》,中央档案馆整理:《日本侵华战犯笔供》第 8 册,第
　451 页。
②《政府公报》第 1029 号。

续表

姓氏	警衔	职务	所在省份
长谷川正男	巡官	扎鲁特旗检察署检察员	兴安西省
石田三男	警佐	奈曼旗检察署检察员	
江田达夫	巡官	阿鲁科尔沁旗检察署检察员	
砥绵满	巡官	巴林左翼旗检察署检察员	
大野良助	警佐	巴林右翼旗检察署检察员	
东千古	警佐	林西县检察署检察员	
宫崎觉人	警佐	克什克腾旗检察署检察员	
冈野一郎	巡官	阿荣旗检察署检察员	兴安东省
藤尾映次	警佐	喜扎嘎尔旗检察署检察员	
岸本一郎	警佐	莫力达瓦旗检察署检察员	
山内朝光	巡官	巴彦旗检察署检察员	
吉田瑞穗	警佐	新巴尔虎左翼旗检察署检察员	兴安北省
山田四一	巡官	陈巴尔虎旗检察署检察员	
田上政次郎	巡官	额尔克纳左翼旗检察署检察员	
盐谷进	巡官	额尔克纳右翼旗检察署检察员	

资料来源:伪满洲国《政府公报》第 1140 号。

（二）特别司法机关大行其道

伪满时期,关东军在内蒙古东部各地建立了一系列宪兵组织。根据《暂行惩治盗匪法》,"军队当剿讨肃清成股盗匪时,除得临阵格杀外,得由该军队司令官依其裁量斟酌措置"①,关东宪兵

---

① 《满洲国政府公报》第 44 号。

队由此获得对所谓"盗匪"生杀予夺的大权。严格说来,"临阵格杀"也好,"斟酌措置"也罢,其适用的前提是军队"剿讨肃清成股盗匪"。但关东宪兵队出于镇压中国人民的需要,无限制扩大其适用范围。1936年7月,关东宪兵司令部通知各地宪兵队长:"对共产党有关人员同时又是抗日分子的首要人物,根据军事行动理由,由日本军宪兵来执行严重处分。"[①]显然,这里的"严重处分"早已远远突破了"剿讨肃清成股盗匪"的适用前提。尤为令人发指的是,各地宪兵队根据关东宪兵司令部《关于特别输送的通牒》的指示,对于需要"严重处分"的抗日志士,可不经审讯而直接送到731部队,作为细菌化学试验的材料而惨遭虐杀者不知几何。同时,内蒙古东部设立的地方保安局作为关东军直接掌控的秘密警察机关,虽然伪满法律并未明确赋予其司法职能,但却在实际上拥有极大的司法权力。

伪满在内蒙古东部设立的军事审判组织——军法会审,基于《军审判法》也获得广泛的裁判权。根据该法,军法会审对于军人、从部队者、军用船之船员及俘虏之犯罪有裁判权。其中,所谓军人包括:"现于国军服务之官长、士兵","着用制服中之退役军人",准于退役军人之军属、"军所属之生徒""从事军事邮便业务之邮政职员"及"依法令受准于军人身分之待遇者"[②]。为防止法外遗奸,《军审判法》规定,上述人员其身份发生前之犯罪,或"虽已丧失其身分,若于身分继续中发觉犯罪并已着手搜查时",军法会审对其亦有裁判权。虽不具有上述特定身份,但与特定身份人共同犯罪,或其犯罪与特定身份人之犯罪有关联者,或触犯"《军

①中央档案馆等编:《伪满宪警统治》,第153—154页。
②《政府公报》第1112号。

刑法》《军机保护法》或其他因军事之必要所特设之法令之罪",只要"军法会审为保持军之安宁有必要时"也有权裁判。至于在战时、事变之际,为保持军之安宁有必要时,军法会审得就所有非特定身份人的一切犯罪行使裁判权。即便如此,殖民统治者尤嫌不足,又在《军审判法》中规定,"军法会审行《防卫法》所定之特别裁判权"。该项特别裁判权除涉及伪满《刑法》中"对帝室罪"等 19 类犯罪外,还包括《暂行惩治叛徒法》之罪、《暂行惩治盗匪法之罪》《治安警察法》第十八条之秘密结社罪,并将"防卫地境内系军事上之民事事件"也纳入军法会审范围①。

此外,根据伪满《违警罪即决法》《租税犯处罚法》《关于处理专卖法令违反事件之件》,内蒙古东部的警察、税务、专卖机关分别获得对于违警罪、租税犯罪、专卖犯罪即决处分的权力。

（三）司法组织近代化效果有限

在伪满洲国治下的内蒙古东部,由于司法人才不足,司法官一身数职现象比比皆是。日人青木犹吉不仅任奉天高等法院通辽分庭审判官、通辽地方法院审判官、奉天高等法院开鲁分庭审判官、开鲁地方法院审判官,还兼任营口地方法院次长、营口区法院监督审判官、辽阳地方法院审判官、瓦房店地方法院审判官、抚顺地方法院审判官、铁岭地方法院审判官、四平街地方法院审判官、西安地方法院审判官、奉天高等法院通化分庭审判官、通化地方法院审判官,计 14 个职务;日人竹内正一在担任扎兰屯地方法院审判官、扎兰屯区法院审判官、海拉尔地方法院审判官、海拉尔区法院审判官的同时,还兼任齐齐哈尔高等法院审判官、齐齐哈尔地方法院审判官、洮南地方法院审判官、洮南区法院审判官、洮

①《政府公报》第 1176 号。

安区法院审判官、克山地方法院审判官、北安区法院审判官、黑河
地方法院审判官、黑河区法院审判官、哈尔滨高等法院牡丹江分
庭审判官、牡丹江地方法院审判官、哈尔滨高等法院佳木斯分庭
审判官、佳木斯地方法院审判官,计 17 项职务;日人濑下清明任
赤峰地方法院审判官、赤峰区法院审判官,又兼任锦州高等法院
审判官、锦州地方法院审判官、锦州区法院审判官、黑山地方法院
审判官、阜新区法院审判官、承德地方法院审判官、承德区法院审
判官,计 9 项职务①。正因为如此,伪满时期内蒙古东部司法组织
近代化步履维艰。1937 年 9 月,伪满洲国政府公布《暂行兴安各
省审判署条例》和《关于法院之设立及管辖区域并检察厅设立之
件中修正之件》,着手推进兴安省司法组织的近代化,在通辽、王
爷庙、开鲁、海拉尔、满洲里、扎兰屯设立区法院和区检察厅,在 22
个旗县暂设审判署、检察署作为向正规司法机关的过渡。此后在
近七年的时间里,未再新设一个区法院和区检察厅。直至 1944
年 5 月,伪满洲国政府才又在林西县设立区法院及区检察厅②。
整个伪满时期,兴安各省仅建立 7 所区法院及与之对置的区检察
厅,大多数蒙旗并未设立正规司法机关。同时,一名司法官同时
在不同审级、不同地区任职,一方面导致上级对下级的监督流于
形式,难以纠正下级司法机关的错误;另一方面也使司法官分身
乏术,难以实际开展有效工作。因此,无论从数量上还是从质量
上看,伪满时期内蒙古东部司法组织的近代化并无多少值得称道
的地方。

---

① 《政府公报》第 1116 号。
② 《政府公报》第 2965 号。

（四）以一元体制取代二元体制

1933 年伪满《兴安省处理司法事务暂行办法》规定，"地方法院所应办之司法事务，令县公署或旗公署兼理之"，"高等法院所应办之司法事务，令各分省公署兼理之"，"最高法院所应办之司法事务，由最高法院行之"[①]。由此在兴安省内形成最高法院、最高检察厅—分省公署—旗县公署的司法系统，游离于"满洲国"其他地区的最高法院、检察厅—高等法院、检察厅—地方法院、检察厅（县司法公署、兼理司法县公署、承审处）的体制。但随着第一次产业开发五年计划的实施，伪满洲国政府强化国政的综合统制，撤销蒙政部，由"国务院"各部局直接指挥兴安各省行政。与兴安省行政一元化相适应，伪满洲国政府大力推进兴安省司法的一般化。1937 年 9 月，伪满洲国政府公布《暂行兴安各省审判署条例》和《关于法院之设立及管辖区域并检察厅设立之件中修正之件》，对兴安省司法制度进行全面改革。一方面，根据《法院组织法》，设立地方法院、检察厅和区法院、检察厅；另一方面，在尚未设置法院和检察厅的旗县，设立审判署和检察署，赋予它们与正式法院和检察厅相类似的职权，"审判署管辖属于区法院及地方法院管辖之民事刑事之诉讼事件、非讼事件并其他之事件"，"检察署在属于审判署管辖事件之范围内掌管检察事务"[②]。《条例》规定："对于审判署就属于区法院管辖事件所为裁判之控诉或抗告，由地方法院管辖之；对于就属于地方法院管辖事件所为裁判之控诉或抗告，由高等法院管辖之。对于审判署就属于区法院管辖事件所为判决之上告，由高等法院管辖之；对于就属于地方

---

① 《满洲国政府公报》第 230 号。
② 《政府公报》第 1029 号。

法院管辖事件所为判决之上告,由最高法院管辖之。"同时《条例》还规定:"对于检察署就属于区检察厅管辖事件所为不起诉处分之抗诉,由地方检察厅掌管之;对于就属于地方检察厅管辖事件所为不起诉处分之抗诉,由高等检察厅掌管之。"①据此,兴安省旗县审判署、检察署被纳入伪满统一的四级司法体制中,最终实现了蒙旗司法机关的一般化。

第二节　伪满时期东部内蒙古
的刑事程序法律制度

一　伪满时期东部内蒙古刑事程序法律制度的主要内容

　　伪满成立时,刑事司法中援用 1928 年《中华民国刑事诉讼法》,但在蒙古族聚居的兴安省诸蒙旗则援用前清《理藩院则例》、番例条款及蒙古民族传统的习惯法。1937 年 3 月,伪满洲国政府颁布《刑事诉讼法》,告别了援用民国《刑事诉讼法》的时代。随之,兴安省诸蒙旗根据《暂行兴安各省审判署条例》建立审判署、检察署,统一适用伪满《刑事诉讼法》。

　　伪满《刑事诉讼法》是日本殖民统治者一手导演的"撤销治外法权"闹剧的副产品。该法共七编,计 488 条。第一编"总则"设15 章,分别就法院之管辖,法院职员之除斥、忌避及回避,辩护、辅佐及代表,裁判及处分,书类,送达,期间,被告人及被疑人之召唤、拘引及拘禁,被告人及被疑人之讯问,扣押及搜索,检证,证人

---

① 《政府公报》第 1029 号。

讯问,鉴定,通译,诉讼费用等刑事诉讼审判中的共性问题予以规定。第二编"第一审",设搜查、公诉、公判三章,就立案、侦查、提起公诉及审判诸事务予以规范。第三编"上诉",设通则、控诉、上告及抗告四章,分别规定了上诉程序的共性问题及控诉、上告、抗告三种上诉的个性问题。其中,"抗告"是针对程序问题而为之上诉,即对关于拘禁、拘禁之停止、保证金之没取、扣押或扣押物之发还裁定,及关于鉴定所为、被告人留置之裁定不服;"控诉"和"上告"则是针对实体问题而提出的上诉,前者是对于区法院或地方法院所为第一审判决不服,后者系对于第二审判决或高等法院所为第一审判决不服。第四编"非常手续",设再审、非常上告两章,对再审程序予以规范。其中,再审是地方、高等检察厅或被告人,认为生效判决错误,要求重新审理;非常上告是最高检察厅认为生效判决错误,要求最高法院重新审理,实际上也属于再审之范畴。第五编"特殊手续",设略式手续、专科从刑之手续、执行犹豫之取消及刑之更定手续三章,其中,略式手续是对于应处罚金、拘留或科料之情节轻微的刑事案件适用的第一审简易程序,专科从刑之手续是检察厅对于应仅科从刑的案件径直请求法院按其意见处分的简易第一审程序,执行犹豫之取消及刑之更定手续是撤销缓刑宣告或减刑时适用的程序;第六编"裁判之执行",主要就判决执行过程中的相关事项予以规范;第七编"私诉",规定了刑事附带民事诉讼的程序,设通则、第一审、上诉三章。

除《刑事诉讼法》外,伪满洲国政府还制订了一系列特别刑事程序法。早在《刑事诉讼法》颁行前,为确保财政收入以维持伪政权的运转,伪满洲国政府于 1936 年 5 月颁布《租税犯处罚法》,将"违背依关于租税之法令所课义务之行为而应课以刑罚者"均称作租税犯①,并规定了惩治租税犯的特别程序。该法一方面将处理租税犯罪的审判权赋予税捐局长,并规定了"即决处分"的程序;另一方面又将租税犯罪案件的侦查权、提起公诉权交给税务官吏,并以第二章第二节"搜查"规定了行使相应权力的程序。另外,1938 年 3 月,伪满洲国政府颁布《关于处理专卖法令违反事件之件》,"对于专卖法令违反事件准用《租税犯处罚法》"②,由此,《租税犯处罚法》规定的特别程序扩大适用于违反专卖法令的犯罪案件。

《刑事诉讼法》公布不久,伪满洲国政府即于 1937 年 6 月颁布《违警罪即决法》,授权"为警察总监、警察厅长、县警务局长、旗警务科长、警察署长及海上警察队长之警察官,得对于其所属官署管辖区域内犯违警罪者以即决处分科刑"③,并规定了作成即决处分应适用的特殊程序。

军事审判方面,伪满建立以来一直援用南京国民政府的《陆海空军审判法》。《刑事诉讼法》颁布后,伪满洲国政府于 1937 年12 月公布《军审判法》,适用于违反《军刑法》的各类案件。《军审判法》分军法会审和诉讼手续二编,共 106 条。其中,军法会审编下设军法会审之审判权、军法会审之管辖权、军法会审之职员、审判机关、检察机关五章,分别就军法会审的管辖对象、各级军法会审的管辖分工、军法会职员之任用、审判及检察机关的组成等予以规定。诉讼手续编下设总则、初审、上告及非常上告、再审、专科从刑之手续、裁判之执行六章,总则章规定了军法会审诸程序

---

①《政府公报》第 656 号。
②《政府公报》第 1182 号。
③《政府公报》第 975 号。

中的共性问题,其余五章分别就一审、上诉审、再审之程序,专科从刑适用的简易程序,判决的执行程序等具体问题予以规范。

为了在法律的掩盖下迅速镇压共产党领导的反满抗日力量,1938 年 5 月伪满洲国政府颁布《关于治安庭之设置并其特别手续之件》,于最高法院及高等法院设治安庭,处理高等法院为第一审所管辖之刑事诉讼事件,其适用的程序在诸多方面有别于《刑事诉讼法》。首先,该法规定被告人就高等法院治安庭一审判决为上告声明时,"上告趣意书应自声明之日起十五日以内向原法院提出之"①,与《刑事诉讼法》第三百四十七条相较缩短五日。其次,《刑事诉讼法》第三百五十条仅规定,上告声明人于法定期间内"不提出上告趣旨书者,上告法院应咨询检察厅之意见以裁定却下上告"②,而该法更进一步明确规定上告声明人对于却下上告之裁定"不得声明不服"③。再次,尽管《刑事诉讼法》也限制被告人的上告权,但毕竟在第 338 条中明确列举了 14 种当然的上告理由,而《关于治安庭之设置并其特别手续之件》则仅笼统规定:就高等法院审判庭之裁判"有上告之声明而其为无理由显明时,上告法院得以裁定弃却之"④,上告有无理由任由最高法院治安庭解释。

1941 年 8 月,伪满洲国政府颁布重新修订的《关于治安庭之设置并其特别手续之件》,除于最高法院及高等法院设治安庭外,又在高等法院设特别治安庭,处理高等法院治安庭管辖案件中

①《政府公报》第 1226 号。
②《政府公报》1937 年 3 月 8 日号外。
③《政府公报》第 1226 号。
④《政府公报》第 1226 号。

"因犯罪之态样、地方之情势或其他情形,于治安维持上特为重要
且须急速处置之事件"①,其适用之程序迥异于治安庭:第一,"特
别治安庭作为第一审且终审",而治安庭管辖的案件实行两审终
审。第二,"特别治安庭得于管辖区域内之法院或其他场所开
庭",而治安庭在本院开庭。第三,特别治安庭开庭前,无须将公
诉书誊本送达被告人,而治安庭开庭前则须向被告人送达公诉书
副本。第四,治安庭审理死刑或无期或短期五年以上徒刑或禁锢
之事件,无选任辩护人或辩护人于公判期日不到庭时,审判长应
依《刑事诉讼法》以职权选附辩护人,但对于特别治安庭处理之事
件得不为辩护人之选附。第五,治安庭判处的死刑犯应依《刑事
诉讼法》于监狱内执行,而"于特别治安庭宣告之死刑之执行,得
依司法部大臣之命令于其指定之场所以枪毙为之"②。一言以蔽
之,特别治安庭通过适用特殊程序,大大提高了镇压效率,极大增
强了镇压效果。

　　随着侵略战争的不断扩大,日本需要从伪满洲国获得更多经
济上的支援,于是授意伪满政府制订了一系列经济统制法令。为
从重从速打击违反经济统制法令的犯罪,伪满洲国政府于 1941
年 12 月公布《经济事犯处理手续法》,将"违反司法部大臣指定之
产业经济关系法令之犯罪"统称为经济事犯,并规定了特殊的诉
讼程序。经济事犯处理程序的特殊之处主要在于:一是"对于认
为经济事犯之区法院之判决有控诉而由地方法院以第二审更为
认为经济事犯之判决时,对其判决不得为上诉";二是"对于认为
经济事犯之地方法院之第一审判决不得为控诉";三是上告声明

---

① 《政府公报》第 2192 号。
② 《政府公报》第 2192 号。

人于法定期间内未提出上告趣旨书时，原法院应咨询检察厅之意见以裁定却下上告，且被告人对于裁定不得声明不服①。总之，这种制度设计的初衷在于剥夺被告人的上诉权，以便达到迅速结案的目的。1944 年 5 月，随着《时局刑事手续法》的颁行，《经济事犯处理手续法》被明令废止，对于经济事犯的审判一律适用《时局刑事手续法》。

伴随掠夺资源的各项"开发"活动规模的不断扩大，劳动力供给的缺口越来越大。为扩充劳动力资源，伪满洲国政府于 1943 年 9 月颁布《保安矫正法》和《思想矫正法》，打着"预防犯罪"的幌子，长期无理羁押"有犯罪之虞者"，使其从事"产业开发"的各项劳动。两法内容大同小异，一是规定两类案件的管辖机关，即"保安矫正由管辖本人之现在地之区检察厅以裁决命之"，而"思想矫正由管辖本人之现在地之高等检察厅以裁定命之"②；二是规定处理两类案件应遵循的特别程序。

1944 年，已经处于穷途末路的伪满洲国为维持其统治，于 5 月 1 日颁布《时局刑事手续法》，本着从速打击人民反抗斗争的宗旨，全面简化诉讼审判程序。关于庭前准备阶段，针对《刑事诉讼法》第二百五十八条"法院受公诉之提起时，应速将起诉状之誊本送达被告人"之规定，《时局刑事手续法》断然宣布：关于起诉状送达之《刑事诉讼法》第二百五十八条之规定不适用之；而"第一次公判期日之召唤票之公示送达，以由书记官将应送达之书类公示于法院之揭示场为足"。关于庭审阶段，《时局刑事手续法》规定"法院认为唤问于公判庭为不相当而无伪证之虞时，得使为书面

---

① 《政府公报》第 2276 号。
② 《政府公报》第 2788 号。

之提出以代证人之讯问"。同时,庭审记录内容也大为精简,"于公判调书记载被告人、证人、鉴定人、通事或翻译人之讯问及其供述时,以证明确其供述之要领为足"。对于宣判阶段,《时局刑事手续法》规定:"区法院为判决之宣告时,以朗读主文及理由或与朗读主文同时告知理由之要旨为足。区法院于无上告之声明时,或自判决宣告之日起十日以内无判决书誊本之请求时,将判决主文并犯罪事实之要旨及所适用之法条记载于公判调书以代判决书。前二项之规定于地方法院就关于强盗之罪之事件为判决之宣告时准用之。"对于判决书的要求则是:"当为有罪之判决于表示证据及法令之适用时,以揭载证据之标目及法令为足。"同时,《时局刑事手续法》随意扩大简易程序的适用范围。《刑事诉讼法》第四百零九条仅规定:"区检察厅于思料应处罚金、拘留或科料之事件提起公诉者,得请求依略式手续科刑。"《时局刑事手续法》则不仅规定,"区检察厅就思料应处一年以下徒刑或禁锢之事件,虽于提起公诉时亦得请求依略式手续科刑",而且还进一步规定,"关于左列罪之事件而就窃盗罪思料应处有期徒刑,就其他罪思料处三年以下徒刑者提起公诉时,亦与前项同:一、窃盗罪;二、赃物罪;三、侵入住居罪;四、赌博罪中《刑法》第一百九十条第二项及第一百九十一条之罪;五、违反《鸦片法》罪;六、违反《麻药法》罪"①。

二　对于伪满时期东部内蒙古刑事程序法律制度的评价

(一)由双轨制到一元化

伪满成立伊始,根据《暂行援用从前法令之件》,"从前施行之

---

① 《政府公报》第2965号。

法令,限于与建国主旨、国情及法令不相抵触之条项,一律援用之","尚不足适用时,须依原有之习惯及惯行"①。据此,兴安省在刑事诉讼方面实行双轨制,即蒙旗援用《理藩院则例》及原有习惯、惯行,汉族集中的县治援用中华民国 1928 年《刑事诉讼法》。

　　1933 年,《兴安省处理司法事务暂行办法》再次确认了刑事诉讼双轨现状,"关于兴安省内民事诉讼、刑事诉讼及其他司法事务所应适用之实体法规及程序法规,依照左开各款办理:一、关于纯系原有旗民案件,则应适用前清理藩院则例、番例条款及其他从前关于纯系原有旗民案件所颁布之成文法及习惯法而与建国主旨、国情及法令不相抵触者;二、关于原有旗民与其他民人双方关系案件及纯系原有旗民以外之案件,如在旗公署或县公署则应准用属于民政部总长管理之县长兼理司法事务时所适用之法令,如在分省公署则应准用高等法院所适用之法令"②。

　　为协调蒙旗援用之成文法及习惯法与县治援用的 1928 年民国《刑事诉讼法》之间的关系,1934 年 12 月伪司法部指令兴安南省公署审判庭:"教令第八十一号("大同"二年)《兴安省处理司法事务暂行办法》第三条,对于在兴安省纯系原有旗民诉讼案件,虽规定应适用前清《理藩院则例》条款及向来纯系原有旗民案件之成文法并习惯法不抵触建国意旨、国情及法令者,然向来施行之成文法及习惯法往往有抵触建国意旨及国情者,若仅以向来施行之法规办理,则将对于诉讼案件之审判缺其准则,此时应以《刑事诉讼法》为一般法,补充其最后遗漏固不待言。换言之,即从来施行之成文法、习惯法等,不过在前开教令制限内为特别法优于适

---

①《满洲国政府公报》第 1 号。
②《满洲国政府公报》第 230 号。

用于一般法之《刑事诉讼法》而已。"①

　　1937 年 9 月《暂行兴安各省审判署条例》和《关于法院之设立及管辖区域并检察厅设立之件中修正之件》颁行,兴安省司法机关被彻底纳入"国家"统一司法体系中,实现了蒙旗司法机关一般化。而伴随着蒙旗司法机关一般化的实现,蒙古固有的刑事诉讼成文法及习惯法便全被排除,转而统一适用伪满《刑事诉讼法》,从而在刑事司法中实现了程序法律制度的一元化。

　　需要说明的是,这里所谓刑事程序法律一元化是就兴安省诸蒙旗而言的,至于锦热蒙旗及省外四旗,由于旗县并存的行政管理体制的延续,在司法方面蒙旗仅处理蒙民间民事及轻微刑事案件,其余案件统归县来审理。在这种情形下,涉及蒙民的刑事案件早已统一适用伪满刑事诉讼法律制度。

　　(二)特别法发挥主要作用

　　伪满洲国建立时,曾援用 1928 年民国《刑事诉讼法》,1937 年又制订了刑事诉讼法典,但是为维持日本的殖民统治,伪满洲国政府不断发布刑事程序特别法。因此,在伪满洲国真正发挥作用的是特别刑事程序法。

　　在援用 1928 年民国《刑事诉讼法》的同时,伪满即同时援用国民政府 1930 年《陆海空军审判法》,使之作为刑事诉讼特别法,用以镇压反满抗日活动。1936 年,兴安北省省长凌升及"6·13"事件中海拉尔被捕人员,均由殖民统治者运用《陆海空军审判法》进行审判并予以严惩。伪满《刑事诉讼法》公布不久,伪满洲国政府即于 1937 年 12 月颁布《军审判法》,适用于违反《军刑法》的各类案件。由于《军刑法》第二条将 10 种非军人犯罪也视同军人犯

①《政府公报》第 269 号。

罪,故《军审判法》的适用范围早已超出军人犯罪案件而扩展至非军人犯罪案件。特别是在处理有关共产党案件时,普通法院"往往由于难以搜集到物证,再加上案情复杂,不易审理清楚。时间一旦拖长,结果就将促使对方狡辩抵赖,一个案子就要审理几年,案情的真实性随着时间的推移而日趋模胡"①。于是,简易便捷的军事审判便得到殖民统治者的格外青睐。《军审判法》公布后,殖民统治者建立各级军法会审组织,广泛运用《军审判法》审理反满抗日案件,司法镇压的效能大为提高,但同时也遭到多方非议。于是,伪满洲国政府于 1938 年 5 月日颁布《关于治安庭之设置并其特别手续之件》,将反满抗日案件交由普通法院审理,但基于该法设立的治安庭所适用的是完全有别于《刑事诉讼法》的一套特殊程序。"1941 年度,八路军为解放热河进行了袭击伪满的进攻,故需要速速处置协助八路军作战的爱国人民,以使关东军的侵略行动收到效果,恢复伪满的治安。"②为此,伪满洲国政府于同年 8 月 25 日又对《关于治安庭之设置并其特别手续之件》加以修正,除保留治安庭外,又在高等法院增设特别治安庭,使其可以在军事讨伐地就近开庭,并实行一审终审的特别程序。《关于治安庭之设置并其特别手续之件》实施后,伪满广泛使用特别程序审理反满抗日案件。1941 年,齐齐哈尔高等法院治安庭审理了兴安东省东部地区事件③;同年,哈尔滨高等法院治安庭审理三肇地区事

---

① 中央档案馆等编:《伪满宪警统治》,第 155 页。
② 孙邦主编:《殖民政权》,第 485 页。
③《横山光彦笔供》,中央档案馆整理:《日本侵华战犯笔供》第 7 册,第 54 页。

件,仅肇源(即郭尔罗斯后旗)一地即处死 40 人①;1943 年,齐齐哈尔高等法院治安庭在审理白刘工作事件中,判处中共兴安南省地区负责人丛世和死刑②;1944 年,哈尔滨高等法院治安庭审理黑蒙地区工作案件,并对兴安省涉案人员予以重惩③。为处理热河省的反满抗日事件,伪满洲国政府还在锦州高等法院设置特别治安庭,具体情况在后文中有详细阐述,这里不再赘言。

为解决正式司法机关少、人员不足与维持殖民统治秩序之间的矛盾,伪满洲国政府通过《违警罪即决法》,将仅定拘留或科料之刑的违警罪交由警察机关首长处理,犯罪的侦查、起诉、审判全部在警察机关内部的封闭系统内完成,"为警察官者对于违警犯人不但得以行使检察官之职权,且可行使裁判官之职权"④。出于同样的目的,伪满洲国政府又相继制订《租税犯处罚法》《关于处理专卖法令违反事件之件》,由税务机关和专卖机关兼理司法,依据两法规定的特殊程序惩治违反税收、专卖法令的犯罪行为。

为了把东北建成日本进行侵略战争的兵站,伪满洲国政府不断强化经济统制,人民在严苛的经济统制下穷困潦倒,为生活所迫不得不铤而走险,违反经济统制法令的经济事犯呈井喷式增长。1941 年上半年,全国经济事犯办理总件数为 3462 件,总人数

---

①《杉原一策笔供》,中央档案馆整理:《日本侵华战犯笔供》第 7 册,第 262—263 页。

②《横山光彦笔供》,中央档案馆整理:《日本侵华战犯笔供》第 7 册,第 59—60 页。

③《横山光彦笔供》,中央档案馆整理:《日本侵华战犯笔供》第 7 册,第 90—92 页。

④参见王安惠、赵万斌:《违警罪处罚令、违警罪即决法释义》之《序言》,益智书店,1938 年。

为 4564 人①；而下半年解送经济犯案件为 6115 件，涉案人员达 8182 人，其中，兴安南省为 60 件、76 人，兴安北省为 50 件、55 人，兴安西省为 27 件、66 人，兴安东省为 16 件、16 人②。为迅速惩治违反经济统制法令的犯罪，伪满洲国政府颁布特别刑事程序法——《经济事犯处理手续法》，适用于违反《重要产业统制法》等 24 部法令的犯罪③。此后，伪满洲国政府一再扩大《经济事犯处理手续法》的适用范围，相继将违反《技能人雇入限制及移动防止法》《产业统制法》《物品贩卖业统制法》《矿业统制法》的犯罪也纳入其中。

　　为缓解劳动力供给不足的压力，伪满洲国政府于 1943 年制订了《保安矫正法》和《思想矫正法》，通过所谓"保安矫正""思想矫正"，使被处分者在长达两年的监禁期内无偿劳动。两法赋予检察厅独立做出处分的权力，在此过程中需要做的仅仅是"为必要之侦查"；而延长监禁期限时，也只是由检察厅听取拘置被处分人之矫正辅导院之长或保护监察所长之意见以裁决为之④。从本质上讲，保安矫正与思想矫正完全是在《刑事诉讼法》之外的法外司法，积极组织实施《保安矫正法》的杉原一策也不得不承认："通过'保安矫正'进行'处分'不是正规的司法裁判，所谓司法裁判，就是对'犯罪者'经检察厅检察后在法院判处刑罚的。这种保安处分时对未有犯罪行为者，而以有'犯罪可能'为理由，不经法院合议裁判，只以检察厅的'处分'而将其扣押，强制其劳动的一种

---

① 中央档案馆等编：《东北经济掠夺》，第 164 页。
② 中央档案馆等编：《东北经济掠夺》，第 166、170 页。
③ 《政府公报》第 2317 号。
④ 《政府公报》第 2788 号。

制度。"①

至1944年5月，行将崩溃的伪满洲国政府又抛出《时局刑事手续法》，全面制订了所谓"时局下之刑事手续之特例"，作为普通法的《刑事诉讼法》被束之高阁。

（三）实行检察厅中心主义

按照伪满《法院组织法》，伪满洲国实行审、检分立体制，于各级法院之外平行设立各级检察厅，"法院审判民事、刑事诉讼案件，并依法律所定管辖非讼案件及其他案件"，而"检察厅掌管侦查及公诉之实行、刑事裁判之执行指挥并其他法令所定之事项"②。这样的权力配置，对于保障检察机关依法独立行使检察权本无可非议，然而出于"检举并审判之迅速化"以加强社会控制的考虑，伪满《刑事诉讼法》赋予检察厅的权力过大，使检察官主导了从侦查、起诉、审判、执行的全部诉讼程序，成为支配刑事程序的主宰者。

在侦查程序中，伪满《刑事诉讼法》将检察官置于侦查机关指挥者的地位。根据该法，"省警察厅、县旗特殊警察队之警察官，宪兵之军官、准尉官及军士为检察官之辅佐，应从其指挥为司法警察官搜查犯罪"，而"警长、警士及宪兵上等兵，应受检察官或司法警察官之命令，为司法警察吏而为搜查之补助"。当"检察厅为搜查有紧急之必要时，得向最近之军管区司令官、警备司令官或江防舰队司令官请求派遣军队，但无暇向军管区司令官、警备司令官或江防舰队司令官请求时，得向隶属团长以上之部队长或舰

①《杉原一策笔供》，中央档案馆整理：《日本侵华战犯笔供》第7册，第302—
　303页。
②《政府公报》第543号。

长为其请求"①。由此，以检察厅为纲，"满洲国"编织了一张由军、警、宪、特各方力量构成的侦查罗网，从社会生活的方方面面密切监视人民的一举一动。相关资料显示，在万余人口的边境小城满洲里，伪满即建立了43处警特机构和分支机构，敌特人员先后累计达1849人②。

为查获犯人和搜集证据，以迅速镇压人民反抗，伪满《刑事诉讼法》赋予检察官主宰的侦查机关广泛的强制侦查权。该法第一百一十二条规定，检察厅得召唤、拘引、拘禁被疑人；第一百三十一条规定，检察厅得讯问被疑人；第一百五十二条规定，检察厅于提起公诉前得为扣押及搜索；第一百六十一条规定，检察厅限于提起公诉前得为检证；第一百八十八条规定，检察厅限于提起公诉前得讯问证人；第二百零一条规定，检察厅限于提起公诉前得命鉴定③。此外，伪满《刑事诉讼法》通过第一一三、一一四、一三一、一五三、一六二、一八九、二〇二条，对于辅助侦查之司法警察官，亦付以与检察官不相上下之强制侦查权。

针对公诉阶段，伪满《刑事诉讼法》第二百四十条规定："左列各款情形应为不起诉处分：一、就被疑事件无裁判权者；二、欠缺诉追条件者；三、被疑人死亡或为被疑人之法人至不存续者；四、曾经确定判决者；五、曾经大赦者；六、时效完成者；七、犯罪后之法令废止其刑者；八、被疑事件不为罪或不罚被疑人者；九、法令免除其刑者；十、无犯罪之嫌疑者。"第二百四十一条又规

---

①《政府公报》1937年3月8日号外。
②田垠：《日本帝国主义侵略满洲里概况》，《满洲里文史资料选辑》第二辑，第57页。
③《政府公报》1937年3月8日号外。

定:"搜查之结果有足以维持公诉之犯罪嫌疑时应提起公诉,但斟酌犯人之性行、年龄、境遇并犯罪之性质、动机、结果、犯罪后之情况或其他情形,以诉追为不必要者,得为不起诉处分。"①也就是说,除 10 种法定情形外,只要检察厅认为侦查结果证明犯罪成立均可提起公诉,同时又可以根据其"斟酌"做出不起诉的处分。由此,检察厅对于公诉的提起享有广泛的自由裁量权。由于检察厅既指挥侦查又行使提起公诉的裁量权,于是公诉就简化为对侦查结果的追认。曾任多地高等检察厅次长的杉原一策坦言:"检察官所进行的全盘的审讯,事实上就是根据警官刑讯的材料作基础的。"②

　　针对公判阶段,伪满《刑事诉讼法》第二百八十条规定:"被告人、共同被告人、代表人及代理人之供述得以之为证据。"③允许将检察厅讯问被告人获得的有罪供述作为证据,于是犯罪事实得以认定,检察厅基于犯罪事实提出的处刑要求自然也就获得法院的认可。因此,允许检察厅的审讯笔录作为证据使用,就使检察厅得以间接控制审判程序,进而操控审判结论,公判最终异化为公诉的接力。曾担任多个高等法院次长的横山光彦即供认:"法院只是把由检察(厅)送来起诉的案件根据记录处理就足够了。"④1939 年兴安西省奈曼旗审判署就王殿名违反《鸦片法》一案的判决,充分说明这一弊端的严重性。

---

① 《政府公报》1937 年 3 月 8 日号外。
② 《杉原一策笔供》,中央档案馆整理:《日本侵华战犯笔供》第 7 册,第 263 页。
③ 《政府公报》1937 年 3 月 8 日号外。
④ 《横山光彦笔供》,中央档案馆整理:《日本侵华战犯笔供》第 7 册,第 46 页。

主文

处被告人徒刑四月。

裁判确定前拘禁日数全部算入右本刑。

扣押之生鸦片六两没收。

事实及理由

被告人素以汉医为业，因年景不佳，于康德六年五月十九日（即旧历四月初一日）由家起身，前往开鲁县一带行医，临行由家携带私鸦片六两（内含已配鸦片烟药二两）意图配药服用。行至奈曼旗管境八仙筒被警检举。

按证据判示事实：

一、被告人于本署公判庭与判示事实同旨之供述；

二、检察员冈田利之助对于被告人之讯问调书；

三、生鸦片六两扣押之存在。

应认定之。

依照法律判示被告人之犯行合于《鸦片法》第五条、第十七条第二款，选择徒刑于法定刑期范围内处以徒刑四月，裁判确定前拘禁日数依《刑法》第九条、第六十三条全部算入于右刑期，扣押之生鸦片六两，依《鸦片法》第十九条第一项没收，特为判决。①

本案中，奈曼旗审判署认定事实的第二、三号证据来自检方，被告人的当庭供述则是对该旗检察署讯问笔录的机械复述。同时，判决书对证据的采信又未加任何说明，于是证据中的可疑之处就被轻易隐匿。

---

①《奈曼旗伪满档案汇集》，全宗号101。

　　针对执行阶段,伪满《刑事诉讼法》规定:"裁判之执行由为其裁判法院对置之检察厅指挥之。"从而使检察厅得以根据自己的意志解释裁判并进行处分。虽然《刑事诉讼法》规定"受科刑之判决者就判决之解释有疑义者,得向为判决之法院声明疑义","受裁判之执行者或其法定代理人或夫,关于执行以检察厅所为之处分为不当者,得向为裁判之法院声明异议",但由于《刑事诉讼法》要求"受理疑义或异议之声明之法院咨询检察厅之意见应为裁定"①,检察厅在判决执行中的专横也就难以得到遏制。

　　综上所述,伪满的刑事司法中,检察官操控的侦查程序处于核心地位,无论是公诉还是公判,都是基于侦查获得的所谓证据,而执行不过是判决——检察官求刑意见的确认书的自然延续。

　　这种以检察厅为中心的刑事司法程序,由于缺乏有效的外部监督,必然导致冤案频发。1939 年 6 月上旬,热河省警务厅以准备暴动为由,在平泉县(喀喇沁左旗)逮捕 22 名红枪会会员并解送锦州高等检察厅。检察厅经审讯后,以违反《暂行惩治叛徒法》的名义,向锦州高等法院起诉。法院治安庭遂于 1939 年 7 月下旬开庭,并根据检察厅求刑意见做出判决。其中,3 人被处死刑,约 7 人被判无期徒刑,约 12 人被判有期徒刑(7 年以上 15 年以下者)。而作为本案关键物证的枪支、暴动旗帜根本就不存在,据领导案件起诉的锦州高等检察厅次长杉原一策供述:"我认为本件证据品的枪、旗已送到,这是我以前在新京看见过像本件证据品的错觉。"②

---

①《政府公报》1937 年 3 月 8 日号外。
②《杉原一策笔供》,中央档案馆整理:《日本侵华战犯笔供》第 7 册,第 288—
　　289 页。

（四）法西斯主义色彩浓重

虽然伪满建立伊始即颁布《人权保障法》，宣称"满洲国"人民享有广泛的权利，但同时又对这些权利加以限制，要么是"基于公的权力之制限依法令所定"，要么是"基于公益上必要之制限依法律所定"①。于是，伪满洲国政府通过所谓的"法令""法律"，在维护公益的幌子下将人民的权利剥夺得一干二净。在伪满刑事司法中，日本殖民统治者对人权的大肆践踏主要表现为以下五个方面。

第一，对被告人、嫌疑人科以真实供述之义务。伪满《刑事诉讼法》第一百二十六条规定，"被告人对于讯问不得无故拒绝供述或曲庇事实而为供述"②，其实质就是要求被告人、嫌疑人自证其罪，凡拒不认罪者都被视为违反真实供述之义务，只有对其大刑伺候才能使其认罪伏法。于是，真实供述义务成为刑讯逼供的逻辑起点，刑讯逼供则是真实供述义务的必然结果。伪满刑事司法中，刑讯逼供成为公开的秘密，战犯杉原一策在其笔供中即承认："自警察逮捕起至决定处分为止，有相当数目死亡者，死亡的原因我想是由于在当地扣押时，生活条件不良以及警察进行殴打等刑讯所致。"③杉原一策任锦州、哈尔滨、新京高等检察厅次长期间，多次对锦州、热河、兴安等省特务警察官进行培训。此种培训"专以防止遗漏反满抗日活动分子为中心，在调查和拷问中是否合乎人道的问题，我从来不过问，我虽听到也知道司法警察官在拷问

①《满洲国政府公报》第 1 号。
②《政府公报》1937 年 3 月 8 日号外。
③《杉原一策笔供》，中央档案馆整理：《日本侵华战犯笔供》第 7 册，第 263 页。

当中采取了殴打、水刑等办法,在训练会议上当然也谈论这些问题,而我从来没有严格的禁止过"①。

　　第二,任意延长羁押期限。伪满《刑事诉讼法》第一百条规定:"拘禁之期间为二月,于有继续之必要时得以裁定更新之。"②这里,刑诉法仅笼统规定"有继续之必要时"可以延长拘禁期限,至于"必要"的标准、延长期限的次数,则未做任何规定,从而为刑事司法中任意延长羁押期限大行方便。

　　第三,剥夺被告人的上诉权。为解除被告人对上诉的后顾之忧,近代法治国家的刑事诉讼法均明文规定"上诉不加刑",但伪满《刑事诉讼法》却借口维护公共利益公然废除这一通行规则。伪司法部在《刑事诉讼法说明》中宣称:"从来之刑事诉讼法因被告之利益而为上诉时,不许将原判决变更为被告之不利益。如斯实不外基于被告之私的利益,置于社会国家之公共的利益上之个人主义的谬想而已。故本草案扫除斯种不合理之制度,是以上诉法院不可不按自己之所信而为适切之审判。"③

　　为迅速惩治所谓"经济犯",伪满洲国政府制订《经济事犯处理手续法》,对经济犯的上诉权进行多方限制:"对于认为经济事犯之区法院之判决有控诉而由地方法院以第二审更为认为经济事犯之判决时,对其判决不得为上诉";"对于认为经济事犯之地方法院之第一审判决不得为控诉。"④通过这些规定,经济犯案件

---

①《杉原一策笔供》,中央档案馆整理:《日本侵华战犯笔供》第7册,第270—
　272页。
②《政府公报》1937年3月8日号外。
③《政府公报》第879号。
④《政府公报》第2276号。

的办案效率大幅提升。1943 年,通辽地方检察厅辖下各区检察厅处理违反经济统制法令案件 160 件,涉案人员 480 人,次年则分别上升为 200 件、600 人①。

　　第四,保安矫正处分程序缺乏约束。《保安矫正法》第四条规定:"保安矫正由管辖本人之现在地之区检察厅以裁决命之。"诚然,该法第十三条也规定:对付于保安矫正之旨之裁决,本人及法定亲属得向为裁决之检察厅之对置法院为抗诉,但由于《刑事诉讼法》对此加以种种限制,抗诉基本上形同虚设。根据伪满《刑事诉讼法》第三百七十五条,"抗告法院咨询检察厅之意见应为裁定",于是检察官的意见可以影响法官的判断;根据第三百七十六条,"抗告之声明于其方式有重大之瑕疵者或于抗告权消灭后为之者,抗告法院却下抗告",于是法官能够随意借口"重大之瑕疵"驳回抗告。因此,对于检察厅保安矫正裁决的抗诉几乎是不可能实现的。正是由于缺乏相应的制约,检察官得以任意对"有犯罪之虞者"施以保安矫正惩罚。据新京高等检察厅次长杉原一策供认,1943 年 5 月至 1944 年 12 月,其领导的通辽地方检察厅辖内各区检察厅保安矫正处分的人数约为 60 人②。

　　第五,特别治安庭一审终审草菅人命。1941 年,为从速打击反满抗日力量,恢复治安秩序,伪满洲国政府重新制订《关于治安庭之设置并其特别手续之件》,决定在高等法院设特别治安庭,使其在军事讨伐地就近开庭,并实行一审终审的特别程序。随后,

---

①《杉原一策笔供》,中央档案馆整理:《日本侵华战犯笔供》第 7 册,第 274、275 页。

②《杉原一策笔供》,中央档案馆整理:《日本侵华战犯笔供》第 7 册,第 276 页。

伪满洲国政府在锦州高等法院设置了特别治安庭,在包括喀喇沁中旗平泉区法院、该旗八里罕等 14 个场所现场开庭[1],对热河蒙旗居民实行空前的大屠杀。据锦州高等法院次长横山光彦供述,在其任职的 1943 年 5 月至 1944 年 5 月期间,该院特别治安庭审理的 3 起案件中,17 人被处死刑,约 255 人被处无期徒刑或 10 年以上有期徒刑,约 148 人被处 10 年以下有期徒刑。

表 6.11　伪满锦州高等法院特别治安庭审理案件一览表

案发时间	案发地	起诉人数	审判结果
1943 年	喀喇沁中旗、翁牛特右旗、敖汉旗及兴隆、承德、围场、隆华、丰宁、青龙各县	约 160 人	5 人死刑,约 100 人无期徒刑或 10 年以上有期徒刑,55 人 10 年以下有期徒刑。
1943 年	喀喇沁右旗、喀喇沁中旗、翁牛特右旗、敖汉旗及兴隆、承德、围场、龙华、丰宁、青龙各县	约 200 人	7 人死刑,约 120 人无期徒刑及 10 年以上有期徒刑,约 73 人 10 年以下有期徒刑。
1943 年	平泉(即喀喇沁中旗)光头山地区	60 人	5 人死刑,约 35 人无期及 10 年以上有期徒刑,约 20 人 10 年以下有期徒刑。

资料来源:《横山光彦笔供》,《日本侵华战犯笔供》第 7 册,第 69—74 页。

---

[1]《饭守重任笔供》,孙邦主编:《殖民政权》,第 487 页。

第七章 伪满时期东部内蒙古殖民法律制度的本质与作用

第一节 伪满时期东部内蒙古殖民法律制度的本质

"满洲国"是在日本帝国主义扶植下建立起来的傀儡政权,是日本在内蒙古东部沦陷区实行殖民统治的代理人。伪满政权的殖民性质必然要反映在其法律制度中,使其法律制度成为日本在内蒙古东部沦陷区推行各项殖民统治政策的工具。笔者拟从行政法律制度、经济统制法律制度、刑事法律制度、司法制度四个方面,就内蒙古东部沦陷区殖民法律制度的本质予以阐释。

一 为殖民统治服务的行政法律制度

"满洲国"建立后颁布了大量的官制,用以规范治蒙机关的组织,以示其行政权力的合法性,但各级各类治蒙机关的设立无一不是为了满足日本殖民统治的需要。

"满洲国"建立时,日本帝国主义在内蒙古东部立足未稳,亟须笼络蒙古民族并利用上层王公维系其在本地区的有效统治。为此,伪满洲国政府不仅为蒙古人划定了民族自治行政区域——

兴安省,而且还设立了相应的"中央"治蒙机关——兴安局。根据1932年《兴安局官制》及《关于划定兴安局官制第一条所称另定地域之件》,兴安局除"掌管关于兴安省之一般行政事宜"外①,并就吉林省郭尔罗斯前旗,黑龙江省郭尔罗斯后旗、杜尔伯特旗、依克明安旗、东布特哈八旗、齐齐哈尔八旗、墨尔根八旗之旗务辅佐"国务总理"②。1932年8月,伪满洲国政府公布《兴安局官制中改正之件》,将兴安局改称兴安总署③,其地位、职能、编制、内设机构等一仍其旧。由于兴安总署是专司蒙务的"中央"机关,"国务院"其他各部局不得直接号令兴安省,只有通过"咨请"兴安总署"转饬"兴安各分省长,其政令才得以在兴安省内落地。关于这一点,通过对比实业部同一天发出的两件公文可得到佐证。

实业部咨第九八号

　　为咨行事。查本部前曾制订大同元年份牧场调查表,令发奉、吉、黑各省查填在案。兹复制订大同二年份牧场调查表,除分令外,相应检同此表咨请贵署令饬所属按照表定限期查填报转,实纫公谊。

此咨

　　兴安总署

大同二年九月二十五日
实业部总长　张燕卿④

---

①《满洲国政府公报》第1号。
②《满洲国政府公报》第18号。
③《满洲国政府公报》第31号。
④《满洲国政府公报》第228号。

实业部训令第二三六号

令奉天、吉林、黑龙江、热河省长、北满特别区长官：

为令行事。查本部前曾制订大同元年份牧场调查表，令发各省查填在案。兹复制订大同二年份牧场调查表，除分行外，合亟检同此表令仰该省长、长官转饬所属按照表定限期查填报转，是为至要。此令。

大同二年九月二十五日

实业部总长　张燕卿①

实际上，兴安总署下达给兴安各分省长的"训令"，许多是在接受"国务院"其他部局的"咨请"后做出的。兹将 1933 年兴安总署训令第九六八号抄录如下以资印证。

兴安总署训令第九六八号（兴劝农第七十七号）

令兴安西分省长：

为饬遵事。案准财政部总文第三二一号咨开："为咨请事。案查大同三年度罂粟栽培区域，业经专卖公署长依《鸦片法施行令》第十二条指定在案。兹本部拟将区域内之罂粟栽培事宜，大体上依左开办法实施，相应咨请贵署参酌旧热河省时代之惯例，转饬各该旗县遵照施行，并请将对各旗县之令件抄送本部以凭查核，至纫公谊。此咨"等因。准此，除抄令咨覆外，合亟抄同罂粟栽培事宜实施办法，令仰该分省长即便遵照，转饬所属各旗县一体遵照办理，并仰将对各旗县之令件先行抄送本署以凭转咨外，一俟各旗县呈覆到日，

①《满洲国政府公报》第 228 号。

亦仍仰具报为要。切切此令。

大同二年十二月二十三日

兴安总署总长　齐默特色木丕勒①

1934 年 11 月,伪满洲国政府进而公布《国务院各部官制中修正之件》,将兴安总署升格为蒙政部,赋予"蒙政部大臣掌理关于施行旗制地域内之地方行政、警察、土木、卫生、农林、畜产(除关于马匹事项)、水产、矿山、商工、教育及宗教之事项,并监督兴安各省长"的大权②。与兴安总署时代相较,蒙政部大臣对于兴安省外施行旗制的蒙旗,得行使直接行政管理而非仅仅辅佐"国务总理"。时任蒙政部大臣的齐默特色木丕勒欢欣鼓舞,不仅发表《声明书》盛赞蒙政部之设立"诚我建国之理想可谓更进一步者也"③,还亲笔用蒙文题写了"远归近安,帝法日益昌盛"的赞词④。然而,随着 1937 年产业开发五年计划的实施,蒙政部的存在已成为日本帝国主义实现其殖民统治目标的障碍。于是,伪满洲国政府抛出 1937 年《兴安局官制》,将主管蒙务的蒙政部降格为备"国务总理大臣"咨询的兴安局。

　　不仅伪满洲国治蒙机关的设置体现了日本殖民统治者的利益,就是治蒙机关的人事安排也同样反映了殖民统治者的意旨。

　　伪满洲国统治下的内蒙古东部,各级行政机关充斥着日系官吏。据《兴安东省情况(秘)》记载,1940 年 6 月该省公署职员中,

<hr/>

①《满洲国政府公报》第 301 号。
②《政府公报》第 225 号。
③孙邦主编:《伪满人物》,第 612 页。
④苏赫巴鲁:《郭尔罗斯前旗札萨克齐默特色木丕勒史略》,《内蒙古文史资料》第三十五辑,1989 年,第 137 页。

"日系七十四名,满系四十名,合计一百一十四名"①。在兴安西省,始设分省时,分省公署职员"总计五六十名,多数为蒙古族,少数为汉族,还有三、四名日本人"。升格为省后,"随着日本人职员逐渐增多,除警务科及特务科始终为日本人外,其他各科科长也多改为日本人,如浅野良三、绪方义道、上屋款次、佐佐木、寺田茂土等。股长级日本人则更多。后来,日本男女职员剧增,竟占省公署全部职员的半数左右"②。而在兴安北省,1942 年时的省公署也为日系官吏把持,省次长大园长吉,总务科长兼人事科长藏木弘毅,财务科长石川隆夫,民生厅长米田富,畜产科长岛濑久一郎,建设科长下川与市,保健科长小松丙三,警务厅长大塚善吉,警务科长川上藤松,警防科长伊藤芳雄,特务科长河上修③。随着日本在内蒙古东部殖民统治的不断加强,日系官吏也逐渐渗透到各旗、县、市公署。通过以下 1941 年海拉尔市公署官吏名录,我们不难发现,日本人已经由幕后走到前台,堂而皇之地坐上市长宝座,殖民统治强化程度于此可见一斑。

海拉尔市公署官吏名录

市　　　　长:官村修一郎

副　市　　长:(苏)正本

---

①齐齐哈尔铁道局总务科资料股编:《兴安东省情况(秘)》,徐同功译,内蒙古地方志编纂委员会总编室:《内蒙古史志资料选编》第五辑,1985 年,第 82 页。

②暴有山:《我所知道的兴安西省》,《哲里木盟文史资料》第一辑,第 91—93 页。

③鄂耀胜:《海拉尔(呼伦贝尔)历史编年及行政沿革史》,《海拉尔文史资料》第三辑,1991 年,第 27 页。

保 健 科 长:大冢规矩郎

工 务 科 长:国未正彩

经 济 科 长:吉冈俊夫

庶 务 科 长:阵内忠八

财 务 科 长:应舞鲲

行 政 科 长:刘继繻

技　　　　佐:范谷富治、井关敏雄

高等官试补:平江琪

属　　　　官:种桥幸男、福泽喜六郎、马场好、大熊矶喜、张汉澄、石山茂、下川启一、山本良辉、松池一方、朴圣镇、孜梦月、柴墨林、涂才德尔、辛学曹、韩文韬、杨有清

技　　　　士:镇尚茂

视　　　　学:山下一二三

技　　　　士:盛佳正、玉木直彦、铃木正太、河合正义、伊泽光三、左伯太一、保保夫、森直、川西明

委任官试补:坂东正太郎、车金鑫、李培元、松本常人、柴田正一、石峰清、刘景舜、侯国印、市川裕三、草间长治、扬槐井上重一、藤原寿一、强志远、李承志①

总之,伪满时期内蒙古东部沦陷区的行政法律制度,无论从行政机关的设置还是行政人事安排看,均体现了殖民统治者的意图,是为维护日本在内蒙古东部地区的殖民统治服务的。

---

① 史志纯:《伪兴安北省地方职员训练所、海拉尔市职官录》,《海拉尔文史资料》第八辑,2001 年,第 49—50 页。

二　以掠夺和聚敛为目的的经济统制法律制度

伪满洲国政府制订了大量经济统制法令,透过这些法令文本的字面表述,结合其制订的背景和实施情况,我们不难看出立法者的意图不外乎掠夺资源和聚敛钱财。

东北地区拥有丰富的林业资源,而内蒙古东部更是首屈一指。据 1936 年伪满洲国政府的调查,"全国"森林面积为 2194 万陌,就各省面积来看,兴安省最多为 800 万陌,黑河省 470 万陌,三江、牡丹江、间岛、龙江各省各为 110—120 万陌,吉林省为 100 万陌①。这些资源不仅为日本国内所需要,也为伪满"国防"及重要产业开发所必需。然而,伪满建立前,依据《国有林发放章程》《整理辽宁省国有林暂行章程》《吉林省填发临时执照简章》及民国十三年黑龙江省森林局布告第四号,经许可之国有林林木采伐权"多掌握在华人之手②,对于日本掠夺林业资源构成重大障碍。于是,关东军决定对于国有林采取统一统制的经营方针③。为了实现关东军的意图,伪满洲国政府公布《林场权整理法》。蒙政部根据该法的授权,对兴安省内的既存林场权进行审定。1935 年 10 月 10 日,蒙政部发布两则公告公示审定结果:既存 12 项林场权中,9 项因期满而消灭,2 项限至 1936 年 5 月 31 日有效,1 项因未遵照《林场权整理法》规定办理呈请手续而消灭,涉及林场面积 1950 平方里④。

---

①〔日〕满史会:《满洲开发四十年史》(上卷),东北沦陷十四年史辽宁编写组译,1988 年,第 533 页。

②《政府公报》第 81 号。

③〔日〕"满洲国"史编纂刊行会编:《满洲国史(分论)》(下),第 165 页。

④《政府公报》第 474 号。

通过《林场权整理法》的实施，内蒙古东部国有林采伐权完全由殖民统治者控制，极大便利了日本帝国主义对内蒙古东部林业资源的掠夺。据《兴安东省情况（秘）》记载，仅 1938、1939 两年，殖民统治者即从兴安东省掠夺加工处理材 13507818 立方米①。

　　"牧畜之于满蒙，自古以来，是很盛的。现在更为满蒙产业中之花。"②其中，内蒙古东部堪为翘楚。据 1934 年末的调查，兴安省千人口拥有家畜头数的状况是：兴安北省为 1903.3 头牛，2008.8 匹马，11852.7 只羊；兴安东省为 95.4 头牛，90 匹马，13.3 只羊；兴安南省为 119 头牛，26.3 匹马，180.6 只羊；兴安西省为 378.7 头牛，94.3 匹马，479.4 只羊；四省平均为 313.3 头牛，178.6 匹马，993.5 只羊。而"满洲国"其他 10 省合计为 46.6 头牛，68.1 匹马，35.5 只羊③。为攫取中国东北特别是内蒙古东部地区的畜产资源，伪满洲国政府相继制订《毛皮皮革类统制法》《家畜调整法》《家畜及畜产物统制法》等敕令，蒙政部公布《家畜交易市场法施行规则》《屠宰场法施行规则》等部令。此外，兴安各省也先后颁布了许多相关法令，诸如兴安东省《兽肉贩卖营业取缔规则》、兴安西省《食肉营业取缔规则准则》、兴安北省《暂行家畜买卖规则》、兴安南省《关于羊毛类之移动限制之件》、兴安总省《牛乳取缔规则施行细则》等省（总省）令。这些法令涉及畜产生产、加工、运输、销售等诸多环节，编织了一张统制内蒙古东部畜产资源的罗网。由于资料所限，目前我们无法确切知晓伪满时期日本殖民统治者究竟从内蒙古东部地区掠取了多少畜产资源，

①《兴安东省情况（秘）》，《内蒙古史志资料选编》第五辑，第 108 页。
②〔日〕藤冈启：《满蒙经济大观》，吴自强译，民智书局，1929 年，第 151 页。
③东亚问题研究会：《蒙古要览》，株式会社三省堂，1938 年，第 32 页。

但仅就 1943 年科尔沁左翼后旗出荷一万头牛的史实①,即可管窥日本帝国主义掠夺内蒙古东部畜产资源何其疯狂。

　　"满洲之矿业资源比较日本,种类虽未必尽多,但其产量甚丰富也。"②对于这些资源,日本帝国主义觊觎已久。"满洲国"成立后,日本殖民统治者指使伪满傀儡政府先后制订了《矿业法》《满洲矿业开发株式会社法》《矿业统制法》等敕令。作为"中央"治蒙机关的蒙政部也先后公布了《矿业法施行细则》《关于对发见康德二年敕令第九十一号矿物者处置方法之件》《关于矿业之规费之件》等部令。通过这些统制法令的实施,内蒙古东部矿产资源开采权几乎尽入日人囊中。在热河省喀喇沁右旗,登录在案的 35 宗矿业权中,满洲矿业开发株式会社 16 宗,中东产业株式会社 3 宗,东亚矿山株式会社 2 宗,满洲矿业株式会社 1 宗,石原新作 6 宗,大羽时男 1 宗,桥爪通 1 宗,余田庄太 1 宗,石井忠治 1 宗,董福魁 1 宗,郜子瑜 1 宗,苏泽民 1 宗③,91.43% 的矿业权掌握在特殊会社、准特殊会社及日本企业主手中。而在锦州省吐默特右旗,登录在案的 107 宗矿业权中,满洲矿业开发株式会社 90 宗,热河开发株式会社 6 宗,满洲矿业汽船株式会社 2 宗,隆内石太郎 3 宗,石田荣造 2 宗,河村静雄 1 宗,吉村村吉 1 宗,五岛胜治 1 宗,谭明玉 1 宗④,特殊会社、准特殊会社及日本企业主拥有的矿业权占总数的 99.07%。殖民统治者垄断矿业权后,对内蒙古东

①参见达瓦敖斯尔:《科左后旗出荷万头牛纪实》,《哲里木盟文史资料》第四辑,第 143 页。

②〔日〕斋藤直基知编纂:《满洲产业经济大观》,第 288 页。

③满洲矿业开发株式会社编:《满洲国矿区一览》,满洲矿业开发株式会社,1941 年,第 381—383 页。

④满洲矿业开发株式会社编:《满洲国矿区一览》,1941 年,第 368—374 页。

部矿产资源进行了掠夺性开采。以兴安北省扎赉诺尔煤矿为例，自 1935 年 4 月南满铁道株式会社接管该矿至 1945 年 8 月日本无条件投降，2184834 吨煤炭被日本攫取①。

　　为了给掠夺东北资源的"产业开发"筹集资金，并支持日本帝国主义发动的侵略战争，伪满洲国政府想方设法聚敛钱财。1942年 6 月，伪满洲国政府公布《国民储蓄会法》，强制全民参加储蓄，经济落后的蒙旗亦未能幸免。据同年 9 月吉林省公署公布的《关于国民储蓄法实施协力之件》记载，该年郭尔罗斯前旗兴农合作社储蓄目标额为 613000 元，大兴公司为 12000 元，邮政贮金为60000 元，邮政保险为 15000 元②，合计 70 万元。为了聚敛钱财，日本殖民统治者无所不用其极。鉴于鸦片交易的暴利，"满洲国"成立当年即制订《暂行鸦片收买法》《鸦片法》《鸦片缉私法》等教令，实行鸦片专卖制度。作为"中央"治蒙机构的兴安总署虽未定制相关配套法令，但通过训令及总署令责成兴安各分省长执行财政部颁行的《暂行鸦片收买法施行规则》《鸦片法施行令办理手续》③。鸦片专卖制度实施后，伪满洲国多地在傀儡政府纵容下大张旗鼓地进行罂粟种植。兴安西省及蒙旗集中的热河省作为伪满洲国鸦片主产地，罂粟种植面积长期居高不下，1935 年为34.5 万亩④，1936 年增至 65 万亩⑤。虽然 1938 年起，伪满洲国政府实施所谓"鸦片十年断禁政策"，但至 1941 年，两省罂粟种植

---

①夏恩训、徐志红主编：《满洲里市志》，第 443 页。

②《吉林省公报》第 1847 号，王长林、唐莹策划：《伪满洲国地方政府公报汇编》第 30 册，第 10999 页。

③《满洲国政府公报》第 50、125 号。

④《政府公报》第 194 号。

⑤《政府公报》第 466 号。

面积仍高达 50 万亩①。此后,日本帝国主义发动太平洋战争,为制造麻药向伪满洲国索要大量鸦片。于是,伪满洲国政府决定扩大鸦片栽培面积,不但把欺骗的"鸦片十年断禁政策大纲"所规定的每年递减栽培面积办法完全推翻撕碎,而且恢复了热河省和兴安西省所递减的面积②。根据相关研究成果,伪满时期,日本殖民统治者从内蒙古东部沦陷区共征缴鸦片 1 亿两,折合白银 2 亿两③。

综上所述,日本殖民统治者在内蒙古东部施行的各种经济统制法律制度无一不是服务于掠夺资源和聚敛财富这两个目的的。

三　以暴力维护殖民利益的刑事法律制度

内蒙古东部沦陷区的刑事法律制度,作为殖民法律制度的有机组成部分,与其他法律制度一样,也是以维护日本的殖民利益为己任的。

"在建立满洲国同时即掌握了其实权的关东军的最大目标,在于把整个中国东北建设成对苏战略的前进基地,同时通过经济开发以确保满蒙的军需资源。"④如何达成这一目标呢? 舍经济统制别无他途。第一次世界大战后,中国东北地区民族经济迅速发展,不仅在纺织、面粉、酿造等传统工业中占据垄断地位,而且在矿业、机械、交通等现代工业中快速发展;晚清以来英、美、俄等

①《政府公报》第 2009 号。
②《金名世检举张景惠实行鸦片毒害政策的材料》,中央档案馆编:《伪满洲国的统治与内幕:伪满官员供述》,第 58 页。
③内蒙古自治区课题组:《内蒙古抗战时期人口伤亡和财产损失》(调研报告卷),中共党史出版社,2011 年,第 70—73 页。
④〔日〕铃木隆史:《日本帝国主义与满洲》,周启乾监译,金禾出版社有限公司,1998 年,第 513 页。

国资本率先侵入中国东北,拥有巨大影响。此外,日俄战争后,日本财阀在中国东北苦心经营二十余年,控制该地金融、矿山、钢铁等行业,而"九一八"事变后"跑步进入满洲"的新财阀,为获取更多利益也极力扩张势力范围,引发互相之间无序竞争。在这种背景下,只有实施经济统制,依靠"国家"权力扼杀民族经济,排斥"外国"资本,引导日本财阀投资"国防"产业,才能实现关东军的目标。1933 年 3 月,在日本殖民统治者的指使下,伪满洲国政府公布《满洲国经济建设纲要》,宣布对经济实施"国家"统制。此后,伪满洲国政府先后颁布大量有关经济统制的教令、敕令,就制裁手段而言以刑罚居多。以《物价及物资统制法》为例,违反该法相关规定,重者可判处三年以下之徒刑或 5000 元以下之罚金,轻者也须处六月以下之徒刑、500 元以下之罚金或拘留或科料①。作为"中央"治蒙机关的兴安总署、蒙政部,也制订或参与制订了诸多包含刑事制裁的经济统制法令,如《兴安省汽车取缔规则》即规定:不遵本法者将根据情节轻重,要么处以三个月以下之有期徒刑或百圆以下之罚金或拘役,要么处以一个月未满之拘役或五十圆未满之罚金②。至于兴安各省公布的经济统制法令中设定刑罚者也不在少数,诸如兴安北省《暂行家畜买卖规则》、兴安西省《瓜子生产集货统制规则》、兴安东省《马铃薯并其加工品统制规则》等均明定违法之后果:处 300 元以下之罚金、拘留或科料③。在严密的法网下,百姓举手投足动辄得咎。据 1944 年 5 月 26 日《开鲁新报》报道:开鲁街居民杨万顺、宋国兴"都是营切糕贩卖

---

①《政府公报》第 1845 号。
②《政府公报》第 89 号。
③《政府公报》第 1936、2289、2705 号。

商,因无官署许可,竟私自购买粮谷作切糕,因此有违反《粮谷管理法》之规定,所以警察当局即实行检举此种管业而将杨宋二人一并检举矣。查杨某于本年一月二十八日乃至同年二月二十八日于此一月间,不详次数在农产物交易场及地方行政官署指定场所外自宅中,由姓不详之粮谷生产者多名手中,用国币三百圆买取黄米三石,以作制切糕原料。宋某是在去年十二月二日乃至本年一月二日亦历一月间,在自宅中由不详姓名之粮谷生产者手中,用国币一百二十元买入制造切糕原料黍子一石。二人被检举后,经取调完了,即备文送到检察厅,经法院判决,结果处杨某罚金六百元并追征国币三百圆,处宋某罚金三百元并追征国币一百二十元"。另据1944年6月10日《开鲁新报》报道:居住奈曼旗八仙筒的田配言"以营商为业。田某与长兄田福林伙居,其兄以卖瓦盆青菜为业。在今年二月下旬至三月上旬之期间,因天降大雪冻死野兔很多,又加乡人趁此机会到野外行猎,获得兔皮很多。这时田福林见其发财良机到来,遂即以自己所贩之瓦盆,到附近村屯换得兔皮共五百零三张,每张价以一圆三角买来,欲待日后以高价出售而获巨利。于同年三月下旬至四月上旬,田某于其兄处,历三次将兄所换来之兔皮尽数运于开鲁以商贾贩卖,每张拟以两圆一张卖出,但无人购买乃寄存于开鲁西大街三义兴仓库,其后警署施行经济搜查时被发觉,当时认为有违反《毛皮革类统制法》,即将田某逮捕而行取调,后又备文送致检厅依法处罚矣"。

　　将中国东北建设成对苏战略的前进基地,其前提是维持治安的稳定。为此,伪满洲国政府制订了《暂行惩治叛徒法》《暂行惩治盗匪法》《治安警察法》等大量特别刑事法令,对反满抗日力量予以严酷镇压。为达到杀一儆百的震慑效果,《暂行惩治盗匪法》

甚至赋予军警剿讨肃清成股盗匪时"临阵格杀"的权力①,使无数和平居民无端受戮。1933年,外出抢掠牲畜的日本警备队和伪地方保安队被误认为土匪而受到喀喇沁左旗东赤里赤村村民武装抵抗,日伪军攻入村内,对手无寸铁的无辜百姓大开杀戒,仅在一个多小时内就枪杀和砍死32人,伤5人②。上述刑事法令的实施对于迅速稳定日本的殖民统治秩序发挥了重大作用。"在建国当初有30万'土匪',1937年减少到3万至4万人,治安比建国初有明显的好转。"③在这种情况下,一味采用高压手段,不仅容易激化人民反抗情绪,也无助于粉饰伪满"法治国家"的形象。于是,伪满洲国政府一度调整刑事政策,于1937年1月颁布《刑法》,试图通过这一"常法"全面维护日本的殖民利益。然而"七七"事变后,抗日联军频繁出击,伪满洲国治安形势又渐趋严重,特别是1940年八路军挺进热河,组织承平宁抗日游击队,成立抗日政权,建立抗日根据地,伪满西南"国境"几无宁日。为维持伪满洲国治安秩序,日本殖民统治者再度祭出严刑峻法的"法宝"。1941年12月,伪满洲国政府在整合《暂行惩治叛徒法》《暂行惩治盗匪法》《治安警察法》的基础上颁布特别刑事法《治安维持法》,对于8种严重的反满抗日行为予以重惩,最高均可处以死刑,惩处力度远远超过《刑法》。如《刑法》第八十五条"帮助内乱罪"的法定刑为:以兵器、金谷或以其他方法帮助内乱罪、意图内乱团结罪者,"处无期或一年以上之徒刑或禁锢";帮助预谋内乱罪者,"处十年以

---

① 《满洲国政府公报》第44号。
② 于万江、王恩琛:《东赤里赤人民不能忘记的历史》,孙邦主编:《日伪暴行》,第212—215页。
③ 《武部六藏笔供》,中央档案馆等编:《东北经济掠夺》,第214页。

下之徒刑或禁锢"①。而《治安维持法》则规定："知情而供与金品或其他财产上之利益或为其他要约或期约或以其他方法与以便利者,处死刑或无期或三年以上之徒刑。"②《治安维持法》颁布后,日本殖民统治者运用该法大肆镇压反满抗日人民。在喀喇沁右旗、中旗一带,仅 1943 年 1 月的大检举中,即有 621 人被捕,其中 50 人被杀害,25 人死在狱中,389 人下落不明③。1944 年 6 月,为了挽救行将崩溃的伪满洲国,日本殖民统治者又公布了《时局特别刑法》,对渎职罪、妨害职务罪、脱逃罪、关于公安罪、放火罪、关于危险物罪、妨害交通罪、关于饮料水罪、妨害公共利用罪、关于经济罪、关于人身罪、关于财产罪、损坏罪共计 13 类犯罪、50 多个罪名加重惩治,作为普通法的《刑法》被完全束之高阁。

四　殖民主义的司法制度

伪满洲国在内蒙古东部地区实施的司法制度,完全是日本殖民统治者实现其侵略目的的工具,这突出地表现在以下两个方面。

（一）司法组织具有浓厚的"外国"人机关色彩

伪满洲国统治的内蒙古东部地区,司法机关同行政机关一样,到处充斥着日本人。在内蒙古东部地区的司法机关中,审判官、检察官多由日人充任。下面是 1937 年 12 月 1、2 日司法部任命的一批内蒙古东部司法机关审判官、检察官,内中竟无一个中国人。

　　　　佐藤竹一郎任奉天高等法院通辽分庭审判官,兼通辽地

---

①《政府公报》第 833 号。

②《政府公报》第 2293 号。

③内蒙古自治区课题组:《内蒙古抗战时期人口伤亡和财产损失（惨案·劳工卷）》,中共党史出版社,2011 年,第 67 页。

方法院审判官,兼奉天高等法院开鲁分庭审判官,兼开鲁地
方法院审判官;

　　渡边泰极任通辽地方法院审判官,兼开鲁地方法院审
判官;

　　大搅信隆任通辽、开鲁地方法院次长,兼奉天高等法院
通辽分庭审判官,兼通辽区法院审判官,兼奉天高等法院开
鲁分庭审判官,兼开鲁区法院审判官;

　　青木犹吉任奉天高等法院通辽分庭审判官,兼通辽地方
法院审判官,兼奉天高等法院开鲁分庭审判官,兼开鲁地方
法院审判官;

　　平田进任通辽、开鲁地方检察厅次长,兼奉天高等检察
厅通辽分处检察官,兼通辽区检察厅检察官,兼奉天高等检
察厅开鲁分处检察官,兼开鲁区检察厅检察官;

　　下尾荣任扎兰屯地方法院审判官,兼海拉尔地方法院审
判官;

　　双川喜文任齐齐哈尔高等法院扎兰屯分庭审判官,兼扎
兰屯地方法院审判官,兼齐齐哈尔高等法院海拉尔分庭审判
官,兼海拉尔地方法院审判官;

　　竹内正一任扎兰屯地方法院审判官,兼扎兰屯区法院审
判官,兼海拉尔地方法院审判官,兼海拉尔区法院审判官;

　　东喜代松任扎兰屯、海拉尔地方检察厅次长,兼齐齐哈
尔高等检察厅扎兰屯分处检察官,兼扎兰屯区检察厅检察
官,兼齐齐哈尔高等检察厅海拉尔分处检察官,兼海拉尔区
检察厅检察官;

　　濑下清明任阜新区法院审判官,兼赤峰地方法院审判
官,兼赤峰区法院审判官;

中岛撤夫任赤峰地方检察厅次长,兼赤峰区检察厅检
察官;

中津海义则任赤峰地方法院审判官。①

此外,殖民统治者还将大批日人安置在书记官、翻译官、执行官的
职位上,他们如日系审判官、检察官一样,往往在多个司法机关同
时任职,甚至在一个四方机关担任多种职务。如高原留生既担任
通辽区法院执行官、书记官,又兼任王爷庙区法院执行官、书记
官;阿部忠在担任海拉尔区法院执行官、书记官的同时,还兼任满
洲里区法院执行官、书记官。

表 7.1　伪满法院、检察厅翻译官任职一览表

姓名	任职机关	姓名	任职机关
武藤清右卫门	扎兰屯地方检察厅	岛合正纪	通辽地方法院
	扎兰屯区检察厅		通辽区法院
	海拉尔地方检察厅		开鲁地方法院
	海拉尔区检察厅		开鲁区法院
坂本武夫	扎兰屯地方法院	山协清助	阜新区法院
	扎兰屯区法院		赤峰地方法院
山本日出一郎	扎兰屯地方法院		赤峰区法院
小林喜寿市	海拉尔地方法院	铃木信一	赤峰地方检察厅
	海拉尔区法院		赤峰区检察厅
竹冈富三郎	海拉尔地方法院		

资料来源:伪满洲国《政府公报》第 1145 号。

---

① 《政府公报》第 1116 号。

表 7.2　伪满法院、检察厅书记官任职一览表

姓名	任职机关	姓名	任职机关
高原留生	通辽地方法院	阿部忠	海拉尔地方法院
	通辽区法院		海拉尔地方检察厅
	通辽地方检察厅		海拉尔区法院
	通辽区检察厅		海拉尔区检察厅
	王爷庙区法院		满洲里区法院
	王爷庙区检察厅		满洲里区检察厅
本田大藏	黑山地方检察厅阜新分处	中黑大一	朝阳区检察厅
	阜新区检察厅		

资料来源:伪满洲国《政府公报》第 1145 号。

表 7.3　伪满法院执行官任职一览表

姓名	任职机关	姓名	任职机关
高原留生	通辽区法院	阿部忠	海拉尔区法院
	王爷庙区法院		满洲里区法院
铃木浩	朝阳区法院	上满精	扎兰屯区法院
久恒晋	开鲁区法院		

资料来源:伪满洲国《政府公报》第 1145 号。

　　日本人不仅大量涌进内蒙古东部地区的司法机关,而且充任关键职位。1937 年 9 月,"满洲国"对兴安省司法制度进行改革,分别在兴安四省设立了四个地方法院及对置的地方检察厅,其中,通辽、开鲁地方法院次长为大掫信隆,通辽、开鲁地方检察厅次长为平田进,扎兰屯、海拉尔地方法院次长为牧野三好,扎兰

屯、海拉尔地方检察厅次长为东喜代松①。

伪满时期，充斥日籍人员的内蒙古东部司法机关，缺乏足够的本土根基。由于日籍司法人员多数不懂本地语言乃至通行的汉语，而中国人又不通日本语，因此，司法实践与普通民众的生活有巨大差距，与社会生活严重脱节。

在日本殖民统治者控制下的内蒙古东部司法机关，一切司法事务的处理均以日本人的意志为转移。伪满四平地方检察厅次长松浦一雄，同时兼任通辽地方检察厅次长之职。"因此通辽地检及其属下各区检如兴安区检所受理的要案、重案、疑案也要由远地前来四平请示次长表态，然后才能处理。"②

（二）司法制度以维护日本的国家利益为出发点和归宿

伪满洲国成立后，反抗斗争此起彼伏从未间断，只有从速从重镇压反满抗日活动才能维持日本殖民统治秩序。为此，伪满洲国政府通过《暂行惩治盗匪法》，授权日伪军警可以不经任何程序"临阵格杀"或"斟酌处置"所谓的"匪贼"；通过《暂行惩治叛徒法》，授权军法会审审判"思想犯"。但随着1937年撤销治外法权的实施，殖民统治者急于在国际社会营造伪满"法治国家"的幻象，赤裸裸的军事杀戮显然不合时宜。1938年5月，为解决镇压效率与"尊重法制"的矛盾，伪满洲国政府炮制了《关于治安庭之设置并其特别手续之件》，在高等法院及最高法院设置治安庭，分别负责反满抗日案件的第一审和终审，且将上诉期间缩短至15天③。1941年，由于八路军挺近热河，伪满洲国西南"国境"治安

---

① 《政府公报》第1116号。
② 姚洪山：《伪满四平检察厅简介》，孙邦主编：《殖民政权》，第476—477页。
③ 《政府公报》第1226号。

恶化,同年 8 月伪满又修订《关于治安庭之设置并其特别手续之件》,在高等法院增设特别治安庭,对于"治安维持上特为重要且须急速处置之事件"实行一审终审,并"得于管辖区域内之法院或其他场所开庭"①,从而大大提高了反满抗日案件的审判效率,在配合军事讨伐方面发挥了重要作用。在日伪军事、司法的双重压力下,热河地区抗日斗争陷入低谷,至 1944 年 3 月,除小股部队仍在赤峰、宁城、围场坚持斗争牵制敌人外,承(德)平(泉)宁(城)地区八路军主力被迫撤回关内。

　　经济统制法令的实施关乎日本掠夺资源目标实现与否,为迅速惩治各类经济犯罪,1941 年 12 月伪满洲国政府抛出《经济事犯处理手续法》,对违反《产金收买法》《家畜调整法》《粮谷管理法》等 24 部经济统制法令的犯罪适用特别程序,不仅检察厅"对于思料应处罚金、拘留或科料之事件,得向区法院请求依略式手续科刑",而且无理剥夺被告上诉权,"对于认为犯经济事犯之区法院之判决有控诉而由地方法院以第二审更为认为犯经济事犯之判决时,对其判决不得为上告","对于认为犯经济事犯之地方法院之第一审判决不得为控诉"②。刑事司法镇压手段的运用,便利了日本对内蒙古东部资源的掠夺,仅 1942、1943 两年,殖民统治者即从兴安四省强征农产物 802816 吨之巨③。

　　太平洋战争爆发后,伪满洲国实施第二次产业开发五年计划,对劳动力的需求有增无已。为获取充足的劳动力,伪满洲国政府制订了《保安矫正法》《思想矫正法》,打着"预防犯罪"的幌

---

①《政府公报》第 2192 号。
②《政府公报》第 2276 号。
③中央档案馆等编:《东北经济掠夺》,第 591 页。

子,实施司法矫正制度。前法授权"管辖本人之现在地之区检察厅",对"被处刑已终了其执行、被假释放、被犹豫刑之执行或因无诉追之必要被付于不起诉处分,而按照其环境、性格、习惯及其他情况更有犯罪之虞者",或者"虽未终了刑之执行而于其执行终了后更有犯罪之虞者",以及"浮浪人或劳动嫌忌人因浮浪或劳动嫌忌有犯罪之虞者"付于保安矫正。后法授权"管辖本人之现在地之高等检察厅",对因思想不端"被处刑已终了其执行、被假释放、被犹豫刑之执行、被犹豫刑之宣告或因无诉追之必要被付于不起诉处分,而按照本人之环境、性格、思想之情况及其他情形"更有犯罪之虞者付诸思想矫正。司法矫正期间短则两年长则三年,"特有继续之必要时得更新之"①。受司法矫正处分者被迫从事各种劳动,使殖民统治者因此获得大量劳动力,仅杜尔伯特旗的泰康矫正辅导院就关押犯人四百多人②。

第二节　伪满时期东部内蒙古殖民法律制度的作用

一般而言,为了维持殖民统治,殖民者也可能推动殖民地近代法律制度的建立和发展。但就日本殖民统治者在内蒙古东部沦陷区的法制实践而言,难以得出日本殖民统治推动东部内蒙古法制近代化的结论。下面笔者分别从行政法律制度、刑事法律制度和司法制度三个方面展开论述。

---

① 《政府公报》第 2788 号。
② 《传讯证人范喜山的记录》,中央档案馆等编:《东北经济掠夺》,第 926—927 页。

一　殖民法律制度对东部内蒙古行政
法制近代化的影响

"满洲国"存续期间,日本帝国主义为建立维护其殖民统治的高效行政机关,制订了一系列相关法令。1937年颁行的《诉愿手续法》建立了行政救济制度;同年颁布的《行政执行法》从程序上规范了行政权力的行使;1938年公布的《文官令》确立了文官考试任用制度和文官惩戒制度,打破了蒙古封建王公对职官的垄断,使文官对违法行政行为承担不利后果。1939年颁布的《监察令》对行政官署及其职员的行政行为进行监督,"以资纲纪之肃正"①。通过上述法令,"满洲国"大体搭建起近代行政法制体系架构,就其内容而言亦有可圈可点之处,曾给人造成行政"渐渐步入正规"的幻象②。但联系到1937年11月日满签订《日本国与满洲国间关于废除在满洲国的治外法权及转让南满铁道附属地行政权条约》这一背景,我们不难发现上述法令不过是殖民统治者粉饰伪满"法治国家"的遮羞布而已,就法令实施的层面来说,并未促动内蒙古东部行政法制的近代化。

(一)文官考试任用制度走过场

从现有资料看,伪满《文官令》确立的文官考试任用制度,在内蒙古东部得到了执行。时人回忆,当时的赤峰"实施考试铨衡法,凡一般文官,如教职员、警察、机关公务员,均须依法一步一步

①《政府公报》第1611号。
②赵文郁:《目击日伪倒台和忆述沦亡处境》,《赤峰市郊区文史资料选辑》第二辑,第29页。

地提高资格"①。但是,"因为考试科目中必须用日本语文作解答"②,大批日本人得以进入行政机关并掌控实权,使之成为日本人的衙门。片面重视日本语文的做法,在很大程度上使文官考试流于形式。曾在伪满赤峰县公署供职的蔡景元回忆:"职员的提升要经过严格的考核。普通的职员分为四个级别:雇员、事务员补、事务员、科员。考上科员以后才有资格去考'委任官试补''委任官',然后才能去当科长……我于一九四二年考的'日本语三级'及格,领取了证书,算是三等翻译,每月领取六元满币津贴……由于我有了这个证书,同年去承德参加'委任官试补'的考试就占了便宜。记得开始是面试,主考官是热河省人事厅厅长森山诚之。轮到我时,森山一看是国高学历,又有鉴定委员会的证书,说了两声'约西、约西'就不让我笔试了。"③另外,《文官令》关于"另定之文官得不限制任用资格自由任用之"的除外规定④,也为文官任用中的舞弊打开方便之门。曾就职于伪满兴安西省公署的张九儒谈及:"一九四〇年春,开鲁家来书说:'满洲国兴安西省公署招聘大学生任职。'我闻信后,即赴开鲁探问情况,得知兴安西省公署设置烟政科,采用大批人员,梁玉岚(张九儒六叔同学——引者注)任公署实业厅长,我南开大学同学郭矩任公署民生厅民生科科长。我去后求他们推荐,没费什么周折即被录用。初为雇员,

---

① 赵文郁:《目击日伪倒台和忆述沦亡处境》,《赤峰市郊区文史资料选辑》第二辑,第 29 页。

② 《谷次亨笔供》,中央档案馆编:《伪满洲国的统治与内幕:伪满官员供述》,第 164 页。

③ 蔡景元忆述,蔡集成整理:《流年碎影故人情》,《红山文史》第七辑,1999年,第 42—44 页。

④ 《政府公报》第 1222 号。

一个月以后被任命为烟政科长。"①

　　(二)文官惩戒制度如同具文

　　《文官令》对官吏提出官德要求,伪满洲国政府也曾对部分违法官吏进行了惩戒。但由于日本殖民统治者意图的贯彻离不开庞大的官僚队伍,故往往对官吏的不法行为睁只眼闭只眼。曾在伪满科尔沁左翼中旗公署任职的达木林回忆,"在粮谷出荷和劳役制度的实行过程中,旗公署部分腐败职员、努图克达、警察署长、村长及其它有关人员,营私舞弊、敲诈勒索、收贿等恶劣行为,十分严重,引起了人民群众强烈的不满和愤恨"②。另据曾就职于伪满郭尔罗斯后旗公署的赵衷回忆,"从总的情况看,靠薪俸过活的伪旗公署职员,经济状况拮据,因此,当时贪污、收贿成风,日本人根本无法发现。警察下乡抓'经济犯''思想犯''勒大脖子'自不必说。一般职员下乡催出荷粮、划开拓地、发放'鸦片吸食证''国民手帐'、财物滞纳班回收陈欠、缴收渔捐、马税、换车船牌照、征集劳工、勤劳俸仕队以及教育寒暑假办讲习班、统做操衣(校服)等,都给一些人造成了贪污受贿的可乘之机"③。鉴于官吏违法行为普遍发生,伪满洲国政府感到法不责众,不得不于1940、1942、1945 年三次颁布《关于官吏及待遇官吏之惩戒免除之件》,所谓文官惩戒制度终成具文。

---

①张九儒:《我坎坷的前半生》,《敖汉文史资料选辑》第二辑,1987 年,第
　　114—115 页。
②达木林:《伪满时期的科左中旗》,《哲里木盟文史资料》第四辑,第 27 页。
③赵衷:《伪满郭尔罗斯后旗公署的组织机构及行政管理》,孙邦主编:《殖民
　　政权》,第 217 页。

（三）行政执法有法不依

伪满洲国政府虽然颁布了《行政执行法》，但行政官署及官吏并未遵照执行。1941年，伪满林西"县公署派出工作班征收烟干（鸦片干），工作班由参事官竹崎守二带队，在冬不冷村刘安祥家，硬说刘所报产量不实，让刘交出隐藏的大烟（即鸦片），工作班不顾刘苦苦哀求，将刘带到同村刘海川家的西屋，先是一顿痛打，随后将刘的上衣扒光吊在梁柁上，用皮鞭猛抽。顿时刘浑身鞭痕累累，皮开肉绽，日本人见刘仍不承认隐藏烟干，便惨无人道地将刘绑在长凳上，头朝下倒控着，拿茶壶往鼻孔内灌煤油和辣椒末混合而成的煤油辣椒水，灌得刘安祥口吐鲜血，几次昏死。一直连打带灌一个多小时，工作班见刘奄奄一息，确实交不出大烟，才扬长而去"[1]。在这个案件中，刘安祥的行为显然未构成犯罪，否则应由林西县公署警务科侦查，提请县检察署提起诉讼，由县审判署依据《鸦片法》处刑，而不是以"扬长而去"不了了之。既然刘安祥拖欠烟干的行为仅仅是普通行政"违法"行为，根据《行政执行法》第一条，"该管行政官署为强制依法令或根据法令所为处分所命之行为或不行为得为左列处分：一、自为义务人应为之行为或使第三人为之而向义务人征收其费用；二、应强制他人不能代为之行为或不行为时，依敕令之所定处三十圆以下之过料"[2]，而刘安祥欠缴烟干的行为显然不适合由他人代为执行，故只能处以30元以下之罚款。伪满行政官署违法行政程度之严重由此可见一斑。

---

① 林西县志编纂委员会编：《林西县志》，内蒙古人民出版社，1999年，第654页。

② 《政府公报》第1068号。

（四）行政复议大打折扣

伪满洲国政府颁布的《诉愿手续法》是否真正得到实施，由于缺乏相关史料佐证，笔者不便妄下结论，但仅就制度设计本身而言，其纠正不法行政行为、救济行政相对人的作用已经大打折扣。首先，伪满洲国始终并未制订行政诉讼法，法院受案范围仅限于民刑事诉讼，对于行政官署及官吏的监督仅限于行政系统内部上级的监督，缺乏系统外部的监督，难以发挥纠错功能。其次，伪满《诉愿手续法》一方面并未界定诉愿人的范畴，也未规定允许诉愿的案件范围；另一方面却规定，"诉愿有左列各款情形之一时，应以裁决却下之：一、事件不许诉愿者；二、诉愿人不得为诉愿者"①，从而为肆意剥夺人民诉愿权利提供依据，伪满行政救济制度之虚伪由此暴露无遗。国民政府1930年《诉愿法》将对行政相对人的救济与对官吏的惩戒有机结合，明确规定"官吏因违法处分或不当处分应负刑事责任或应付惩戒者，由最终决定之官署于决定后送主管机关办理"②，通过对违法官吏的惩处预防不法行政行为的发生，而伪满《诉愿手续法》缺乏类似规定。相较于国民政府《诉愿法》，我们不能不说伪满行政救济制度出现了巨大的退步。

二　殖民法律制度对东部内蒙古刑事法制近代化的影响

伪满洲国建立伊始，无力制订全面、系统的刑法典，只得援用1928年《中华民国刑法》。1937年1月，配合日本帝国主义自编

---

①《政府公报》第893号。

②立法院秘书处编：《立法专刊》（第三辑），民智书局，1930年，第143页。

自导自演的撤销治外法权闹剧,伪满洲国政府颁布了《刑法》。同年 9 月,随着《暂行兴安各省审判署条例》的颁行,伪满《刑法》取代《理藩院则例》统一适用于兴安省内各蒙旗。

1928 年《中华民国刑法》主要是以日本法为蓝本制订的,与日本法区别不大。而伪满洲国《刑法》实际上是以 1928 年《中华民国刑法》为参考制订的,只不过结合伪满"国情",根据维护日本在满利益的原则稍做调整而已,并没有实质性改进。如 1934 年"满洲国"实行"帝制",于是伪满《刑法》增设"对帝室罪"一章并列于分则之首;伪满未实行代议制,选举无从谈起,故将 1928 年《中华民国刑法》有关"妨害选举罪"的规定予以删除;由于实行鸦片专卖,伪满洲国已然成为最大毒枭,伪满《刑法》中不便设"鸦片罪",而在《刑法》之外另立《鸦片法》;鉴于"无统制之资本主义之流弊"①,伪满对经济实行"国家"统制,1928 年《中华民国刑法》关于"妨害农工商罪"的规定不合时宜,故予以删除;伪造度量衡罪已在伪满《度量衡法》有详细规定,故《刑法》不再规定;等等。

表 7.4 伪满《刑法》与中华民国 1928 年《刑法》对照表

伪满洲国《刑法》	中华民国 1928 年《刑法》
总则	总则
第一章 法例	第一章 法例
	第二章 文例
第十二章 期间	第三章 时例
第二章 犯罪	第四章 刑事责任及刑之减免

---

①《满洲国经济建设纲要》,《满洲国政府公报》1933 年 3 月 1 日号外。

伪满洲国《刑法》	中华民国 1928 年《刑法》
第三章　未遂犯及预备犯	第五章　未遂罪
第四章　共犯	第六章　共犯
第五章　刑	第七章　刑名
第六章　累犯	第八章　累犯
第七章　竞合犯	第九章　并合论罪
第八章　刑之适用	第十章　刑之酌科
	第十一章　加减例
第九章　刑之执行犹豫	第十二章　缓刑
第十章　假释放	第十三章　假释
第十一章　刑之时效	第十四章　时效
分则	分则
第一章　对"帝室"罪	
第二章　内乱罪	第一章　内乱罪
第三章　背叛罪	第二章　外患罪
第四章　危害"国交"罪	第三章　妨害国交罪
第五章　渎职罪	第四章　渎职罪
第六章　妨害公务罪	第五章　妨害公务罪
	第六章　妨害选举罪
第十章　危害公安罪	第七章　妨害秩序罪
第七章　脱逃及藏匿罪	第八章　脱逃罪
第八章　伪证及湮灭证凭罪	第九章　藏匿犯人及湮灭证据罪

续表

伪满洲国《刑法》	中华民国 1928 年《刑法》
第九章　诬告罪	第十章　伪证及诬告罪
第十一章　危险物罪	第十一章　公共危险罪
第十二章　防火及决水罪	
第十三章　妨害交通罪	
第十四章　污毒饮料水罪	
第十五章　伪造通货罪	第十二章　伪造货币罪
第十六章　伪造有价证券罪	
	第十三章　伪造度量衡罪
第十七章　伪造文书罪	第十四章　伪造文书印文罪
第十八章　伪造印文罪	
第二十章　风纪罪	第十五章　妨害风化罪
第二十八章　奸淫罪	第十六章　妨害婚姻及家庭罪
第十九章　亵渎礼拜处所及坟墓罪	第十七章　亵渎祀典及侵害坟墓尸体罪
	第十八章　妨害农工商罪
	第十九章　鸦片罪
第二十一章　赌博罪	第二十章　赌博罪
第二十三章　伤害及暴行罪	第二十二章　伤害罪
第二十四章　堕胎罪	第二十三章　堕胎罪
第二十五章　遗弃罪	第二十四章　遗弃罪
第二十六章　私捕及私禁罪	第二十五章　妨害自由罪
第二十七章　略取及诱拐罪	

续表

伪满洲国《刑法》	中华民国 1928 年《刑法》
第二十九章　胁迫及强制罪	
第三十章　侵入住宅罪	
第三十一章　毁损名誉罪	第二十六章　妨害名誉及信用罪
第三十二章　妨害信用及业务罪	
第三十三章　侵害秘密罪	第二十七章　妨害秘密罪
第三十四章　窃盗罪	第二十八章　窃盗罪
第三十五章　强盗及勒赎罪	第二十九章　抢夺强盗及海盗罪
第三十七章　侵占及背任罪	第三十章　侵占罪
第三十六章　诈欺及恐吓罪	第三十一章　诈欺及背信罪
	第三十二章　恐吓罪
第三十八章　赃物罪	第三十三章　赃物罪
第三十九章　损坏罪	第三十四章　毁弃损坏罪

资料来源:伪满洲国《政府公报》第 833 号;郭卫主编、王尹孚编纂:《国民政府现行法令大全六法全书合编(上)》,上海法学编译社,民国十七年,第607—711 页。

　　相对于民事、行政制裁,刑事制裁即刑罚是一种最严厉的强制措施。出于对公民权利的保护,刑罚只能由"法律"设定成为近代法治国家的通例。伪满政府在其《人权保障法》中也宣称:"满洲国人民其身体之自由不得侵害之,基于公的权力之制限依法律所定";"满洲国人民其财产权不得侵害之,基于公益上必要之制限依法律所定"①。但就实践而言,伪满的刑罚没有一个是依"法律"设定的。1932 年伪满洲国《政府组织法》规定:"执政依立法院

①《满洲国政府公报》第 1 号。

之翼赞行立法权";"所有法律案及预算案须经立法院之翼赞";
"执政为维持公安或为防遏非常灾害起见,在不能召集立法院时,
得经参议府之同意发布有与法律同一效力之紧急教令,但此教令
须于下次会期报告立法院。"①1934 年,"满洲国"因改行"帝制"而
颁布《组织法》,再次重申:"皇帝依立法院之翼赞行立法权";"所有
法律、预算及为预算以外国库负担契约之件须经立法院之翼
赞";"皇帝为维持公安或防遏非常灾害,在不能召集立法院时,得
经咨询参议府发布有与法律同一效力之敕令,但此敕令应于下次
会期报告立法院。"②但由于"立法院"始终未能开设,直至"满洲
国"垮台,伪满没有颁布过一部"法律",应当由"法律"设定的刑罚
改由"教令""敕令"设定,"满洲国"《刑法》及诸如《出版法》《营业
税法》《重要产业统制法》等特别刑法无一不是以"教令"或"敕令"
的面目出现的,就法理而论均为非法之法。

　　在"满洲国",不仅"教令""敕令"能够设定刑罚,"国务院"令、
部令、省令甚至是旗令、县令均可设定刑罚。兴安总署令《兴安省
汽车取缔规则》规定,对违反规定者得"处以三个月以下之有期徒
刑或百圆以下之罚金或拘役",或者"处以一个月未满之拘役或五
十圆未满之罚金"③。兴安东省令《兽肉贩卖营业取缔规则》则规
定:"违反本规则或根据本规则所发之命令及处分者,处以二十圆
以下之罚金或二十日以内之拘役。"④遍览《("满洲国")政府公
报》,笔者始终未发现这些法令设定刑罚的依据何在。直至 1937

---

① 《满洲国政府公报》第 1 号。
② 《政府公报》1934 年 3 月 1 日号外。
③ 《政府公报》第 89 号。
④ 《政府公报》第 739 号。

年,"满洲国"才公布敕令《违令罚基准法》,明确规定了不同位阶的法令设定刑罚的权限:"一、应附于敕令之罚则,以一年以下之徒刑或禁锢、五百圆以下之罚金、拘留或科料为限;二、应附于院令及部令之罚则,以六月以下之徒刑或禁锢、三百圆以下之罚金、拘留或科料为限;三、应附于省令、特别市令及首都警察厅令之罚则,以三百圆以下之罚金、拘留或者科料为限;四、应附于县令、旗令、市令、市政管理处令及警察厅令之罚则,以二百圆以下之罚金、拘留或科料为限。"①然而由于敕令设定刑罚本身就不合《组织法》的要求,通过敕令获得的刑罚设定权当然不具有合法性。

日本右翼势力一再声称:"以撤销治外法权为契机,收到了高速度整顿满洲国各项制度、设施的结果,给与近代化法制国家的体制整顿以很大推动力量,这是不容否定的"②;"以(日本)撤销治外法权为契机,满洲国的现代法律制度大致趋向完备"③。但通过对殖民统治者在内蒙古东部推行的各项刑事法令的深入剖析,我们不难看出,所谓"日本推进殖民地法制近代化"不过是日本右翼的欺世之谈。

三　殖民法律制度对东部内蒙古司法制度近代化的影响

"满洲国"治下的内蒙古东部,在 14 年殖民统治期间,司法制度并未发生大的改观。

就司法组织而言,除 1936 年 5 月伪满在兴安北省设立海拉

---

①《政府公报》第 975 号。
②〔日〕"满洲国"史编纂刊行会编:《满洲国史(总论)》,第 515 页。
③〔日〕"满洲国"史编纂刊行会编:《满洲国史(分论)》(上),第 4 页。

尔、满洲里区法院及区检察厅外，内蒙古东部在一个相当长的时期内并无正式司法机关，司法事务概由"县司法公署""兼理司法县公署""承审处"、旗公署等所谓"变则司法机关"处理，司法组织基本上处于前近代化水平。1937 年 9 月，随着《暂行兴安各省审判署条例》和《关于法院之设立及管辖区域并检察厅设立之件中修正之件》的公布，伪满才开始在内蒙古东部启动司法组织正规化建设。但直至"满洲国"灭亡，在内蒙古东部 45 个旗、县、市中，殖民统治者仅仅设立 21 个区法院及其对置的检察厅。

表 7.5　伪满时期内蒙古东部司法机关一览表（1945 年 8 月）

所属省份	旗、县、市	司法机关名称	备注
吉林省	郭尔罗斯前旗	扶余区法院及检察厅	
龙江省	杜尔伯特旗	泰康区法院及检察厅	
	依克明安旗	克山区法院及检察厅	
滨江省	郭尔罗斯后旗	肇源区法院及检察厅	
热河省	喀喇沁左旗	凌源区法院及检察厅	
		建昌区法院及检察厅	
	喀喇沁中旗	平泉区法院及检察厅	
	喀喇沁右旗	建平区法院及检察厅	该旗七家村等 3 村归承德区法院及检察厅管辖，公爷府村等 9 村归赤峰区法院及检察厅管辖。
	翁牛特左旗	赤峰区法院及检察厅	
	翁牛特右旗		
	敖汉旗	新惠区法院及检察厅	

续表

所属省份	旗、县、市	司法机关名称	备注
锦州省	吐默特右旗	朝阳区法院及检察厅	
	吐默特中旗	北票区法院及检察厅	
	吐默特左旗	阜新区法院及检察厅	
	阜新市		
兴安总省	海拉尔市	海拉尔区法院及检察厅	
	索伦旗		
	陈巴尔虎旗		
	满洲里市	满洲里区法院及检察厅	
	新巴尔虎右翼旗		
	新巴尔虎左翼旗		
	扎赉诺尔市		
	额尔克纳左翼旗	额尔克纳左翼旗审判署及检察署	
	额尔克纳右翼旗	额尔克纳右翼旗审判署及检察署	
	醴泉县	醴泉区法院及检察厅	
	扎赉特旗	扎赉特旗审判署及检察署	
	喜扎嘎尔旗	喜扎嘎尔旗审判署及检察署	
	科尔沁右翼前旗	兴安区法院及检察厅	
	科尔沁右翼后旗		

续表

所属省份	旗、县、市	司法机关名称	备注
兴安总省	科尔沁右翼中旗	科尔沁右翼中旗审判署及检察署	
	扎鲁特旗	扎鲁特旗审判署及检察署	
	布特哈旗	扎兰屯区法院及检察厅	
	阿荣旗	阿荣旗审判署及检察署	
	巴彦旗	巴彦旗审判署及检察署	
	莫力达瓦旗	莫力达瓦旗审判署及检察署	
	通辽县	通辽区法院及检察厅	
	开鲁县	开鲁区法院及检察厅	
	科尔沁左翼前旗	科尔沁左翼前旗审判署及检察署	
	科尔沁左翼中旗	科尔沁左翼中旗审判署及检察署	
	科尔沁左翼后旗	科尔沁左翼后旗审判署及检察署	
	奈曼旗	奈曼旗审判署及检察署	
	库伦旗	库伦旗审判署及检察署	

续表

所属省份	旗、县、市	司法机关名称	备注
兴安总省	林西县	林西区法院及检察厅	
	巴林左翼旗	巴林左翼旗审判署及检察署	
	巴林右翼旗	巴林右翼旗审判署及检察署	
	克什克腾旗	克什克腾旗审判署及检察署	

　　资料来源:《暂行兴安各省审判署条例》《暂行兴安各省审判署条例中修正之件》《关于法院之设立及管辖区域并检察厅设立之件中修正之件》。

　　仅从表象观察,伪满时期内蒙古东部司法组织的近代化水平似乎达到前所未有的高度。但是,如果没有大批具有近代法律理念的法律专门人才,近代化司法组织的运行是无法想象的。伪满在内蒙古东部设立的这些近代司法机关中,上至操控法院、检察厅运作的次长,下至办理具体庶务的书记官,几乎完全被日本人占据。姑且不论以镇压人民反抗为己任的日系司法人员是否具备近代法律理念,由于法律专门人才不足,日系司法官在不同地区、不同审级广泛兼职,不仅不合上下级间的监督体制,其自身也分身乏术,从而导致多数正式司法机关空壳化。另一方面,为掠夺当地资源,殖民统治者在内蒙古东部更关注与"产业开发"相关人才的培养,主张"提高蒙古文化,人材是途径。首先要以培养师资、农畜产、医术等为重点,这样方可立足"①,于是法律专门人才

————————
① 〔日〕长友熊市:《伪满蒙民厚生会留学生派遣概况》,内蒙古教育志编委会编:《内蒙古教育史志资料》第二辑,内蒙古大学出版社,1995年,第545页。

的培养得不到应有的重视。在 1941 年蒙民厚生会制订的派遣"留学生"第一个五年计划中,1942—1946 年拟派往"国"内外大学、专门学校深造的学生共 200 名,其中法学专业仅有 21 名①。由于缺乏本土法律专门人才,伪满在内蒙古东部设立的正式司法机关缺乏根基,最终随着日本法西斯的灭亡而烟消云散。

　　就刑事诉讼审判而言,"满洲国"成立后曾一度援用 1928 年民国《刑事诉讼法》。1937 年 3 月,作为日本废除在满治外法权闹剧的一部分,伪满公布了"满洲国"《刑事诉讼法》。伪满《刑事诉讼法》虽然主要是以 1928 年民国《刑事诉讼法》为基础制订的,但立法者出于维护殖民统治的需要又做了重大改废,从而使伪满《刑事诉讼法》在人权保障方面较 1928 年民国《刑事诉讼法》出现了巨大的倒退。首先,废除无罪推定原则。1928 年民国《刑事诉讼法》总则规定:"犯罪非依本法及其他属于刑事诉讼之特别法不得追诉及处罚";"实施刑事诉讼程序之公务员就该管事项,应于被告有利及不利之情形一律注意。"②伪满《刑事诉讼法》则在"发见实体真实"的幌子下,不仅删除了相关规定,而且还要求"被告人对于讯问不得无故拒绝供述或曲庇事实而为供述"③,"对于被告人科以真实供述之义务"④。其次,废止自诉制度。1928 年民国《刑事诉讼法》在第一审程序中并设公诉、自诉制度。殖民统治者为集中有限司法资源镇压反满抗日活动、保障经济统制的实

①〔日〕长友熊市:《伪满蒙民厚生会留学生派遣概况》,《内蒙古教育史志资料》第二辑,第 546 页。
②蔡鸿源主编:《民国法规集成》第 65 册,第 304 页。
③《政府公报》1937 年 3 月 8 日号外。
④伪满司法部:《刑事诉讼法说明》,《政府公报》第 879 号。

现,谎称"此种制度难保不无私人挟私情而恶用司法权之弊"而予
以废止①,使普通民众权益受损却控告无门。再次,大肆剥夺、限
制被告诉讼权利。1928年民国《刑事诉讼法》中的"简易程序"与
伪满《刑事诉讼法》中的"略式手续",都允许法院对于轻罪可径行
处刑,但前者允许被告于接受"处刑命令之日起五日内,得向命令
处刑之法院声请正式审判"②,而后者则规定"略式判决应示以犯
罪事实、法令之适用、上诉期间及提出上诉声明书之法院"③。也
就是说,简易程序中的被告如不满处刑命令,案件转入普通审判
程序,最终三审定谳,实为四审;而"略式手续"中的被告如不满略
式判决,只能通过上诉到二审乃至三审解决。因此,仅从制度设
计本身,伪满的"略式手续"在保障被告权利方面就大大缩水了。

　　尽管为了提高司法镇压的效率,伪满已经大大简化了刑事诉
讼程序,但殖民统治者犹觉碍手碍脚。于是,在《刑事诉讼法》之
外,伪满制订了一系列特别刑事程序法,包括:适用于破坏财政税
收犯罪的《租税犯处罚法》《关于处理专卖法令违反事件之件》,适
用于仅处拘留或科料之违警罪的《违警罪即决法》,用于惩处反满
抗日分子的《军审判法》《关于治安庭之设置并其特别手续之件》,
用于打击危害经济统制犯罪的《经济事犯处理手续法》,以及用于
预防"有犯罪之虞者"犯罪的《保安矫正法》和《思想矫正法》。至
"满洲国"灭亡前夕,殖民统治者又抛出《时局刑事手续法》,伪满
《刑事诉讼法》完全成为废纸一张。

---

① 伪满司法部:《刑事诉讼法说明》,《政府公报》第879号。
② 蔡鸿源主编:《民国法规集成》第65册,第324页。
③《政府公报》1937年3月8日号外。

结　语

本课题从法制史的角度对抗战时期日本殖民统治者在内蒙古东部沦陷区实施的法律制度进行了初步解析,通过以上各章的分析与论证,可以得出以下几点基本认识:

首先,抗战时期内蒙古东部沦陷区实施的各项法律制度,从立法宗旨而言,都是为了维护日本帝国主义的统治秩序;就立法程序而言,日系官吏操控了从起草、审议到公布的全过程;从形式上看,以各级行政机关的"法令"取代"法律",便于日本殖民统治者随时调整统治政策。因此,从本质上说,伪满在内蒙古东部沦陷区实施的法律制度,是日本帝国主义推行殖民统治政策的工具,具有强烈的殖民性。

其次,与抗战爆发前内蒙古东部地区的法制状况相较,抗战时期日本殖民统治者在内蒙古东部沦陷区实施的法律制度,无论从内容上抑或从效果上考察,不仅没有些许进步,反而导致该地区法制的停滞乃至倒退。

再次,统辖内蒙古东部的伪满洲国与控制内蒙古西部的伪蒙疆政权虽然同为日本扶植的傀儡,但由于日本帝国主义在内蒙古东西部统治的牢固程度差异较大,在与当地蒙古人的政治博弈中采取了不同的策略,在内蒙古东部推行蒙汉一体化(实为日本化)的政策,而在内蒙古西部则允许蒙古人保留原有的制度。因此,在内蒙古东部,蒙旗与县治无论在行政法律制度、刑事法律制度还是司法制度方面都逐步趋同;而在内蒙古西部,蒙旗与县治在行政、刑事及司法领域始终存在蒙汉二元并立的体制。

对伪满时期内蒙古东部殖民法律制度的研究尚属空白,由于缺乏前人的研究成果可资借鉴,加之史料的匮乏和本人研究水平的局限,课题研究不可避免地存在诸多不足之处,主要是:

第一,法令文本的收集不够完整。课题关于伪满时期内蒙古东部殖民法律制度的研究,主要基于伪满洲国《政府公报》登载的涉蒙教令(敕令)、涉蒙"国务院"令、兴安总署(蒙政部)令、兴安各省令及兴安总省令。伪满洲国的旗令、县令、市令、市政管理处令均以各自的公报或月报公布,收集甚是不易,笔者仅在《伪满洲国地方政府公报汇编》中发现数件郭尔罗斯前旗令。同时,自1938年始,兴安省(总省)令由省公报公布,伪满洲国《政府公报》仅择要登载部分省(总省)令,未登载的省(总省)令的内容不得而知。笔者曾试图查阅科尔沁左翼后旗档案馆收藏的《兴安总省公报》《兴安南省公报》和《东科后旗公署公报》以解谜团,终因伪满档案暂不开放无功而返。另外,对笔者而言,兴安警察局令、警察厅令亦是神龙见首不见尾,迄今尚未发现有关文本。由于没有完整地收集各种法令文本,课题对伪满时期内蒙古东部殖民法律制度全貌的勾勒不可避免地存在一定缺陷。

第二,相关史料不够丰富。对于伪满时期内蒙古东部殖民法律制度的研究不能仅仅满足于法令文本的梳理和解读,更需要结合当时的社会环境,从法令制订的背景、实施的效果等方面进行深入的剖析,唯有如此才有可能真实还原其法制的实际状况。由于伪满时期,除兴安省外,还存在锦热蒙旗、省外四旗,分别隶属于热河、锦州、吉林、滨江、龙江诸省,加之中华人民共和国成立后行政区划的调整,有关史料分布相当零散,收集整理较为困难。

　　第三,对已有史料的利用不够充分。吉林省档案馆、广西师范大学出版社合编的《日本关东宪兵队报告集》收录较多有关内蒙古东部的文件,如第一辑第 1 册的《海拉尔宪兵队思想对策月报》,第二辑第 15 册的《阿尔山独立宪兵队分队国内情势月报》,第三辑第 14 册的《海拉尔地方检阅部通信检阅月报》,第四辑第 19 册的《满洲里地方检阅部通信检阅月报》等,但由于多有残缺或字迹不清,辨识较为困难,在课题研究中利用率不高。

　　第四,研究范围失之狭窄。伪满时期,内蒙古东部之大部属于兴安省,但其余部分则分属热河、锦州、吉林、滨江、龙江各省,出于便利研究的考量,本课题采用以兴安省为主兼及周边各省的方式加以处理。由于对兴安省外内蒙古东部诸旗县的考虑不多,课题对伪满时期内蒙古东部殖民法律制度的研究尚不够全面。

　　第五,抗战前后内蒙古东部法制的比较研究不够深入。从1928 年底东北易帜到 1931 年“九一八”事变爆发,国民政府有效统治东北的时间无多,反映国民政府法律在东北尤其是内蒙古东部实施情况的文献较少,因此,课题关于事变前后内蒙古东部法制的对比研究还比较薄弱。

　　第六,抗战时期内蒙古东西部殖民法制的对比研究有待加强。作为第二个“满洲国”,伪蒙疆政权是在关东军东条兵团的刺刀下建立起来的,关东军不仅遥控着伪蒙疆政权,而且还派遣大批日系官吏或满铁职员出任蒙疆政权要职,如最高顾问金井章次、总务部长关口保、蒙疆银行副总裁峙奇英雄等等。因此,伪满的立法经验也被复制到蒙疆,伪蒙疆政权的许多法律文件无论从名称还是内容上看,均为伪满相关立法的再版。进行两个伪政权立法的对比研究,对于理解抗战时期内蒙古东西部殖民法制之间的关系,全面、完整阐释该时期内蒙古沦陷区殖民法制的全景无疑具有重大意义,课题在这个方面的研究着力不多。

　　总而言之,对抗战时期内蒙古沦陷区殖民法律制度的研究还存在广阔的未知空间有待探索,而本课题的研究亦仅仅是一个开始,尚有诸多不尽如人意之处有待完善。

附录一　涉蒙教令、敕令目录

1932 年

1. 教令第 11 号《兴安局官制》,《满洲国政府公报》第 1 号。

2. 教令第 12 号《兴安省分设三分省之件》,《满洲国政府公报》第 1 号。

3. 教令第 17 号《兴安分省公署官制》,《满洲国政府公报》第 2 号。

4. 教令第 39 号《关于划定兴安省兴安各分省及各旗之区域之件》,《满洲国政府公报》第 18 号。

5. 教令第 40 号《关于划定兴安局官制第一条所称另定地域之件》,《满洲国政府公报》第 18 号。

6. 教令第 41 号《旧蒙务整理委员会官制》,《满洲国政府公报》第 18 号。

7. 教令第 56 号《旗制》,《满洲国政府公报》第 21 号。

8. 教令第 68 号《兴安局官制中改正之件》(即兴安总署官制),《满洲国政府公报》第 31 号。

9. 教令第 69 号《兴安省分设三分省之件中改正之件》,《满洲国政府公报》第 31 号。

10. 教令第 71 号《兴安分省公署官制中改正之件》,《满洲国政府公报》第 31 号。

11. 教令第 72 号《关于划定兴安局官制第一条所称另定地域

之件中改正之件》,《满洲国政府公报》第 31 号。

12. 教令第 73 号《旧蒙务整理委员会官制中改正之件》,《满洲国政府公报》第 31 号。

13. 教令第 75 号《旗制中改正之件》,《满洲国政府公报》第 31 号。

14. 教令第 105 号《关于保全兴安各分省各旗旗地之件》,《满洲国政府公报》第 62 号。

15. 教令第 125 号《兴安警察局官制》,《满洲国政府公报》第 82 号。

1933 年

16. 教令第 5 号《兴安警察局官制中修正之件》,《满洲国政府公报》第 93 号。

17. 教令第 30 号《兴安总署官制中修正之件》,《满洲国政府公报》第 128 号。

18. 教令第 31 号《兴安分省公署官制中修正之件》,《满洲国政府公报》第 128 号。

19. 教令第 37 号《兴安分省公署官制中修正之件》,《满洲国政府公报》第 130 号。

20. 教令第 38 号《关于划定兴安省兴安各分省及各旗县之区域之件》,《满洲国政府公报》第 130 号。

21. 教令第 39 号《兴安省分设三分省之件废止之件》,《满洲国政府公报》第 130 号。

22. 教令第 59 号《关于兴安省行政区划之件》,《满洲国政府公报》第 162 号。

23. 教令第 67 号《兴安警察局官制中修正之件》,《满洲国政府公报》第 197 号。

24. 教令 81 号《兴安省处理司法事务暂行办法》,《满洲国政府公报》第 230 号。

25. 教令第 90 号《兴安分省公署官制中修正之件》,《满洲国政府公报》第 277 号。

26. 教令第 91 号《旗制中修正之件》,《满洲国政府公报》第 277 号。

27. 教令第 93 号《热河省及兴安西分省人民拖欠田赋及其附加粮款免除令》,《满洲国政府公报》第 277 号。

1934 年

28. 敕令第 37 号《关于兴安省行政区划之件中修正之件》,《政府公报》第 45 号。

29. 敕令第 57 号《兴安总署官制中修正之件》,《政府公报》1934 年 6 月 30 日号外。

30. 敕令第 58 号《兴安分省公署官制中修正之件》,《政府公报》1934 年 6 月 30 日号外。

31. 敕令第 162 号《国务院各部官制中修正之件》(即蒙政部官制),《政府公报》第 225 号。

32. 敕令第 164 号《兴安各省公署官制》,《政府公报》第 225 号。

33. 敕令第 168 号《吉林省郭尔罗斯前旗等四旗施行旗制之件》,《政府公报》第 225 号。

1935 年

34. 敕令第 35 号《兴安警察局官制中修正之件》,《政府公报》

第 314 号。

35. 敕令第 39 号《兴安绵羊改良场官制》,《政府公报》第 359 号。

36. 敕令第 42 号《废止扎鲁特左翼旗及扎鲁特右翼旗并新置扎鲁特旗之件》,《政府公报》第 359 号。

37. 敕令第 43 号《兴安各省公署官制中修正之件》,《政府公报》第 359 号。

38. 敕令第 82 号《兴安学院官制》,《政府公报》第 415 号。

39. 敕令第 110 号《兴安各省公署官制中修正之件》,《政府公报》第 446 号。

40. 敕令第 146 号《兴安绵羊改良场官制中修正之件》,《政府公报》第 528 号。

41. 敕令第 167 号《满洲里及海拉尔市政管理处官制》,《政府公报》第 542 号。

42. 敕令第 169 号《兴安各省公署官制修正之件》,《政府公报》第 542 号。

1936 年

43. 敕令第 3 号《兴安各省公署官制中修正之件》,《政府公报》第 566 号。

44. 敕令第 115 号《满洲里及海拉尔市政管理处官制中修正之件》,《政府公报》第 684 号。

45. 敕令第 155 号《兴安学院官制中修正之件》,《政府公报》第 764 号。

46. 敕令第 179 号《热河省及锦州省内旗制》,《政府公报》第 823 号。

47. 敕令第 180 号《关于蒙政部大臣在热河省及锦州省内旗制施行地域之权限之件》,《政府公报》第 823 号。

48. 敕令第 181 号《省公署官制中修正之件》,《政府公报》第 823 号。

49. 敕令第 182 号《兴安各省公署官制中修正之件》,《政府公报》第 823 号。

50. 敕令第 183 号《热河省及锦州省内旗官制》,《政府公报》第 823 号。

51. 敕令第 188 号《海拉尔乡区域变更之件》,《政府公报》第 829 号。

52. 敕令第 190 号《兴安各省公署官制中改正之件》,《政府公报》第 829 号。

1937 年

53. 敕令第 6 号《热河省及锦州省内县之废置分合之件》,《政府公报》第 864 号。

54. 敕令第 16 号《热河省及锦州省内旗制中修正之件》,《政府公报》第 876 号。

55. 敕令第 17 号《热河省及锦州省内旗官制中修正之件》,《政府公报》第 876 号。

56. 敕令第 40 号《突泉县名称变更之件》,《政府公报》第 893 号。

57. 敕令第 49 号《兴安警察学校官制》,《政府公报》第 899 号。

58. 敕令第 50 号《兴安劝业农场官制》,《政府公报》第 899 号。

59. 敕令第 53 号《蒙政部临时增置职员之件》,《政府公报》第 899 号。

60. 敕令第 54 号《兴安各省公署官制中修正之件》,《政府公报》第 899 号。

61. 敕令第 55 号《兴安学院官制中修正之件》,《政府公报》第 899 号。

62. 敕令第 94 号《满洲里及海拉尔市政管理处官制中修正之件》,《政府公报》第 934 号。

63. 敕令第 121 号《兴安局官制》,《政府公报》第 954 号。

64. 敕令第 150 号《兴安学院官制中修正之件》,《政府公报》1937 年 6 月 27 日号外。

65. 敕令第 178 号《兴安各省公署官制中修正之件》,《政府公报》1937 年 6 月 27 日号外。

66. 敕令第 182 号《满洲里及海拉尔市政管理处官制中修正之件》,《政府公报》1937 年 6 月 27 日号外。

67. 敕令第 195 号《兴安局临时职员设置制》,《政府公报》1937 年 6 月 27 日号外。

68. 敕令第 260 号《暂行兴安各省审判署条例》,《政府公报》第 1029 号。

69. 敕令第 400 号《兴安各省官制中修正之件》,《政府公报》第 1102 号。

70. 敕令第 426 号《旗制中修正之件》,《政府公报》第 1102 号。

71. 敕令第 432 号《兴安警察学校官制中修正之件》,《政府公报》第 1102 号。

1938 年

72. 敕令第 35 号《省、黑河省及兴安各省临时职员设置制》，《政府公报》第 1182 号

73. 敕令第 111 号《满洲里及海拉尔市政管理处官制中修正之件》，《政府公报》第 1238 号。

74. 敕令第 118 号《兴安学院官制中修正之件》，《政府公报》第 1238 号。

75. 敕令第 189 号《省、黑河省及兴安各省临时职员设置制修正之件》，《政府公报》第 1303 号。

76. 敕令第 207 号《兴安各省官制中修正之件》，《政府公报》第 1309 号。

77. 敕令第 262 号《兴安各省官制中修正之件》，《政府公报》第 1378 号。

78. 敕令第 286 号《旧蒙古王公裕生公债法》，《政府公报》第 1408 号。

79. 敕令第 306 号《处理蒙租、街基租、房基租和院基租之件》，《政府公报》第 1415 号。

80. 敕令第 332 号《兴安各省官制中修正之件》，《政府公报》1416 号。

1939 年

81. 敕令第 30 号《王爷庙兴安学院官制》，《政府公报》第 1458 号。

82. 敕令第 100 号《省、黑河省及兴安各省临时职员设置制中修正之件》，《政府公报》第 1514 号。

83. 敕令第 102 号《兴安各省官制中修正之件》，《政府公报》

第 1514 号。

84.敕令第 105 号《热河省及锦州省内旗官制中修正之件》,《政府公报》第 1514 号。

85.敕令第 107 号《满洲里及海拉尔市政管理处官制中修正之件》,《政府公报》第 1514 号。

86.敕令第 109 号《热河省蒙地整理委员会官制》,《政府公报》第 1514 号。

87.敕令第 135 号《黑河省漠河县及兴安北省额尔克纳右翼旗区域变更之件》,《政府公报》第 1537 号。

88.敕令第 137 号《兴安东省莫力达瓦旗及同巴彦旗区域变更之件》,《政府公报》第 1537 号。

89.敕令第 145 号《兴安各省官制中修正之件》,《政府公报》第 1537 号。

90.敕令第 147 号《满洲里及海拉尔市政管理处官制中修正之件》,《政府公报》第 1537 号。

91.敕令第 214 号《暂行兴安各省审判署条例中修正之件》,《政府公报》第 1611 号。

92.敕令第 220 号《兴安各省官制中修正之件》,《政府公报》第 1611 号。

93.敕令第敕令第 237 号《龙江省镇东县及兴安南省科尔沁右翼后旗区域变更之件》,《政府公报》第 1638 号。

94.敕令第 253 号《陆军兴安学校令》,《政府公报》第 1640 号。

95.敕令第 278 号《兴安各省官制中修正之件》,《政府公报》第 1655 号。

96.敕令第 298 号《兴安各省官制中修正之件》,《政府公报》

第 1677 号。

97. 敕令第 329 号《旧蒙古王公裕生公债法中修正之件》,《政府公报》第 1711 号。

98. 敕令第 332 号《兴安各省官制中修正之件》,《政府公报》第 1711 号。

99. 敕令第 361 号《热河省及锦州省内旗制》,《政府公报》第 1713 号。

100. 敕令第 362 号《关于热河省及锦州省内之县废止之件》,《政府公报》第 1713 号。

101. 敕令第 364 号《热河省及锦州省内旗官制》,《政府公报》第 1713 号。

102. 敕令第 366 号《省官制中修正之件》,《政府公报》第 1713 号。

1940 年

103. 敕令第 14 号《热河省蒙地整理委员会官制中修正之件》,《政府公报》第 1738 号。

104. 敕令第 82 号《旗制》,《政府公报》第 1803 号。

105. 敕令第 83 号《旗官制》,《政府公报》第 1803 号。

106. 敕令第 191 号《对于满洲里街适用地方税法之件》,《政府公报》第 1870 号。

107. 敕令第 268 号《旗官制中修正之件》,《政府公报》第 1948 号

108. 敕令第 348 号《陆军兴安学校令中修正之件》,《政府公报》第 2001 号。

1941 年

109. 敕令第 105 号《旗官制中修正之件》,《政府公报》第
2054 号。

110. 敕令第 183 号《暂行兴安各省审判署条例中修正之件》,
《政府公报》第 2168 号。

111. 敕令第 184 号《兴安北省新巴尔虎左翼旗及兴安东省喜
扎嘎尔旗之区域变更之件》,《政府公报》第 2168 号。

112. 敕令第 185 号《省官制中修正之件》,《政府公报》第
2168 号。

113. 敕令第 214 号《兴安北省新巴尔虎左翼旗及新巴尔虎右
翼旗之区域变更之件》,《政府公报》第 2192 号。

114. 敕令第 275 号《旗官制中修正之件》,《政府公报》第
2246 号。

1942 年

115. 敕令第 1 号《暂行兴安各省审判署条例中修正之件》,
《政府公报》第 2317 号。

116. 敕令第 19 号《旗官制中修正之件》,《政府公报》第
2324 号。

117. 敕令第 68 号《王爷庙兴安学院官制中修正之件》,《政府
公报》第 2338 号。

118. 敕令第 136 号《关于兴安各省内施行旗制地域之矿业法
特例之件》,《政府公报》第 2417 号。

119. 敕令第 154 号《旗官制中修正之件》,《政府公报》第
2447 号。

1943 年

120. 敕令第 63 号《旗官制中修正之件》,《政府公报》第 2648 号。

121. 敕令第 127 号《兴安局官制中修正之件》,《政府公报》第 2666 号。

122. 敕令第 128 号《兴安局临时职员设置制中修正之件》,《政府公报》第 2666 号。

123. 敕令第 237 号《关于处理蒙租、街基租、房基租及院基租之件中修正之件》,《政府公报》第 2780 号。

124. 敕令第 245 号《兴安总省官制》,《政府公报》第 2789 号。

125. 敕令第 257 号《旗官制中修正之件》,《政府公报》第 2789 号。

126. 敕令第 329 号《兴安总省官制中修正之件》,《政府公报》第 2866 号。

127. 敕令第 334 号《旗官制中修正之件》,《政府公报》第 2866 号。

1944 年

128. 敕令第 6 号《兴安学院官制》,《政府公报》第 2884 号。

129. 敕令第 35 号《兴安总省官制中修正之件》,《政府公报》第 2916 号。

130. 敕令第 40 号《旗官制中修正之件》,《政府公报》第 2916 号。

131. 敕令第 64 号《兴安医学院官制中修正之件》,《政府公报》第 2916 号。

132. 敕令第 136 号《关于兴安总省各旗旗地之保全之件》,

《政府公报》第 2961 号。

133. 敕令第 177 号《关于锦热蒙地内国有地租权让与之件》，《政府公报》第 2988 号。

134. 敕令第 208 号《兴安总省科尔沁左翼中旗及科尔沁右翼中旗之区域变更之件》，《政府公报》第 3013 号。

135. 敕令第 232 号《兴安总省官制中修正之件》，《政府公报》第 3064 号。

136. 敕令第 267 号《陆军兴安学校令中修正之件》，《政府公报》第 3082 号。

137. 敕令第 325 号《旗制中修正之件》，《政府公报》第 3156 号。

138. 敕令第 372 号《兴安总省官制中修正之件》，《政府公报》第 3157 号。

1945 年

139. 敕令第 71 号《兴安总省官制中修正之件》，《政府公报》第 3233 号。

140. 敕令第 93 号《兴安医学院官制中修正之件》，《政府公报》第 3234 号。

141. 敕令第 126 号《旗制中修正之件》，《政府公报》第 3257 号。

142. 敕令第 127 号《依组织法第三十八条规定之诸敕令中之村长或村之件》，《政府公报》第 3257 号。

143. 敕令第 132 号《兴安总省官制中修正之件》，《政府公报》第 3257 号。

144. 敕令第 136 号《旗官制中修正之件》，《政府公报》第

3257 号。

145. 敕令第 137 号《旗制第十四条之二之旗指定之件》,《政府公报》第 3257 号。

146. 敕令第 138 号《关于诸敕令中之村长或村之件》,《政府公报》第 3257 号。

147. 敕令第 238 号《兴安局官制中修正之件》,《政府公报》第 3332 号。

附录二　涉蒙院令目录

1938 年

1. 院令第 6 号《康德二年蒙政部令第十二号修正》,《政府公报》第 1162 号。

1939 年

2. 院令第 8 号《旧蒙古王公审议委员会规程》,《政府公报》第 1468 号。

3. 院令第 9 号《旧蒙古王公裕生公债利息支给规则》,《政府公报》第 1468 号。

4. 院令第 26 号《依兴安各省官制第十二条第二项之省指定之件》,《政府公报》第 1537 号。

5. 院令第 50 号《热河省及锦州省内旗制施行之件》,《政府公报》第 1713 号(另册)。

6. 院令第 54 号《旧蒙古王公裕生公债利息支给规则中修正》,《政府公报》第 1713 号(另册)。

1940 年

7. 院令第 11 号《依省官制第十二条第二项至第四项之省指定之件》,《政府公报》第 1803 号。

8.院令第 12 号《旗制施行规则》,《政府公报》第 1803 号。

9.院令第 63 号《旗制施行规则中修正》,《政府公报》第 2003 号。

1942 年

10.院令第 31 号《基于市制第五十四条、县制第四十六条、或旗制第四十八条之规定将国务总理大臣之许可权限委任于省长之件》,《政府公报》第 2482 号。

11.院令第 37 号《基于市制第五十四条、县制第四十六条、或旗制第四十八条之规定将国务总理大臣之许可权限委任于省长之件中修正》,《政府公报》第 2545 号。

1943 年

12.院令第 53 号《基于市制第五十四条、县制第四十六条或旗制第四十八条之规定将国务总理大臣之许可权限委任于东满总省长、兴安总省长或省长之件》,《政府公报》第 2799 号。

1944 年

13.院令第 35 号《依兴安总省官制第三十八条第二项之规定应置消防署之市指定之件》,《政府公报》第 2965 号。

14.院令第 107 号、经济部令第 91 号《基于旗制第四十八条第一项之规定将国务总理大臣及经济部大臣之许可权限委任于总省长或省长之件》,《政府公报》第 3165 号。

附录三　兴安总署令、蒙政部令目录

1932 年

1. 兴安总署令第 1 号《兴安总署办理文书暂行细则》,《满洲国政府公报》第 34 号。

2. 兴安总署令第 2 号《兴安分省公署办理文书暂行细则》,《满洲国政府公报》第 34 号。

3. 兴安总署令第 3 号《兴安分省公署会计事务处理暂定办法章程》,《满洲国政府公报》第 34 号。

4. 兴安总署令第 4 号《暂行鸦片收买法施行规则》,《满洲国政府公报》第 50 号。

1933 年

5. 兴安总署令第 1 号《拖欠田赋及营业税并附加杂款免除令施行规则》,《满洲国政府公报》第 90 号。

6. 兴安总署令第 2 号《兴安警察局公文程式划一暂行规则》,《满洲国政府公报》第 139 号。

7. 兴安总署令第 3 号《外国人入国取缔规则》,《满洲国政府公报》第 157 号。

8. 兴安总署令第 4 号《按兴安总署令第三号指定官署》,《满洲国政府公报》第 157 号。

9.民政部令第 14 号、兴安总署令第 5 号《地方税中车牌划一捐率及大同二年度车牌式样并免除从前征收隔省过路车捐之件》,《满洲国政府公报》第 168 号。

10.安总署令第 6 号《古迹保存法施行规则》,《满洲国政府公报》第 213 号。

11.兴安总署令第 7 号《兴安省学校学年学期休业日期暂行规程》,《满洲国政府公报》第 296 号。

1934 年("大同"三年)

12.兴安总署令第 1 号《设置参事官之旗指定之件》,《满洲国政府公报》第 311 号。

1934 年("康德"元年)

13.兴安总署令第 1 号《兴安省公医规则》,《政府公报》第 7 号。

14.兴安总署令第 2 号《依外国人入国取缔规则第一条规定指定官署之件中修正之件》,《政府公报》第 7 号。

15.兴安总署令第 3 号《暂行外国人居留证明书发给规则》,《政府公报》第 10 号。

16.兴安总署令第 4 号《暂行外国人滞留呈报规则》,《政府公报》第 10 号。

17.兴安总署令第 5 号《关于大同三年兴安总署令第一号中改正之件》,《政府公报》第 67 号。

18.兴安总署令第 6 号《管理枪械子弹暂行规程》,《政府公报》第 68 号。

19.民政部令 4 号、兴安总署令第 7 号《电影片取缔规则》,

《政府公报》第 82 号。

20. 兴安总署令第 8 号《兴安省汽车取缔规则》,《政府公报》第 89 号。

21. 兴安总署令第 9 号《关于大同三年兴安总署令第一号中改正之件》,《政府公报》第 147 号。

22. 民政部令第 10 号、财政部令第 26 号、兴安总署令第 10 号《地方税木捐规则》,《政府公报》第 150 号。

23. 民政部令第 13 号、兴安总署令第 11 号《康德元年度车牌捐证样式》,《政府公报》第 186 号。

1935 年

24. 蒙政部令第 1 号《大同三年兴安总署令第一号修正》,《政府公报》第 296 号。

25. 蒙政部令第 2 号《兴安各省公署定员》,《政府公报》第 319 号。

26. 蒙政部令第 3 号《兴安绵羊改良场之名称及位置》,《政府公报》第 359 号。

27. 蒙政部令第 4 号《扎鲁特左翼旗、右翼旗改为扎鲁特旗》,《政府公报》第 359 号。

28. 实业部令第 10 号、蒙政部令第 5 号《矿业法施行细则》,《政府公报》第 417 号。

29. 实业部令第 11 号、蒙政部令第 6 号《关于对发见康德二年敕令第九十一号矿物者处置方法之件》,《政府公报》第 417 号。

30. 实业部令第 12 号、蒙政部令第 7 号《关于矿业之规费之件》,《政府公报》第 417 号。

31. 蒙政部令第 8 号《大同三年兴安总署令第一号修正》,《政府公报》第 440 号。

32. 实业部令第 15 号、蒙政部令第 9 号《制订关于对发见康德二年敕令第九十一号矿物者处置方法之件第一条第一项所规定具报之件》,《政府公报》第 442 号。

33. 实业部令第 17 号、蒙政部令第 10 号《计量法施行细则》,《政府公报》第 443 号。

34. 实业部令第 18 号、蒙政部令第 11 号《计量器检定及型式认定手续费之件》,《政府公报》第 443 号。

35. 蒙政部令第 12 号《不设置警务厅之省公署名》,《政府公报》第 447 号。

36. 蒙政部令第 13 号《海拉尔警察署之位置及管辖区域》,《政府公报》第 447 号。

37. 蒙政部令第 14 号《兴安警察局公文程式划一暂行规则废止》,《政府公报》第 447 号。

38. 蒙政部令第 15 号《兴安警察局改为旗长、奈勒穆图警察署长改为海拉尔警察署长》,《政府公报》第 447 号。

39. 蒙政部令第 16 号《兴安省公医规则中警察局长改为省长》,《政府公报》第 447 号。

40. 蒙政部令第 17 号《兴安省汽车取缔规则中警察局长改为省长》,《政府公报》第 447 号。

41. 实业部第 20 号、蒙政部令第 18 号《矿业登录令第八条所定规费之件》,《政府公报》第 464 号。

42. 实业部令第 22 号、蒙政部令第 19 号《矿业登录令施行细则》,《政府公报》第 484 号。

43. 民政部令第 18 号、蒙政部令第 20 号《警察官防寒具制式》,《政府公报》第 490 号。

44.民政部令第 19 号、蒙政部令第 21 号《火药类取缔法施行规则》,《政府公报》第 493 号。

45.民政部令第 20 号、蒙政部令第 22 号《烟火爆竹取缔规则》,《政府公报》第 493 号。

46.民政部令第 21 号、蒙政部令第 23 号《火药类原料取缔法施行规则》,《政府公报》第 493 号。

47.蒙政部令第 24 号《兴安各省公署定员》,《政府公报》第 503 号。

48.蒙政部令第 25 号《外国人居留证明书发给规则》,《政府公报》第 525 号。

49.蒙政部令第 26 号《兴安绵羊改良场之名称及位置》,《政府公报》第 528 号。

50.实业部令第 27 号、军政部令第 4 号、蒙政部令第 27 号《家畜交易市场法施行规则》,《政府公报》第 542 号。

51.民政部令第 25 号、蒙政部令第 28 号《确定北满特别区域中划入旗之地域》,《政府公报》第 542 号。

1936 年

52.蒙政部令第 1 号《警长警士配置请愿规则》,《政府公报》第 585 号。

53.实业部令第 4 号、蒙政部令第 2 号《矿业法施行细则中修正》,《政府公报》第 600 号。

54.民政部令第 22 号、财政部令第 18 号、司法部令第 10 号、蒙政部令第 3 号《地方税法施行规则中修正》,《政府公报》第 674 号。

55.民政部令第 22 号、蒙政部令第 4 号《枪炮取缔法施行规则》,《政府公报》第 675 号。

56.蒙政部令第 5 号《所管警察官吏雨衣制式》,《政府公报》第 690 号。

57.蒙政部令第 6 号《家畜传染病预防规则》,《政府公报》第 732 号。

58.文教部令第 3 号、蒙政部令第 7 号《留学生规程》,《政府公报》第 752 号。

59.蒙政部令第 8 号《施行屠宰场法之区域》,《政府公报》第 760 号。

60.蒙政部令第 9 号《屠宰场法施行规则》,《政府公报》第 760 号。

61.民政部令第 36 号、实业部令第 26 号、蒙政部令第 10 号《暂行农业自由移民办理规则》,《政府公报》第 789 号。

62.财政部令第 46 号、民政部令第 37 号、蒙政部令第 11 号《婚书发给规则》,《政府公报》第 811 号。

63.蒙政部令第 12 号《兴安各省公署定员》,《政府公报》第 811 号。

64.民政部令第 38 号、蒙政部令第 13 号《质业取缔法施行规则》,《政府公报》第 812 号。

65.蒙政部令第 14 号《施行屠宰场法之区域中修正之件》,《政府公报》第 820 号。

66.蒙政部令第 15 号《各旗定员》,《政府公报》第 823 号。

67.实业部令第 29 号、民政部令第 39 号、蒙政部令第 16 号《鸟兽保护法施行规则》,《政府公报》第 827 号。

68.蒙政部令第 17 号《兴安总署令第四号中"海拉尔警察署长"删除》,《政府公报》第 829 号。

69.蒙政部令第 18 号《康德二年蒙政部令第十三号废止》，《政府公报》第 829 号。

70.蒙政部令第 19 号《施行屠宰场法区域中修正》，《政府公报》第 829 号。

71.蒙政部令第 20 号《兴安各省公署定员修正》，《政府公报》第 829 号。

72.民政部令第 40 号、财政部令第 52 号、蒙政部令第 21 号《地方税法施行规则中修正》，《政府公报》第 831 号。

73.民政部令第 41 号、财政部令第 53 号、蒙政部令第 22 号《地方税木捐规则废止》，《政府公报》第 831 号。

74.财政部令第 57 号、民政部令第 45 号、蒙政部令第 23 号《暂行土地执照发给规则》，《政府公报》第 831 号。

75.民政部令第 43 号、蒙政部令第 24 号《国境地带法施行规则》，《政府公报》1936 年 12 月 28 日号外（一）。

76.民政部令第 44 号、蒙政部令第 25 号《国境地带法第八条之证明书或许可书之件》，《政府公报》1936 年 12 月 28 日号外（一）。

77.民政部令第 46 号、蒙政部令第 26 号《随同海拉尔乡区域变更之财产处理之件》，《政府公报》1936 年 12 月 28 日号（三）。

1937 年

78.民政部令第 1 号、蒙政部令第 1 号《医师法施行规则》，《政府公报》第 836 号。

79.民政部令第 2 号、蒙政部令第 2 号《汉医法施行规则》，《政府公报》第 836 号。

80.蒙政部令第 3 号《外国人居留证明书发给规则第一条中

追加》,《政府公报》第 852 号。

81.军政部令第 4 号、民政部令第 7 号、蒙政部令第 4 号《暂行青年训练规程》,《政府公报》第 854 号。

82.民政部令第 8 号、蒙政部令第 5 号《募捐取缔规则》,《政府公报》第 855 号。

83.蒙政部令第 6 号《留学生规程中修正》,《政府公报》第 856 号。

84.军政部令第 5 号、民政部令第 10 号、蒙政部令第 7 号《马事调查法施行规则》,《政府公报》第 860 号。

85.蒙政部令第 8 号《蒙政部令第十五号中修正》,《政府公报》第 876 号。

86.蒙政部令第 9 号《热河省及锦州省内旗制施行规则》,《政府公报》第 881 号。

87.蒙政部令第 10 号《蒙政部警察教习所规则》,《政府公报》第 895 号。

88.蒙政部令第 11 号《各兴安警察学院定员》,《政府公报》第 899 号。

89.蒙政部令第 12 号《兴安学院名称及设置场所》,《政府公报》第 899 号。

90.蒙政部令第 13 号《各兴安学院定员》,《政府公报》第 899 号。

91.蒙政部令第 14 号《王爷庙兴安学院规程》,《政府公报》第 916 号。

92.蒙政部令第 15 号《海拉尔兴安学院规程》,《政府公报》第 916 号。

93.蒙政部令第 16 号《公医配置地方及担任区域》,《政府公报》第 918 号。

94.实业部令第 2 号、蒙政部令第 17 号、军政部令第 12 号、财政部令第 21 号《重要产业统制法施行规程》,《政府公报》第 924 号。

95.民政部令第 19 号、蒙政部令第 18 号《齿科医师法施行规则》,《政府公报》第 927 号。

96.民政部令第 20 号、蒙政部令第 19 号《镶牙营业取缔规则》,《政府公报》第 927 号。

97.财政部令第 23 号、实业部令第 3 号、蒙政部令 20 号《产金收买法施行规则》,《政府公报》第 934 号。

98.民政部令第 22 号、蒙政部令第 21 号《交通取缔规则》,《政府公报》第 937 号。

99.蒙政部令第 22 号《兴安劝业农场名称及位置》,《政府公报》第 958 号。

100.实业部令第 8 号、蒙政部令第 23 号《矿业法施行细则修正之件》,《政府公报》第 966 号。

附录四　兴安分省令、兴安省令、兴安总省令目录

1934 年

1.兴安南分省令第 1 号《东科中旗西夹、辽北荒务清理规则》,《政府公报》第 171 号。

1936 年

2.兴安南省令第 1 号《兴安南省令公布式》,《政府公报》第 576 号。

3.兴安北省令第 1 号《兴安北省令之公布式》,《政府公报》第 591 号。

4.兴安北省令第 2 号《兴安北省林务署暂行规程》,《政府公报》第 593 号。

5.兴安北省令第 3 号《警长警士配置请愿规则施行细则》,《政府公报》第 704 号。

6.兴安东省令第 1 号《兴安东省令公布式之件》,《政府公报》第 611 号。

7.兴安东省令第 2 号《兴安东省林务署暂行规程》,《政府公报》第 630 号。

8.兴安东省令第 3 号《警长警士配置请愿规则施行细则》,

《政府公报》第 739 号。

9. 兴安东省令第 4 号《兽肉贩卖营业取缔规则》,《政府公报》
第 739 号。

10. 兴安西省令第 1 号《兴安西省令公布式之件》,《政府公报》第 611 号。

11. 兴安西省令第 2 号《警长警士配置请愿规则施行细则》,《政府公报》第 739 号。

1937 年

12. 兴安东省令第 1 号《兴安东省林务署暂行规程中修正》,《政府公报》第 858 号。

13. 兴安东省令第 2 号《兴安东省私塾规程》,《政府公报》第 965 号。

14. 兴安东省令第 3 号《兴安东省林务署暂行规程中修正之件废止》,《政府公报》第 1104 号。

15. 兴安东省令第 4 号《关于对日本侧质业者质业取缔法中绝赎期限之件》,《政府公报》第 1104 号。

16. 兴安南省令第 1 号《兴安南省私塾规程》,《政府公报》第 1027 号。

17. 兴安南省令第 2 号《交通取缔规则附则第三项之施行地域》,《政府公报》第 1041 号。

18. 兴安南省令第 3 号《关于对日本侧质业者质业取缔法中绝赎期限之件》,《政府公报》第 1104 号。

19. 兴安北省令第 1 号《依交通取缔规则附则第三项适用地域指定》,《政府公报》第 1087 号。

20. 兴安北省令第 2 号《汽车司机免许及就业免许考试规

则》,《政府公报》第 1087 号。

21. 兴安北省令第 3 号《理发营业取缔规则》,《政府公报》第
1104 号。

22. 兴安北省令第 4 号《关于对日本侧质业者质业取缔法中
绝赎期限之件》,《政府公报》第 1104 号。

1938 年

23. 兴安东省令第 1 号《美容术营业规则》,《政府公报》第
1126 号。

24. 兴安东省令第 2 号《食肉营业取缔规则》,《政府公报》第
1126 号。

25. 兴安东省令第 3 号《兴安东省男子学校学生服制》,《政府
公报》第 1165 号。

26. 兴安东省令第 4 号《关于依麻药隐者管理规则第十条之
手数料之件》,《政府公报》第 1175 号。

27. 兴安东省令第 5 号《中等教育之公立学校校长及教师之
俸给规则》,《政府公报》第 1184 号。

28. 兴安东省令第 6 号《省立学校校长及教师之诸给与规
则》,《政府公报》第 1184 号。

29. 兴安东省令第 7 号《省立学校入学受验料规则》,《政府公
报》第 1234 号。

30. 兴安东省令第 8 号《省立学校证明费规则》,《政府公报》
第 1234 号。

31. 兴安东省令第 9 号《省立学校授业费规则》,《政府公报》
第 1234 号。

32. 兴安东省令第 10 号《畜犬取缔规则》,《政府公报》第

1237 号。

33. 兴安东省令第 11 号《省立学校证明费规则修正》,《政府公报》第 1271 号。

34. 兴安东省令第 12 号《冰果营业取缔规则》,《政府公报》第 1323 号。

35. 兴安东省令第 13 号《小麦粉贩卖营业许可规则》,《政府公报》第 1387 号。

36. 兴安东省令第 14 号《林野放火取缔规则》,《政府公报》第 1548 号。

37. 兴安南省令第 1 号《食肉营业取缔规则》,《政府公报》第 1128 号。

38. 兴安南省令第 2 号《讲会取缔规则》,《政府公报》第 1139 号。

39. 兴安南省令第 3 号《兴安南省令公布式》,《政府公报》第 1179 号。

40. 兴安南省令第 4 号《通辽县下警察署之名称位置并管辖区域》,《政府公报》第 1179 号。

41. 兴安南省令第 10 号《兴安南省立中等教育教师之俸给诸给与规则》,《政府公报》第 1261 号。

42. 兴安南省令第 14 号《看护妇考试规则》,《政府公报》第 1303 号。

43. 兴安南省令第 15 号《林牧野放火取缔规则》,《政府公报》第 1372 号。

44. 兴安南省令第 20 号《齿科医师法施行规则》,《政府公报》第 1440 号。

45. 兴安南省令第 21 号《医师法施行细则》,《政府公报》第

1444 号。

46. 兴安西省令第 1 号《畜犬取缔规则》,《政府公报》第 1172 号。

47. 兴安西省令第 2 号《食肉营业取缔规则准则》,《政府公报》第 1172 号。

48. 兴安西省令第 3 号《理发营业取缔规则》,《政府公报》第 1172 号。

49. 兴安西省令第 4 号《对于日本侧质业者质业取缔法中绝赎期限》,《政府公报》第 1172 号。

50. 兴安西省令第 5 号《兴安西省立中等教育教师俸给并津贴规则》,《政府公报》第 1630 号。

51. 兴安西省令第 6 号《兴安西省初等教育教师俸给规则》,《政府公报》第 1633 号。

52. 兴安西省令第 7 号《康德五年兴安西省令第五号中追加》,《政府公报》第 1630 号。

53. 兴安西省令第 8 号《关于畜犬取缔规则第二十条及食肉营业取缔规则准则适用地域之件》,《政府公报》第 1426 号。

54. 兴安西省令第 9 号《依交通取缔规则适用地域指定之件》,《政府公报》第 1634 号。

55. 兴安北省令第 1 号《清洁方法》,《政府公报》第 1247 号。

56. 兴安北省令第 3 号《小麦粉售卖营业许可规则》,《政府公报》第 1427 号。

1939 年

57. 兴安东省令第 1 号《关于屠宰场屠杀豚剥皮之件》,《政府公报》第 1541 号。

58. 兴安东省令第 2 号《布教者身份证明书发给规则》,《政府公报》第 1542 号。

59. 兴安东省令第 3 号《汽车司机免许及就业免许考试规则》,《政府公报》第 1543 号。

60. 兴安东省令第 4 号《接客业者及其他卫生上须取缔者之健康诊断规则施行细则》,《政府公报》第 1543 号。

61. 兴安东省令第 5 号《兴安东省农事合作社辅导委员会规则》,《政府公报》第 1543 号。

62. 兴安东省令第 6 号《关于劳动者统制施行规则第八条劳动者募集认可委任于旗长之件》,《政府公报》第 1544 号。

63. 兴安东省令第 7 号《兴安东省地方税牲畜税赋课征收规则》,《政府公报》第 1547 号。

64. 兴安东省令第 8 号《根据暴利取缔令物品贩卖价格表示之件》,《政府公报》第 1552 号。

65. 兴安东省令第 9 号《清洁方法》,《政府公报》第 1591 号。

66. 兴安东省令第 10 号《兴安东省奖学费支给规则》,《政府公报》第 1659 号。

67. 兴安东省令第 11 号《乘用马车营业取缔规则》,《政府公报》第 1666 号。

68. 兴安东省令第 12 号《胶皮鞋贩卖营业许可规则》,《政府公报》第 1716 号。

69. 兴安北省令第 1 号《食肉营业取缔规则》,《政府公报》第 1447 号。

70. 兴安北省令第 2 号《畜犬取缔规则》,《政府公报》第 1451 号。

71. 兴安北省令第 3 号《兴安北省地方费税牲畜税赋课征收

规则》,《政府公报》第 1550 号。

72.兴安北省令第 4 号《兴安北省各旗警察署之名称、位置及管辖区域》,《政府公报》第 1614 号。

73.兴安北省令第 5 号《食肉营业取缔规则中修正》,《政府公报》第 1635 号。

74.兴安北省令第 6 号《初等教育教师检定施行细则中修正》,《政府公报》第 1635 号。

75.兴安北省令第 7 号《关于家畜移出取缔之件》,《政府公报》第 1636 号。

76.兴安北省令第 8 号《布教者身份证明书请求单之件》,《政府公报》第 1636 号。

77.兴安北省令第 10 号《兴安北省河川料金征收规则》,《政府公报》第 1687 号。

78.兴安西省令第 1 号《兴安西省地方税牲畜税赋课征收规则》,《政府公报》第 1547 号。

79.兴安西省令第 2 号《关于劳动统制法施行规则第八条劳动者募集认可委任于县旗长之件》,《政府公报》第 1547 号。

80.兴安西省令第 3 号《小麦粉贩卖业许可规则》,《政府公报》第 1634 号。

81.兴安西省令第 4 号《林西县之警察署之名称变更》,《政府公报》第 1666 号。

82.兴安南省令第 2 号《畜犬取缔规则》,《政府公报》第 1541 号。

83.兴安南省令第 3 号《关于畜犬取缔规则第六条施行地域指定之件》,《政府公报》第 1541 号。

84.兴安南省令第 4 号《接客业者及其他卫生上应取缔者健

康诊断规则施行细则》,《政府公报》第 1542 号。

85. 兴安南省令第 10 号《西医术讲习规则》,《政府公报》第
1550 号。

86. 兴安南省令第 11 号《疗术行为取缔规则》,《政府公报》第
1550 号。

87. 兴安南省令第 12 号《关于依康德五年民生部令第七号饮
食物其他之物品取缔法施行规则第二条之职权委任之件》,《政府
公报》第 1551 号。

88. 兴安南省令第 14 号《关于原棉棉织品小卖最高价格决
定》,《政府公报》第 1551 号。

89. 兴安南省令第 15 号《关于劳动统制法施行规则第八条劳
动者募集认可委任于旗县长之件》,《政府公报》第 1552 号。

90. 兴安南省令第 16 号《林野取缔规则》,《政府公报》第
1620 号。

91. 兴安南省令第 17 号《冰果营业取缔规则》,《政府公报》第
1592 号。

92. 兴安南省令第 18 号《关于百斯笃及虎列拉以外传染病疑
似症对传染病预防法之适用并地域限定之件》,《政府公报》第
1621 号。

93. 兴安南省令第 19 号《兴安南省立苗圃规程》,《政府公报》
第 1654 号。

94. 兴安南省令第 20 号《学生或卒业生应偿还之授业费之
件》,《政府公报》第 1656 号。

95. 兴安南省令第 21 号《西医术考试规则》,《政府公报》第
1660 号。

96. 兴安南省令第 22 号《污物清扫规则》,《政府公报》第

1664 号。

97.兴安南省令第 23 号《污物清扫规则第二条地方公共团体指定》,《政府公报》第 1668 号。

98.兴安南省令第 24 号《兴安南省河川料金征收规则》,《政府公报》第 1669 号。

99.兴安南省令第 25 号《依河川法施行规则第六十条规定之鉴定人及参考人之旅费及津贴支给规则》,《政府公报》第 1683 号。

100.兴安南省令第 26 号《乘用马车人力车取缔规则》,《政府公报》第 1688 号。

101.兴安南省令第 27 号《疗术行为取缔规则中修正》,《政府公报》第 1705 号。

102.兴安南省令第 28 号《看护妇规则施行细则》,《政府公报》第 1706 号。

103.兴安南省令第 29 号《助产士规则施行细则》,《政府公报》第 1743 号。

104.兴安南省令第 30 号《关于街及村设置之件》,《政府公报》第 1747 号。

1940 年

105.兴安北省令第 1 号《兴安北省令公布式》,《政府公报》第 1714 号。

106.兴安北省令第 2 号《康德六年兴安北省令第三号兴安北省地方费税牲畜税赋课征收规则中修正》,《政府公报》第 1732 号。

107.兴安北省令第 3 号《兴安北省各旗警察署之名称位置及

管辖区域中修正》,《政府公报》第 1782 号。

108. 兴安北省令第 4 号《胶皮鞋贩卖营业许可规则》,《政府公报》第 1785 号。

109. 兴安北省令第 5 号《康德六年二月十日畜犬取缔规则中修正》,《政府公报》第 1786 号。

110. 兴安北省令第 6 号《林野放火取缔规则》,《政府公报》第 1804 号。

111. 兴安北省令第 7 号《兴安北省立劝业模范场筹备处规则》,《政府公报》第 1805 号。

112. 兴安北省令第 8 号《兴安北省整备委员会规程》,《政府公报》第 1820 号。

113. 兴安北省令第 9 号《关于设置街之件》,《政府公报》第 1871 号。

114. 兴安北省令第 10 号《初等教育教师检定施行细则》,《政府公报》第 1888 号。

115. 兴安北省令第 11 号《清凉饮料水营业取缔规则施行细则》,《政府公报》第 1889 号。

116. 兴安北省令第 12 号《兴安北省寺庙财产保管规则》,《政府公报》第 1899 号。

117. 兴安北省令第 13 号《省立兴安北省劝农模范场规则》,《政府公报》第 1921 号。

118. 兴安北省令第 14 号《康德六年七月二十七日兴安北省令第四号兴安北省各县旗警察署之名称位置及管辖区域中修正》,《政府公报》第 1928 号。

119. 兴安北省令第 15 号《关于在海拉尔市之日佣工劳动者之雇佣及集合之件》,《政府公报》第 1932 号。

120.兴安北省令第 16 号《暂行家畜买卖规则》,《政府公报》第 1936 号。

121.兴安北省令第 17 号《羊毛类统制取缔规则》,《政府公报》第 1940 号。

122.兴安北省令第 18 号《关于市旗街国境警察队满系警尉补以下之进退赏罚权限委任之件》,《政府公报》第 1987 号。

123.兴安北省令第 19 号《关于市旗街官吏吏员事务移交之件》,《政府公报》第 2041 号。

124.兴安东省令第 1 号《载货车取缔规则》,《政府公报》第 1740 号。

125.兴安东省令第 2 号《自转车取缔规则》,《政府公报》第 1741 号。

126.兴安东省令第 3 号《关于重要特产物统制命令之件》,《政府公报》第 1839 号。

127.兴安东省令第 4 号《关于主要粮谷统制命令之件》,《政府公报》第 1843 号。

128.兴安东省令第 5 号《兴安东省整备委员会规程》,《政府公报》第 1901 号。

129.兴安东省令第 10 号《关于省官制第四条规定之省长权限中一部委任之件》,《政府公报》第 2021 号。

130.兴安南省令第 1 号《兴安南省整备委员会章程》,《政府公报》第 1765 号。

131.兴安南省令第 2 号《兴安南省经济取缔委员会规程》,《政府公报》第 1772 号。

132.兴安南省令第 3 号《自转车取缔规则》,《政府公报》第 1781 号。

133. 兴安南省令第 4 号《载货车取缔规则》,《政府公报》第 1791 号。

134. 兴安南省令第 5 号《胶皮鞋贩卖营业许可规则》,《政府公报》第 1801 号。

135. 兴安南省令第 6 号《第三号自转车取缔规则第十四条之施行地域指定》,《政府公报》第 1801 号。

136. 兴安南省令第 7 号《兴安南省视学委员学校视察规程》,《政府公报》第 1806 号。

137. 兴安南省令第 8 号《依省立劝农模范场官制第六条之名称位置及掌管事项》,《政府公报》第 1871 号。

138. 兴安南省令第 9 号《自动车取缔规则中修正》,《政府公报》第 1872 号。

139. 兴安南省令第 10 号《关于省官制第四条规定之省长权限中一部委任之件》,《政府公报》第 1873 号。

140. 兴安南省令第 11 号《康德六年八月一日兴安南省令第十九号废止之件》,《政府公报》第 1874 号。

141 兴安南省令第 12 号《将通辽县之村区域变更》,《政府公报》第 1926 号。

142. 兴安南省令第 13 号《农村备林、农村牧野设定表之件》,《政府公报》第 1927 号。

143. 兴安南省令第 14 号《兴安南省寺庙财产管理规则》,《政府公报》第 1963 号。

144. 兴安南省令第 15 号《旗县警察署之名称位置并管辖区域之件》,《政府公报》第 1964 号。

145. 兴安南省令第 16 号《兴安南省道路爱护奖励规程》,《政府公报》第 1975 号。

146. 兴安南省令第 17 号《通辽县村之名称变更》,《政府公报》第 1996 号。

147. 兴安南省令第 18 号《关于街、村有给吏员之薪金额、旅费额及支给方法之件》,《政府公报》第 1997 号。

148. 兴安南省令第 19 号《兴安南省整备委员会规程中修正》,《政府公报》第 2022 号。

149. 兴安南省令第 21 号《兴安南省管下警察署之名称、位置并管辖区域》,《政府公报》第 2042 号。

150. 兴安南省令第 22 号《兴安南省管下警察署之名称、位置并管辖区域》,《政府公报》第 2043 号。

151. 兴安西省令第 1 号《康德六年兴安西省令第三号小麦粉贩卖业许可规则中修正》,《政府公报》第 1760 号。

152. 兴安西省令第 2 号《接客业者其他卫生上须取缔者之健康诊断规则施行细则》,《政府公报》第 1761 号。

153. 兴安西省令第 3 号《看护妇考试规则》,《政府公报》第 1762 号。

154. 兴安西省令第 4 号《助产士及看护妇考试委员会规程》,《政府公报》第 1763 号。

155. 兴安西省令第 5 号《助产士规则施行细则》,《政府公报》第 1765 号。

156. 兴安西省令第 6 号《看护妇规则施行细则》,《政府公报》第 1766 号。

157. 兴安西省令第 7 号《自转车取缔规则》,《政府公报》第 1767 号。

158. 兴安西省令第 8 号《自转车取缔规则施行地域制订》,《政府公报》第 1768 号。

159. 兴安西省令第 9 号《兴安西省整备委员会规程》,《政府公报》第 1795 号。

160. 兴安西省令第 10 号《关于县旗费开支满系警察官进退赏罚之发令权限委任之件》,《政府公报》第 1892 号。

161. 兴安西省令第 11 号《关于价格等表示之权限委任之件》,《政府公报》第 1948 号。

1941 年

162. 兴安西省令第 1 号《兴安西省各县旗警察署之名称、位置并管辖区域》,《政府公报》第 2047 号。

163. 兴安西省令第 2 号《兴安西省布教者身份证明书发给规则》,《政府公报》第 2191 号。

164. 兴安西省令第 3 号《兴安西省寺庙财产保管规则》,《政府公报》第 2211 号。

165. 兴安西省令第 4 号《省立兴安西省史迹保存馆管理规程》,《政府公报》第 2212 号。

166. 兴安西省令第 5 号《康德元年敕令第一百二十四号省官制第四条所定省长权限之一部委任于旗县长之件》,《政府公报》第 2213 号。

167. 兴安西省令第 6 号《关于委任教官登格铨衡之件》,《政府公报》第 2213 号。

168. 兴安西省令第 7 号《旗、县委任官以下进退赏罚之权限委任于旗、县长之件》,《政府公报》第 2256 号。

169. 兴安西省令第 8 号《依物价及物资统制法第十四条第二项之规定委任主管部大臣之权限之件》,《政府公报》第 2270 号。

170. 兴安西省令第 9 号《行政科委任官登格考试规程》,《政府公报》第 2272 号。

171. 兴安西省令第 10 号《瓜子生产集货统制规则》,《政府公报》第 2289 号。

172. 兴安西省令第 11 号《省立绵羊改良场之名称及位置》,《政府公报》第 2292 号。

173. 兴安西省令第 12 号《省立绵羊改良场之位置变更之件》,《政府公报》第 2292 号。

174. 兴安北省令第 1 号《暂行兴安北省毛皮革类统制取缔规则》,《政府公报》第 2060 号。

175. 兴安北省令第 3 号《关于委任教官登格铨衡之件》,《政府公报》第 2140 号。

176. 兴安北省令第 4 号《地方费税牲畜税赋课征收规则中修正》,《政府公报》第 2141 号。

177. 兴安北省令第 5 号《兴安北省整备委员会规程中修正》,自公布日施行,《政府公报》第 2173 号。

178. 兴安北省令第 6 号《关于汽水啤酒之空瓶往省外搬出禁止之件》,《政府公报》第 2195 号。

179. 兴安北省令第 7 号《关于设置街之件》,《政府公报》第 2210 号。

180. 兴安北省令第 8 号《食肉及肉加工品省外移出取缔规则》,《政府公报》第 2302 号。

181. 兴安北省令第 9 号《依家畜传染病预防法之规定禁止移动家畜》,《政府公报》第 2302 号。

182. 兴安北省令第 10 号《省长之权限中一部委任于市、旗长之件》,《政府公报》第 2305 号。

183. 兴安北省令第 11 号《鼻疽危险津贴支给规程》,《政府公报》第 2322 号。

184. 兴安南省令第 4 号《依物价及物资统制法第十四条第二项之规定委任省长之权限之件》,《政府公报》第 2092 号。

185. 兴安南省令第 8 号《兴安南省产业开发委员会规程》,《政府公报》第 2194 号。

186. 兴安南省令第 11 号《兴安南省管下旗县警察署之名称、位置并管辖区域中修正》,《政府公报》第 2209 号。

187. 兴安南省令第 13 号《关于在库物品数量呈报之件》,《政府公报》第 2211 号。

188. 兴安南省令第 14 号《关于依物价及物资统制法第十五条之规定物品报告之件》,《政府公报》第 2217 号。

189. 兴安南省令第 15 号《兴安南省初等教育教师检定施行细则》,《政府公报》第 2218 号。

190. 兴安南省令第 19 号《县旗置委任文官分限委员会及委任文官惩戒委员会之件》,《政府公报》第 2239 号。

191. 兴安南省令第 20 号《关于县旗所属官吏之任免、进退、赏罚权限委任之件》,《政府公报》第 2239 号。

192. 兴安南省令第 21 号《兴安南省视学委员规程》,《政府公报》第 2261 号。

193. 兴安南省令第 26 号《关于羊毛类之移动限制之件》,《政府公报》第 2261 号。

194. 兴安南省令第 29 号《喜扎嘎尔旗下部行政区划》,《政府公报》第 2290 号。

195. 兴安南省令第 30 号《关于街、村有给吏员之薪金额、旅费额及支给方法之件修正》,《政府公报》第 2301 号。

196. 兴安南省令第 31 号《关于农产物交易手数料之件》,《政府公报》第 2310 号。

197.兴安南省令第 33 号《关于依特产物专管法第二十条规定之命令之件》,《政府公报》第 2321 号。

198.兴安东省令第 5 号《警察署之名称、位置及管辖区域》,《政府公报》第 2203 号。

199.兴安东省令第 17 号《关于薪碳省外移出限制之件》,《政府公报》第 2277 号。

200.兴安东省令第 19 号《依粮谷管理法第二十六条之规定省长权限委任之件》,《政府公报》第 2311 号。

1942 年

201.兴安西省令第 1 号《省立劝农模范场及其分场之名称并位置》,《政府公报》第 2308 号。

202.兴安西省令第 2 号《兴安西省令公布式》,《政府公报》第 2315 号。

203.兴安西省令第 3 号《兴安西省公报发行规程》,《政府公报》第 2315 号。

204.兴安西省令第 4 号《关于街村设置之件》,《政府公报》第 2342 号。

205.兴安西省令第 5 号《街村有给吏员薪金及津贴并旅费支给规则》,《政府公报》第 2344 号。

206.兴安西省令第 7 号《载货车取缔规则》,《政府公报》第 2357 号。

207.兴安西省令第 8 号《关于兴安西省街村职员因兵役被命非役者之给与之件》,《政府公报》第 2377 号。

208.兴安西省令第 9 号《关于街制第四十七条、村制第四十

五条规定之省长许可权限中一部委任之件》,《政府公报》第
2377 号。

209. 兴安西省令第 11 号《卷烟草贩卖业许可规则》,《政府公
报》第 2563 号。

210. 兴安西省令第 12 号《关于兴安西省线麻及线麻加工品
统制之件》,《政府公报》第 2563 号。

211. 兴安西省令第 15 号《基于国民储蓄会法第六条第二项
之规定省长权限委任之件》,《政府公报》第 2597 号。

212. 兴安东省令第 1 号《依特产物专管法第二十八条之规定
省长之权限委任之件中修正》,《政府公报》第 2361 号。

213. 兴安东省令第 2 号《关于兴安东省线麻及线麻加工品统
制之件》,《政府公报》第 2363 号。

214. 兴安东省令第 3 号《关于开拓团地区名称变更之件》,
《政府公报》第 2394 号。

215. 兴安东省令第 4 号《兴安东省立学校授业费规则中修
正》,《政府公报》第 2428 号。

216. 兴安东省令第 6 号《看护妇规则施行细则》,《政府公报》
第 2469 号。

217. 兴安东省令第 7 号《卷烟草贩卖业许可规则》,《政府公
报》第 2505 号。

218. 兴安东省令第 12 号《依据国民储蓄会法第六条第二项
之规定将属于省长之权限令旗长行使之件》,《政府公报》第
2541 号。

219. 兴安东省令第 13 号《依据特产物专管法第二十八条、粮
谷管理法第二十六条之省长权限委任之件》,《政府公报》第
2580 号。

220. 兴安东省令第 16 号《兴安东省地方管辖林野产物烙印规则》,《政府公报》第 2603 号。

221. 兴安北省令第 1 号《依食肉及肉加工品省外移出取缔规则之食肉及肉加工品省外移出许可权限之一部委任之件》,《政府公报》第 2340 号。

222. 兴安北省令第 2 号《兴安北省家畜需给调整规则》,《政府公报》第 2389 号。

223. 兴安北省令第 3 号《关于依家畜传染病预防法第十四条之规定禁止移动家畜之件中修正》,《政府公报》第 2390 号。

224. 兴安北省令第 4 号《火药讲习会规程》,《政府公报》第 2418 号。

225. 兴安北省令第 5 号《关于依家畜传染病预防法第十四条之规定禁止移动家畜之件中修正》,《政府公报》第 2459 号。

226. 兴安南省令第 6 号《兴安南省下各旗县警察署之名称、位置并管辖区域中修正》,《政府公报》第 2406 号。

227. 兴安南省令第 7 号《兴安南省立学校授业费规则中修正》,《政府公报》第 2411 号。

228. 兴安南省令第 8 号《兴安南省耕地防风林设定奖励规则》,《政府公报》第 2435 号。

229. 兴安南省令第 9 号《兴安南省努图克吏员给与规则》,《政府公报》第 2439 号。

1943 年

230. 兴安东省令第 2 号《关于街之设置之件》,《政府公报》第 2634 号。

231. 兴安东省令第 3 号《兴安东省管内减额旅费规程》,《政府公报》第 2702 号。

232. 兴安东省令第 4 号《依物价及物资统制法第十四条第二项之规定省长权限委任之件》,《政府公报》第 2704 号。

233. 兴安东省令第 5 号《杂业取缔规则》,《政府公报》第 2704 号。

234. 兴安东省令第 6 号《马铃薯并其加工品统制规则》,《政府公报》第 2705 号。

235. 兴安东省令第 7 号《基于马铃薯并其加工品统制规则第十五条省长之权限委任于旗长之件》,《政府公报》第 2705 号。

236. 兴安东省令第 8 号《兴安东省私营造林奖励规则》,《政府公报》第 2705 号。

237. 兴安北省令第 1 号《水产动植物增殖保护规则》,《政府公报》第 2643 号。

238. 兴安北省令第 2 号《关于汽水啤酒之空瓶往省外搬出禁止中修正》,《政府公报》第 2644 号。

239. 兴安北省令第 3 号《关于设置开拓团之件》,《政府公报》第 2644 号。

240. 兴安北省令第 4 号《关于呈报马匹移动之件》,《政府公报》第 2647 号。

241. 兴安北省令第 5 号《兴安北省种畜贷与规则》,《政府公报》第 2667 号。

242. 兴安北省令第 6 号《依国民储蓄会法第六条第二项之规定将属于省长之权限之事项使市长或旗长行使之件》,《政府公报》第 2683 号。

243. 兴安北省令第 7 号《食肉及肉加工品乳制品省外移出取缔规则》,《政府公报》第 2697 号。

244. 兴安北省令第 8 号《关于兴安北省旗参与之件》,《政府公报》第 2732 号。

245. 兴安北省令第 11 号《关于地名改称之件》,《政府公报》第 2837 号。

246. 兴安南省令第 1 号《兴安南省管下旗、县警察署之名称位置并管辖区域中修正》,《政府公报》第 2658 号。

247. 兴安南省令第 2 号《兴安南省地方管辖林野产物号牌规则》,《政府公报》第 2669 号。

248. 兴安南省令第 3 号《基于线麻及线麻加工品统制之件第六条第一项第一款规定之命令》,《政府公报》第 2724 号。

249. 兴安南省令第 4 号《稻草加工品检查规则》,《政府公报》第 2730 号。

250. 兴安南省令第 7 号《木炭及薪材需给并价格统制规则》,《政府公报》第 2797 号。

251. 兴安南省令第 8 号《摊床并物品行商取缔规则》,《政府公报》第 2798 号。

252. 兴安南省令第 10 号《科尔沁右翼前旗王爷庙街名变更》,《政府公报》第 2799 号。

253. 兴安西省令第 1 号《基于康德九年兴农部令第三十五号关于依特产物专管法第二十三条、粮谷管理法第二十条及米谷管理法第二十二条之二之规定之命令之件之省长权限委任之件》,《政府公报》第 2657 号。

254. 兴安西省令第 2 号《兴安西省县旗警察署之名称、位置并管辖区域中修正》,《政府公报》第 2679 号。

255. 兴安西省令第 3 号《兴安西省道路爱护奖励规程》,《政府公报》第 2703 号。

256. 兴安西省令第 4 号《关于限制鸡卵省外运出之件》,《政府公报》2733 号。

257. 兴安西省令第 5 号《暂行身份证发给规则》,《政府公报》第 2806 号。

258. 兴安西省令第 6 号《载货车取缔规则中修正》,《政府公报》第 2813 号。

259. 兴安西省令第 7 号《各旗、县警察署之名称、位置并管辖区域中修正》,《政府公报》第 2813 号。

260. 兴安总省令第 1 号《兴安总省令程式令》,《政府公报》第 2822 号。

261. 兴安总省令第 2 号《兴安总省公报发行规程》,《政府公报》第 2822 号。

262. 兴安总省令第 3 号《暂行援用从前兴安东省令、兴安南省令、兴安西省令及龙江省令之件》,《政府公报》第 2822 号。

263. 兴安总省令第 4 号《关于兴安总省地区及地区行署之件》,《政府公报》第 2822 号。

264. 兴安总省令第 5 号《关于兴安北省公署及其管辖之旗市所属委任官以下职员之进退及赏罚权限委任之件》,《政府公报》第 2822 号。

265. 兴安总省令第 6 号《关于兴安北省长管辖旗市之其他旗县所属官吏之进退及赏罚之总省长之权限委任之件》,《政府公报》第 2822 号。

266. 兴安总省令第 7 号《关于兴安北省公署并兴安北省公署所属旗公署及市公署之事务分掌之总省长之权限委任之件》,《政府公报》第 2822 号。

267. 兴安总省令第 8 号《依从前诸法令兴安总省长之权限委

任之件》,《政府公报》第 2826 号。

268. 兴安总省令第 10 号《关于开拓团设置之件》,《政府公报》第 2886 号。

269. 兴安总省令第 11 号《兴安总省小工事业取缔规则》,《政府公报》第 2894 号。

270. 兴安总省令第 12 号《依商工公会法第七条第二项之规定总省长之权限委任之件》,《政府公报》第 2936 号。

271. 兴安北省令第 1 号《兴安北省令程式令》,《政府公报》第 2873 号。

272. 兴安北省令第 2 号《关于援用从前兴安北省令之件》,《政府公报》第 2873 号。

273. 兴安北省令第 3 号《鱼菜类及同加工品省外运出取缔规则》,《政府公报》第 2843 号。

1944 年

274. 兴安总省令第 1 号《依物价及物资统制法第十四条第二项之规定基于康德八年治安部令第三十号民生部令第四十五号兴农部令第三十四号及经济部令第五十号之总省长之权限委任于旗长或县长之件》,《政府公报》第 2987 号。

275. 兴安总省令第 2 号《依金属类回收法第十八条之规定将经济部大臣委任之权限委任之件》,《政府公报》第 2988 号。

276. 兴安总省令第 3 号《兴安总省(除兴北地区)布教者身份证明书发给规则》,《政府公报》第 2988 号。

277. 兴安总省令第 4 号《兴安总省寺庙财产保管规则》,《政府公报》第 2988 号。

278. 兴安总省令第 5 号《关于开拓团设置之件》,《政府公报》

第 2990 号。

279. 兴安总省令第 6 号《依商工公会法第七条第三项之规定总省长权限委任之件》,《政府公报》第 2990 号。

280. 兴安总省令第 7 号《兴安西省立林东绵羊改良场之名称及位置变更》,《政府公报》第 2990 号。

281. 兴安总省令第 8 号《基于康德八年兴农部令第四十八号关于基于物价及物资统制法第十条至第十二条及第十四条规定之线麻加工品统制之件第六条第一项第一款规定之命令》,《政府公报》第 3028 号。

282. 兴安总省令第 9 号《载货马车统制规则》,《政府公报》第 3028 号。

283. 兴安总省令第 10 号《依载货马车统制规则第十一条之街指定》,《政府公报》第 3028 号。

284. 兴安总省令第 11 号《关于兴北地区应设置之消防署之名称、位置及管辖区域之兴安总省长之权限委任之件》,《政府公报》第 3028 号。

285. 兴安总省令第 12 号《康德十年兴安东省令第六号马铃薯并其加工品统制规则第十条规定之总省长权限委任于旗长之件》,《政府公报》第 3028 号。

286. 兴安总省令第 13 号《关于制订线麻并特产物批发及贩卖价格之总省长权限委任之件》,《政府公报》第 3035 号。

287. 兴安总省令第 14 号《兴安总省防疫手帐规则》,《政府公报》第 3035 号。

288. 兴安总省令第 15 号《关于防止因百斯笃患者及其附近住民于防疫措置前逃亡之传播病毒之件》,《政府公报》第 3035 号。

289. 兴安总省令第 16 号《兴安总省管下（除兴北地区）各旗县警察署之名称位置并管辖区域》,《政府公报》第 3085 号。

290. 兴安总省令第 17 号《关于枪炮持有许可证换发之件》,《政府公报》第 3085 号。

291. 兴安总省令第 18 号《牛乳取缔规则施行细则》,《政府公报》第 3085 号。

292. 兴安总省令第 19 号《基于国境警察队官制第五条将兴安总省管下设置国境警察队及国境警察队各区队名称、位置并管辖区域》,《政府公报》第 3085 号。

293. 兴安总省令第 20 号《兴安北省长管辖旗市国境警察队之名称及位置并区队之名称、位置及管辖区域之总省长权限委任之件》,《政府公报》第 3085 号。

294. 兴安总省令第 21 号《关于兴安北省长管辖旗市外之其他旗县所属官吏之进退及赏罚之总省长权限委任之件修正》,《政府公报》第 3108 号。

295. 兴安总省令第 22 号《依家畜及畜产物统制法第二十七条第二项权限委任》,《政府公报》第 3108 号。

296. 兴安总省令第 23 号《屑物商取缔规则》,《政府公报》第 3108 号。

297. 兴安总省令第 24 号《讲会取缔规则》,《政府公报》第 3109 号。

298. 兴安总省令第 25 号《兴安总省管下（除兴北地区）各旗县警察署之名称位置并管辖区域修正》,《政府公报》第 3109 号。

299. 兴安总省令第 26 号《依物价及物资统制法第十四条第一项之规定并康德十年敕令第二百四十二号关于东满总省长及兴安总省长之权限委任之件将兴安总省长之权限委任于兴安北

省长》,《政府公报》第 3115 号。

300. 兴安总省令第 27 号《依物价及物资统制法第十四条第二项之规定由主管部大臣委任之总省长之权限委任于旗长或县长之件》,《政府公报》第 3115 号。

301. 兴安总省令第 28 号《古物商取缔规则》,《政府公报》第 3115 号。

302. 兴安总省令第 29 号《饮食店取缔规则》,《政府公报》第 3119 号。

303. 兴安总省令第 30 号《澡堂取缔规则》,《政府公报》第 3119 号。

304. 兴安总省令第 31 号《代书业取缔规则》,《政府公报》第 3120 号。

305. 兴安总省令第 32 号《经纪业取缔规则》,《政府公报》第 3121 号。

306. 兴安总省令第 33 号《射幸行为取缔规则》,《政府公报》第 3122 号。

307. 兴安总省令第 34 号《游技场取缔规则》,《政府公报》第 3122 号。

308. 兴安总省令第 35 号《旅店取缔规则》,《政府公报》第 3124 号。

309. 兴安总省令第 36 号《料理屋取缔规则》,《政府公报》第 3125 号。

310. 兴安总省令第 37 号《艺妓酌妇取缔规则》,《政府公报》第 3125 号。

311. 兴安总省令第 38 号《兴安总省史迹保存馆管理规程》,《政府公报》第 3149 号。

312.兴安总省令第39号《兴安总省管下（除兴北地区）各旗警察署之名称、位置并管辖区域修正》,《政府公报》第3149号。

313.兴安总省令第40号《兴安总省管下（除兴北地区）各旗县警察署之名称位置并管辖区域中修正》,《政府公报》第3149号。

314.兴安总省令第42号《兴安总省令第十六号兴安总省管下（除兴北地区）各旗县警察署之名称位置及管辖区域中修正》,《政府公报》第3176号。

315.兴安总省令第43号《关于指挥监督海拉尔三河两营林署长权限委任之件》,《政府公报》第3176号。

316.兴安总省令第44号《农产物零卖价格制订总省长权限委任之件》,《政府公报》第3176号。

317.兴安北省令第1号《依金属类回收法第十八条第二项规定之省长权限委任之件》,《政府公报》第2985号。

318.兴安北省令第2号《关于旗市所属初等学校教谕之任免进退赏罚权限委任之件》,《政府公报》第2991号。

319.兴安北省令第3号《依金属类回收法第十八条第二项之规定关于省长权限委任》,《政府公报》第3085号。

1945 年

320.兴安总省令第8号《前兴安区屯垦公署垦放蒙地处理办法》,《政府公报》第3288号。

321.兴安总省令第18号《关于开拓团设置之件》,《政府公报》第3288号。

主要参考文献

一、史料

（一）档案

《奈曼旗伪满档案汇集》，奈曼旗档案馆馆藏，全宗号 101。

《通辽地区伪满档案汇集》，通辽市档案馆馆藏，全宗号 65。

吉林省档案馆、广西师范大学出版社编：《日本关东宪兵队报告
集》（第一、二、三、四辑），广西大师范大学出版社，2005 年。

中央档案馆、中国第二历史档案馆、吉林省社会科学院编：《东北
经济掠夺》，中华书局，1991 年。

中央档案馆、中国第二历史档案馆、吉林省社会科学院编：《日本
帝国主义侵华档案资料选编·九一八事变》，中华书局，
1988 年。

中央档案馆、中国第二历史档案馆、吉林省社会科学院编：《伪满
傀儡政权》，中华书局，1994 年。

中央档案馆、中国第二历史档案馆、吉林省社会科学院编：《伪满
宪警统治》，中华书局，1993 年。

中央档案馆编：《伪满洲国的统治与内幕：伪满官员供述》，中华书
局，2000 年。

中央档案馆整理：《日本侵华战犯笔供》，中国档案出版社，

2005 年。

(二)公文、法规

蔡鸿源主编:《民国法规集成》,黄山书社,1999 年。

郭卫主编,王尹孚编纂:《国民政府现行法令大全六法全书合编》,
　　上海法学编译社,民国十七年。

考试院编:《考试院工作报告》,1935 年。

李茂杰主编:《伪满洲国政府公报全编》,线装书局,2009 年。

立法院秘书处编:《立法专刊》(第三辑),民智书局,民国十九年。

满洲司法协会编纂:《满洲帝国六法》,满洲司法协会,1941 年。

王长林、唐莹策划:《伪满洲国地方政府公报汇编》,线装书局,
　　2009 年。

周光培主编:《伪满洲国政府公报》,辽沈书社,1990 年。

(三)日伪官方书刊

The Manchoukou Year Book Co. Hsinking, *The Manchuria Year
　　Book 1941*, Manchoukuo, 1941.

Toa-Keizai Chosakyoku (East-Asiatic Economic Investigation
　　Bureau), *The Manchuria Year Book 1931*, Tokyo, 1931.

Toa-Keizai Chosakyoku (East-Asiatic Economic Investigation
　　Bureau), *The Manchuria Year Book 1932—1933*, Tokyo, 1932.

Toa-Keizai Chosakyoku (East-Asiatic Economic Investigation
　　Bureau), *The Manchuria Year Book 1934*, Tokyo, 1934.

〔日〕吉竹检次:《满洲重要物资统制读本》,王光烈译,满洲图书株
　　式会社,1941 年。

〔日〕枥仓正一:《满洲中央银行十年史》,"满洲中央银行",
　　1942 年。

〔日〕西藤辰雄:《蒙古事情概要》,满洲事情案内所,1935 年。

《满洲年鉴(昭和八年)》,财团法人满洲文化协会,1933 年。

《满洲年鉴(昭和十八年)》,满洲日日新闻社,1943 年。

《满洲年鉴(昭和十一年)》,满洲日日新闻社,1936 年

财团法人善邻协会调查部编:《蒙古大观》,改造社,1938 年。

东亚问题研究会:《蒙古要览》,株式会社三省堂,1938 年。

日本外务省情报部编纂:《现代中华民国满洲帝国人名鉴》,财团
　　法人东亚同文会业务部,昭和十二年(1937)。

王安惠、赵万斌:《违警罪处罚令、违警罪即决法释义》,益智书店,
　　1938 年。

(四)资料汇编、地方志

《满洲农村的相互合作运动》,王贵勤译,伪皇宫陈列馆编:《伪皇
　　宫陈列馆年鉴(1989 年)》。

阿荣旗旗志办公室编:《阿荣旗历史资料丛稿》第一辑(《阿荣旗事
　　情》),1983 年。

巴林左旗志编辑委员会编:《巴林左旗志》,1985 年。

赤峰市地方志办公室、内蒙古图书馆编:《内蒙古历史文献丛书》
　　之十六(《林西县志》《赤峰县志略》),远方出版社,2014 年。

赤峰市地方志办公室、内蒙古图书馆编:《内蒙古历史文献丛书》
　　之十三(《热河经棚县志》),远方出版社,2014 年。

赤峰市地方志办公室、内蒙古图书馆编:《内蒙古历史文献丛书》
　　之十四(《蒙地概况》《宁城县志》),远方出版社,2014 年。

赤峰市地方志办公室、内蒙古图书馆编:《内蒙古历史文献丛书》
　　之十五(《赤峰县地方事情》),远方出版社,2014 年。

东北物资调节委员会研究组:《东北经济小丛书·煤炭篇》,中国
　　文化服务社,民国三十七年。

东北物资调节委员会研究组:《东北经济小丛书·金融篇》,中国

　　文化服务社,民国三十七年。

复旦大学历史系编译:《日本帝国主义对外侵略史料选编(1931—
　　1945)》,上海人民出版社,1985 年。

何天义主编:《伪满劳工血泪史》,新华出版社,1995 年。

吉林省金融研究所:《伪满洲中央银行史料》,吉林人民出版社,
　　1986 年。

吉林省图书馆伪满洲国史料编委会编:《伪满洲国史料》,第 1—6、
　　9—11、14—16、20、24—33 册,全国图书馆文献微缩复制中心,
　　2002 年。

居之芬、庄建平主编:《日本掠夺华北强制劳工档案史料集》,社会
　　科学文献出版社,2003 年。

科尔沁左翼中旗档案局编:《科尔沁左翼中旗志》,内蒙古文化出
　　版社,2003 年。

李俊义等校点:《民国林西县地方文献汇编》,内蒙古人民出版社,
　　2012 年。

林西县志编纂委员会编:《林西县志》,内蒙古人民出版社,
　　1999 年。

刘玉洪、谢霆福、王治祥主编:《农村金融史料(资料翻译)》第二
　　辑,长春地方志编纂委员会,1990 年。

满洲矿业开发株式会社编:《满洲国矿区一览》,满洲矿业开发株
　　式会社,1941 年。

内蒙古地方志编纂委员会总编室编:《内蒙古史志资料选编》第五
　　辑、第九辑,1985 年。

内蒙古教育志编委会编:《内蒙古教育史志资料》第一、二辑,内蒙
　　古大学出版社,1995 年。

宁城县地方志办公室编:《宁城县史料》第一辑(《热河省旗县事情

（宁城部分）》），1983 年。

孙邦主编：《经济掠夺》，吉林人民出版社，1993 年。

孙邦主编：《日伪暴行》，吉林人民出版社，1993 年。

孙邦主编：《伪满人物》，吉林人民出版社，1993 年。

孙邦主编：《殖民政权》，吉林人民出版社，1993 年。

王战平主编：《正义的审判——最高人民法院特别军事法庭审判日本战犯纪实》，人民法院出版社，1991 年。

夏恩训、徐志红主编：《满洲里市志》，内蒙古人民出版社，1998 年。

解学诗主编：《满铁史资料》，中华书局，1987 年。

袁秋白、杨瑰珍编译：《罪恶的自供状：新中国对日本战犯的历史审判》，解放军出版社，2000 年。

张玉彬、胥敏、权芳敏译：《日本关东军宪兵队奴役中国劳工档案选译（上）》，近代史资料编辑部编：《近代史资料》（总 115），中国社会科学出版社，2007 年。

（五）文史资料

阿必德、宝德整理《兴安北省简况》，《内蒙古文史资料》第三十四辑，1989 年。

鲍存荣：《两代协理》，《赤峰市郊区文史资料选集》第二辑，1990 年。

暴有山：《我所知道的兴安西省》，《哲里木盟文史资料》第一辑，1985 年。

蔡景元忆述，蔡集成整理：《流年碎影故人情》，《红山文史》第七辑，1999 年。

苍书勋：《有关白永胜自取惨死片段见闻》，《海拉尔文史资料》第一辑，1984 年。

陈殿武：《哲里木盟商业三百年的概述》，德力格尔主编：《哲里木史话》,远方出版社,1995 年。

陈铎、杨玉福口述,张利、王福生整理:《田宝屯鼠疫追述》,《科左中旗文史资料》第二辑,1991 年。

陈振廷:《日本侵略者对开鲁经济的统治》,《开鲁县文史资料》第二辑,1988 年。

达木林:《伪满时期的科左中旗》,《哲里木盟文史资料》第四辑,1990 年。

达瓦敖斯尔:《科左后旗出荷万头牛纪实》,《哲里木盟文史资料》第四辑,1990 年。

鄂耀胜:《海拉尔(呼伦贝尔)历史编年及行政沿革史》,《海拉尔文史资料》第三辑,1991 年。

高纯德:《日伪时期兴安东省的黑暗制度》,《扎兰屯文史资料》第一辑,1989 年。

贺佐编:《伪满见闻拾零》,《哲里木盟文史资料》第四辑,1990 年。

雷明义:《铁路装卸工人的一次罢工斗争》,《哲里木盟文史资料》第四辑,1990 年。

李长春《日伪对扎矿的掠夺与工人的反抗斗争》,《呼伦贝尔文史资料》第四辑,1988 年。

李万贵:《伪满的"勤劳奉仕"》,《哲里木盟文史资料》第四辑,1990 年。

梁凤云:《奈曼兴农合作社》,《奈曼旗文史资料》第三辑,1989 年。

吕景清:《十三年血泪史》,《哲里木盟文史资料》第四辑,1990 年。

那木海扎布:《回忆"泰赉会议"前后》,《内蒙古文史资料》第三十四辑,1989 年。

那木海扎布、达瓦敖斯尔:《参加"郑家屯会议"的回忆》,《内蒙古文史资料》第三十四辑,1989 年。

沈元加:《伪满时期的赤峰工商业》,《红山文史》第二辑,1987年。

史志纯:《伪兴安北省地方职员训练所、海拉尔市职官录》,《海拉尔文史资料》第八辑,2001年。

苏赫巴鲁:《郭尔罗斯前旗札萨克齐默特色木丕勒史略》,《内蒙古文史资料》第三十五辑,1989年。

田垠:《日本帝国主义侵略满洲里概况》,《满洲里文史资料选辑》第二辑,1986年。

王广竣:《日本侵略者在开鲁实行的经济统治》,《哲里木盟文史资料》第四辑,1990年。

王士哲:《日伪时期的赤峰经济》,《红山文史》第一辑,1985年。

王兴武口述,李树发整理:《回忆在海拉尔日本宪兵队的痛苦遭遇》,《海拉尔文史资料》第五辑,1995年。

王玉成整理:《解放前的林西商业》,《林西文史选》第一辑,1986年。

王子衡:《伪满日本官吏的秘密手册》,《文史资料选辑合订本》第三十九辑,2000年。

魏连云:《钱家店农民道场》,《哲里木盟文史资料》第四辑,1990年。

魏寿山:《日伪宪警在海拉尔市对苏联侨民进行集体屠杀见闻片段》,《海拉尔文史资料》第四辑,1992年。

杨德田:《通辽沦陷时期的国民党地下组织》,《哲里木盟文史资料》第四辑,1990年。

尹麟春:《沦陷十三年的乌丹城》,《翁牛特文史》第二辑,1998年。

张斌:《周荣久与“八仙筒事件”》,《哲里木盟文史资料》第四辑,1990年。

张九儒:《我坎坷的前半生》,《敖汉文史资料选辑》第二辑,

1987 年。

张连学:《少年时的一段苦难经历》,《哲里木盟文史资料》第四辑,
　　1990 年。

张新民:《清末以来赤峰地区使用过的货币》,《赤峰市郊区文史资
　　料选集》第二辑,1990 年。

赵文郁:《目击日伪倒台及忆述沦亡处境》,《赤峰市郊区文史资料
　　选集》第二辑,1990 年。

正珠尔扎布:《内蒙自治军始末》,《内蒙古文史资料》第三十四辑,
　　1989 年。

周明瑞:《阿鲁科尔沁旗沦陷时期的畜牧业概况》,《阿鲁科尔沁文
　　史》第五辑,1996 年。

二、著作

〔日〕"满洲国"史编纂刊行会编:《满洲国史(分论)》(上、下),东北
　　沦陷十四年史吉林编写组译,黑龙江省社会科学院历史研究
　　所,赵连泰校译,1990 年。

〔日〕"满洲国"史编纂刊行会编:《满洲国史(总论)》,步平等译,赵
　　连泰总校,黑龙江省社会科学院历史研究所,1990 年。

〔日〕波多野鼎:《日本统制经济概要》,舒贻上译,国立华北编译
　　馆,民国三十二年。

〔日〕关宽治、岛田俊彦:《满洲事变》,王振锁、王家骅译,上海译文
　　出版社,1983 年。

〔日〕铃木隆史:《日本帝国主义与满洲》,周启乾监译,金禾出版社
　　有限公司,1998 年。

〔日〕满史会:《满洲开发四十年史》(上卷),东北沦陷十四年史辽
　　宁编写组译,1988 年。

〔日〕浅田乔二等:《1937—1945 日本在中国沦陷区的经济掠夺》,袁愈译,复旦大学出版社,1997 年。

〔日〕森武夫:《战时统制经济论》,陈绶荪译述,国立编译馆,民国二十四年。

〔日〕藤冈启:《满蒙经济大观》,吴自强译,民智书局,民国十八年。

〔日〕斋藤直基知编撰:《满洲产业经济大观》,满洲产业调查会,1943 年。

《战时日本》,国民新闻图书印刷公司,1942 年。

白拉都格其、金海、赛航编:《蒙古民族通史》第五卷,内蒙古大学出版社,2002 年。

蔡志纯:《蒙古族文化》,中国社会科学出版社,1993 年。

曹大臣、朱庆葆:《刺刀下的烟祸:日本侵华期间的鸦片毒化活动》,福建人民出版社,2005 年。

朝阳市史志办公室编:《抗日战争时期朝阳市人口伤亡和财产损失调查》,辽宁民族出版社,2012 年。

戴建兵、王晓岚:《罪恶的战争之债:抗战时期日伪公债研究》,社会科学文献出版社,2005 年。

费正:《抗战时期的伪政权》,河南人民出版社,1993 年。

呼伦贝尔市课题组编:《内蒙古抗战时期抗战时期人口伤亡和财产损失》(呼伦贝尔市卷),中共党史出版社,2010 年。

胡锦光、杨建顺、李元起:《行政法专题研究》,中国人民大学出版社,1998 年。

姜念东等:《伪满洲国史》,吉林人民出版社,1980 年。

金海:《日本在内蒙古殖民统治政策研究》,社会科学文献出版社,2009 年。

金海:《日本占领时期内蒙古历史研究》,内蒙古人民出版社,

2005 年。

金海主编:《从传统到现代——近代内蒙古地区文化史研究》,内
　蒙古人民出版社,2009 年。

雷鸣:《日本战时统制经济研究》,人民出版社,2007 年。

李力:《伪满洲国的劳务管理机构与劳务政策研究》,吉林出版集
　团有限责任公司,2009 年。

李澍田:《中国东北农业史》,吉林文史出版社,1993 年。

内蒙古金融志编纂委员会:《内蒙古金融志》,内蒙古人民出版社,
　2007 年。

内蒙古自治区课题组:《内蒙古抗战时期人口伤亡和财产损失》
　(惨案·劳工卷),中共党史出版社,2011 年。

内蒙古自治区课题组:《内蒙古抗战时期人口伤亡和财产损失》
　(调研报告卷),中共党史出版社,2011 年。

内蒙古自治区课题组:《内蒙古抗战时期人口伤亡和财产损失》
　(忆述·供述卷),中共党史出版社,2011 年。

内蒙古自治区课题组:《内蒙古抗战时期人口伤亡和财产损失》
　(殖民统治卷),中共党史出版社,2011 年。

彭迪先:《战时的日本经济》,生活书店,1938 年。

齐齐哈尔市人民政府办公厅编:《齐齐哈尔地方政权》,1991 年。

任其怿:《日本帝国主义对内蒙古的文化侵略活动》,内蒙古大学
　出版社,2006 年。

赛航、金海、苏德毕力格:《民国内蒙古史》,内蒙古大学出版社,
　2007 年。

施玉森:《日本侵略中国东北与伪满傀儡政府机构》,雏忠会馆,
　2004 年。

苏利德:《内蒙古金融机构沿革　公元 1012 年—1949 年》,远方出

版社,2003 年。

滕利贵:《伪满经济统治》,吉林教育出版社,1992 年。

吴旅燕、张闯、王坤:《伪满洲国法制研究》,中国政法大学出版社,
2013 年。

解学诗:《满铁与中国劳工》,社会科学文献出版社,2003 年。

解学诗:《伪满洲国史新编》,人民出版社,1995 年。

姚会元:《日本对华金融掠夺研究:1931—1945》,武汉出版社,
2008 年。

札奇斯钦:《蒙古文化与社会》,台北商务印书馆,1987 年。

张洪祥:《近代日本在中国的殖民统治》,天津人民出版社,
1996 年。

张文显主编:《法理学》,高等教育出版社、北京大学出版社,
1999 年。

张余生编著:《倭制满洲国》,东北问题研究会,民国二十一年。

章伯锋、庄建平:《抗日战争》,四川大学出版社,1997 年。

钟放:《伪满洲国的法制幻象》,商务印书馆,2015 年。

三、论文

Shirely Ardener, *The Comparatives Study of Gredit Associa-tions*, Journal of the Royal Anthropological of Great Britain and Ireland,1964(94).

程志峰:《伪满时期日本对东蒙地区的殖民奴化教育》,《纪念中国人民抗日战争暨世界反法西斯战争胜利 70 周年国际学术研讨会论文集》,2015 年。

德力格尔玛:《伪满洲国统治内蒙古东部地区的行政机构及其演变》,《赤峰学院学报》2006 年 2 期。

高乐才:《伪满时期日本的蒙古族上层政策》,《外国问题研究》
　　2012 年第 2 期。

何金山、关其戈:《论古代蒙古罚畜刑》,《内蒙古社会科学》2003 年
　　第 6 期。

胡日查:《日本にょる东部内モンゴル植民地统治确立の政策过
　　程──兴安东分省の设置をめぐる区域再编・移民政策・民
　　族斗争を中心に》,《蒙古史研究》第十一辑。

孟和宝音:《日本占领时期兴安省所设原因和演变过程研究》,《阴
　　山学刊》2010 年第 2 期。

任其怿:《日伪时期内蒙古社会的几个奴化与殖民化现象》,《内蒙
　　古大学学报(人文社会科学版)》2007 年第 6 期。

忒莫勒:《伪满蒙政部的第一个综合性蒙文月刊〈蒙古报〉》,《蒙古
　　学信息》2002 年第 2 期。

忒莫勒:《伪满兴安省蒙民厚生会始末》,《蒙古史研究》第七辑。

乌力吉陶格套:《近代蒙古司法审判制度的演变》,《中央民族大学
　　学报(哲学社会科学版)》2004 年第 5 期。

张建军:《伪满洲国时期蒙古初、中等学校教科书的编辑使用情况
　　初探》,《日本侵华史研究》2014 年第 1 期。

齐百顺:《日本占领时期"兴安省"经济统制政策研究》,内蒙古大
　　学博士学位论文,2010 年。

高承龙:《伪满洲国民族政策研究》,东北师范大学博士学位论文,
　　2011 年。

斯钦巴图:《东蒙古殖民地社会与文化的变动》,内蒙古大学博士
　　学位论文,2013 年。